【特别声明】

作者承诺：将本书全部版税所得捐赠给慈善基金会，用于儿童教育与特殊群体救助。

股市真面目

揭开中国股市成长之谜

——上——

叶　檀
著

SPM
南方出版传媒
广东经济出版社
—广州—

图书在版编目（CIP）数据

股市真面目．上/叶檀著．—广州：广东经济出版社，2018.1
ISBN 978-7-5454-5926-5

Ⅰ．①股… Ⅱ．①叶… Ⅲ．①股票市场-研究-中国 Ⅳ．①F832.51

中国版本图书馆CIP数据核字（2017）第285920号

出 版 人：姚丹林
责任编辑：陈念庄 罗振文
责任技编：许伟斌

出版发行	广东经济出版社（广州市环市东路水荫路11号11～12楼）
经销	全国新华书店
印刷	三河市国英印务有限公司 （三河市杨庄镇杨庄村）
开本	787毫米×1092毫米 1/16
印张	18
字数	220 000字
版次	2018年1月第1版
印次	2018年1月第1次
书号	ISBN 978-7-5454-5926-5
定价	58.00元

如发现印装质量问题，影响阅读，请与承印厂联系调换。
发行部地址：广州市环市东路水荫路11号11楼
电话：（020）38306055 37601950 邮政编码：510075
邮购地址：广州市环市东路水荫路11号11楼
电话：（020）37601980 营销网址：**http://www.gebook.com**
广东经济出版社新浪官方微博：**http://e.weibo.com/gebook**
广东经济出版社常年法律顾问：何剑桥律师

股市如潮汐，潮起又潮落。

最可怕的泡沫不是行情与数据，而是人性欲望的蔓延。

The True Face of China's Stock Market

简目
CONTENTS

第一部
PART ONE

危机四伏

第二部
PART TWO

泡沫蔓延

详目
CONTENTS

序　言
怎么变成投资成功人士?

股市，一场战争接着一场战争。

没有什么东西比财富更能突显人性，没有什么比股市更能检验人性与人的能力。

很幸运，我能够一直身处其中。后宫历史不是史，是披着历史外衣的言情小说。财富的取得过程和分配过程，才让我真正读懂了历史，读懂了经济。哈！这二十年，没白过。

成立叶檀财经，投身股市、楼市投资，我跟一帮小伙伴在一起每天工作到深夜，分析市场，建立激励机制，建立制度。一辈子等于三辈子，值。

经历过悲喜，看过鬼哭狼嚎，才能够理解，什么是真正的成功，什么是看山是山，看水是水，看知己是知己。

成功是水磨功夫

成功是细水长流，也有醍醐灌顶的时候，但醍醐灌顶之后，还是细水长流。

我见过的最用功的人，在金融领域。

查理·芒格九十多岁了，每天读几小时的书，把自己变成了行走的图书馆。他聪明，因为他在智慧上永不满足。

还有一帮做基金的人，每个星期聚会，讲的内容，从股市、外汇到产业，甚至还有易经、论语、心理，这些人无所不读。如果有个人试图夸奖在座的人，弘扬表扬和自我表扬相结合的优良传统，立马就有人出来说话，时间有成本，废话一边去。他们在聚会的时候，每句话都有营养。

一个成功的投资人士，一定有完整的价值观。

天天读书、天天工作，也有可能不够幸运，没有大成功。但有一类人注定不能成功。你跟他讲价值观，他马上大嚷，不要跟我讲这些东西，告诉我，现在能买房吗？现在买哪只股票？柿子单拣软的捏，骗子就骗心理有缺陷、能力有缺陷、没有完整价值观的人。不骗这样的人，天理不容。

很多人认为金融人士鼻朝天外，花天酒地，那是花花公子，不是金融人士。外汇操盘手工作到后半夜，娇生惯养的人根本不可能干这个行当。行业分析师天天看研报，搞个调研，说不定下了飞机还要坐汽车，最后坐着拖拉机去看工厂。上了年纪，还奔波在第一线的人，极少，有多少人能天天顶着巨大的压力，只睡 5 个小时？

成功的投资人每天要复盘，这个模型是正确的，那个模型偏差太大，这个数据可以用，那个数据不能用……每天在复盘中度过，就像和尚每天念经一样。直到有一天，你真的变成了资深和尚。

做成功概率最大的事

做一件事情，无外乎两点，一是想为，二是能为。

想为，是喜欢。这跟谈恋爱一样，天天跟自己不喜欢的人在一起，心理会变态。有的人喜欢投资，但平时有时间就看琼瑶小说。看言情小说，没什么不好，但这样的人，真的不适合干投资。他们容易激动，看到股市稍有反弹，就认为大周期到了，看到股市有所下跌，就认为末日来了。

热血沸腾跟理性，不沾边。最好的办法，是把爱藏在心里，每天付给爱一点时间。

能为，是执行力的问题。

让钱钟书来当投资经理，恐怕老底都赔光了，他就应该当文学家，给大家贡献精神财富。巴菲特就应该做投资，他四岁的时候，开始做起人生第一笔生意——卖口香糖。

巴菲特先到爷爷的杂货店进货，批发价，3 美分一包，一次买上二十包。巴菲特的伊迪姨妈送给他一个漂亮的小托盘，分成五格，刚好摆上五种不同口味的口香糖。巴菲特从二十包里拿出五种不同口味的口香糖摆好，挨家挨户去推销。卖一包收入 5 美分，扣除进货成本 3 美分，净赚 2 美分。

这是商业基因，是娘胎里带来的。再加上他活到老，投资到老，学到老，跟老搭档芒格一样，也是行走的图书馆，比芒格那座要稍小一些。

所谓成功，不过是 100 件事情里面我做成了 51 件，而你只做成了 49 件。

做成功概率最大的事，不是大家炒房，你也炒房，而是要找到自己干得最好、最有激情的事业。

基本上每个人都爱钱，但不是每个人都爱工作，你连工作都不喜欢，说明你天天在浪费时间，那还投什么资啊。

提前规避风险

一个大叫大嚷、时时刻刻不忘显摆自己的人，肯定没有安全感。每次碰到这样的人，我就在想，他（她）究竟受过什么样的折磨?

不安全感可以理解，这个世界没有一定的安全，市场随时在屠杀一批人。有的人走不出恐惧的陷阱，没钱的时候恐惧，有钱的时候更恐惧。在股市贪婪的时候他恐惧，在股市恐惧的时候他更恐惧。这一辈子，活得深不见底。这样的人生，绝对是餐桌上的杯子，一辈子的“杯具”。

有的人虽然也有不安全感，但他有办法摆脱恐惧的困扰。

幸福是一种稳妥，是一种平衡，人生处处风险，怎么办?

对冲。

中国古代人的对冲手段是多子多福，还形成了一整套文化，从道德上来压迫人生孩子。从经济学上说，这很容易理解，那时候没有社保，没有孩子、没有家庭，等于自绝于社会。多子，意味着选择基数大，十个孩子中选出两个重点培养，万一儿子成为举人了呢，万一女儿年轻貌美嫁了个富翁，一家子人就可以仗着他们爬上更高的阶层。

对于封建时代的农民来说，这是最朴素、最简陋却最有效的办法，而且成本不高。现在我们知道，基因决定一切，很有可能十个孩子都没出息，那时候的人不知道啊。

现在投资上的对冲，很多人都会，比如同时拥有人民币和美元资产，同时购买上证 50 和创业板指数基金，此消彼涨，晚上能够踏实睡觉。

成功也是一种习惯

有人像赌徒一样打听消息，相信运气，他听到第 N 手的消息，就会奋不顾身冲进市场接盘。

多数人没有办法抵抗毒瘾，多数人喜欢八卦——我们惟一的办法是不沾毒，让自己忙到没有时间庸俗，让高雅成为一种习惯。

2015 年年中，股市大跌，一片鬼哭狼嚎。此时，大骂监管者是推卸责任的最安全的做法，反正已经破鼓众人捶了，各种尖刻像冰雹一样落满了市场。这时，有朋友正在仔细梳理公司的数据……

不成功的路有很多，成功的路大致是相近的。每一个人都需要有完整的价值观，有行之有效的一套工具，有终身学习的决心，有反省心、同理心。

PART ONE 第一部

危机四伏

第一章 CHAPTER 01 | 疯狂时代（2006-2007大牛市）

一切都是命运
一切都是烟云
一切都是没有结局的开始
一切都是稍纵即逝的追寻
一切欢乐都没有微笑
一切苦难都没有泪痕
一切语言都是重复
一切交往都是初逢
一切爱情都在心里
一切往事都在梦中
一切希望都带着注释
一切信仰都带着呻吟
一切爆发都有片刻的宁静
一切死亡都有冗长的回声

——《一切》北岛

2006 年：华丽转身　戏剧性的一年

【看时局】

中国股市是否会成为寄生市场?

如果把中国股市比作寄生生物，那么寄生的附着物就是那些资源型企业、房地产等市场投机热点。这个生物寄生在上市公司的大股东身上，希望他们有朝一日能良心发现，分一杯羹给国内中小投资者。

股市的全线飘红似乎给了股市悲观论者当头一棒。那些认为公司的基本面向好才是股市发展的支撑力量的人是否就应该哑口无言？并不是。仍有许多业内人士在提醒疯牛狂奔的风险，其中包括在中国资本市场翻云覆雨的中金公司的经济学家。甚至一个长期唱多且乐此不疲的朋友，面对贷款炒股卷土重来也大呼“狼来了”。

可不，狼与牛一起来了，只不过，这次狼外婆戴上了股改之后的小红帽，冒充良民了。但赚钱者已经被胜利冲昏了头脑，讥笑提醒者是踏空一脚的酸葡萄。

支撑股市有两大要素，一是优质企业，二是源源不断的资金。前者是根本，后者可收突袭制胜之奇效。股市走牛表面上看是依靠资金带动资金入市，形成羊群效应，但如果缺少优质企业，羊群总有一天会觉醒。

这次股市上涨，个股表现虽然不同，但那些多多少少与垄断沾边的资源型企业、大型国企仍然是领跑者。可以说，只要中国的经济结构不变，股市的结构也就不会变。因此，所谓有效率的市场也就成为垄断企业的单边效率，众多的中小股民也就成为拾垄断企业牙慧者。这些企业从地下资源垄断到地面资源，从旅游景点垄断到港口，股市与股民也因此成为垄断经营模式的助推器。这些企业当然有价值，起码其垄断权就是一本万利的买卖。

但是，这些企业真的可以痛改前非，分利给普通投资者吗？看看驰宏锌锗在股改中长期停牌背后的利益输送吧，所谓定向增发股份收购资产“捆绑”的模式，说白了不过是向大股东明目张胆地输送利益；看看股改过程中那些垄断公司的私有化举措吧，丰厚的利润又合理合法地回到了母公司的手中；再看看双汇并购案中的一系列疑团吧。上市公司到底成了谁的掌中玩物？类似的案例不胜枚举。

而股市的中坚力量又如何呢？国泰君安投资管理股份有限公司并购部副总经理在券商组织的投资策略研讨会上感到很孤独，因为他主张的“不能牺牲投资人的利益去设计一个方案来赢得上市公司这样的大客户的青睐，那些有利于上市公司或者其管理层的投行方案必须是符合投资人利益的方案”不合时宜，这让他质疑中国有没有真正的上市公司。基金也因为在投票过程中公开的利益勾结行为，被认为应该中止其投票权。

决策者显然应该对此严加关注，不应被飘红的市场冲昏了头脑，说什么股改接近成功、股市不惧再融资之类的大话。

如果中国股市仍然不存在真正意义的上市公司，那么，股市的上涨很有可能建立在冰山之上，成为又一轮投机者的抢权游戏，是资金市中常见的接龙游戏。

事实证明了这一点。

此次股市翻牌，以 QFII（合格境外机构投资者）抄大底起步，国内保险资金与民间资金跟进，股票型基金卷土重来，局面可谓如火如荼。但资金市的一大特点是资金需要不断的接力者，下一轮的接力者是谁？有人打起了储蓄资金的主意。如果中国 10 万亿元以上的存款果真如这些人所愿进入股市，而股市冰山一旦融化，恐怕前景不是无限风光而是无限可怕了。

客观地说，证监会能顶住压力将股改推进到目前地步实属不易，证监会主席尚福林也一再强调股市的基础性工作和保护中小股民的重要性。但市场发展一旦疯狂，集体非理性就有可能左右决策层的头脑。

如果不趁着股改之机夯实中国股市的制度性基础，如果不对糊弄公众的上市公司进行严惩，股改的成果将功亏一篑。中国股市已经部分成为垄断企业的寄生市场，到那时，恐怕股市存在的意义就是为这些企业不断输血，直至无血可输。（2006 年 5 月 12 日）

【小趋势】

从崩溃到辉煌，瞬间转身

2006 年是中国资本市场一个瞬间转身的年代，留下无比鲜活的印记。

马克思曾经说："金融是对内的掠夺，战争则是对外的掠夺。"中国的资本市场曾一度相反，对国内投资者进行掠夺，对强势阶层与境外投资者谄媚。当这种掠夺走到尽头的时候，我们等来了四年多的熊市和股市的接近崩盘。

但一切在 2006 年似乎有了本质的不同。

对于中国资本市场而言，2006 年是个戏剧性的年份。这一年，90% 以上的上市公司完成了股改；这一年，中小散户的身影逐渐淡去；这一年，券商与上市公司遭遇整顿大限；这一年，定价权之争与上市公司的重新估值终于成为重中之重……股改让崩溃的股市化蛹为蝶，让市场重新迸发出久违的激情，中国股市露出牛蹄，投资者热望看到峥嵘的牛角。

这一场由决策层自上而下推动的股市改革，业已成为从上至下、从机构到散户、从境外投资者到境内投资者的一场集体狂欢。所有的市场主体再次联结为利益共同体，为了推高股指站到同一条战壕中。

主要完成于 2006 年的股改是一次旨在纠以往之偏的管理层的自我改良运动，意在从以往脱困式的掠夺式的资本市场发展路径，走上利润共享式的共同富裕式的调整之途。但核心手段是一致的，即利用行政资源调配权，围绕国企股重新设定利益分配格局，将集中优势资源的大型国有企业在境内上市，或者回归 A 股市场，以使境内投资者可以经由持股分享到产业链上端的利润。夺利与分利的一念之差，管理层关于资本市场应使投资者获利的常识苏醒，导致资本市场呈现出 180 度的裂变。庆幸的是，这并不意味着中国资本市场正在被撕裂，反而意味着曾经被撕裂的创口正在逐步愈合。

上万亿的市值灰飞烟灭，上一代炒股者的身影渐行渐远，中国股市曾经是民间与银行资金的榨汁机，但如今在为股市兴奋的脸上再也找不到曾经的沧桑，新一代投资者甚至来不及为业已退出舞台的前辈一掬同情之泪。我们是再次踏入了非理性繁荣的陷阱？还是向理性繁荣的价值投资理念回归？

我们将用以下关键词为即将逝去的 2006 年中国股市定格。

股改、行政色彩与国企控股公司

股改，一个曾经让投资者颤栗，如今却让投资者销魂的词汇。如今股市的繁荣让所有对股改发轫之时的强行突进质疑不绝的人情愿或者不情愿地闭上了嘴。

截至 12 月 4 日，又有 10 家公司进入第 60 批股改名单。至此，沪深两市完成和进入股改程序的上市公司达到 1228 家，占应股改公司的

91.6%，股改市值占比接近 96%。这与此前证监会主席助理刘新华年底前股权分置改革将全部完成的预计吻合，说股改大功告成似不为过。

此次股改打上了双重烙印。一是强烈的行政烙印，从股改之初“国九条”颁布到证监会、国资委等五部委为股改定调，一再说明资本市场是牵一发而动全身的系统工程，离开国务院的支持与各部委的配合，股改寸步难行。

行政性还体现在国有控股公司的股改上。占据上市公司大半壁江山的国有控股公司在股改中起到了举足轻重的作用。当股改临近结束之际，上交所研究中心发布针对国有控股上市公司的调研报告《中国公司治理报告（2006）：国有控股上市公司治理》，提出国有控股上市公司治理实践进程滞后于形式进展，并提出了以专业化、市场化、透明化和法治化为特征的“公司治理现代化”的改革思路。证监会主席尚福林作序对此高度评价。在此敏感时刻资本市场的管理者提出目前国有控股上市公司公司治理结构与资本市场秉性的不合之处，绝非无的放矢。

此次股改还打上了尚福林个人的深刻烙印。股改不是由那些更熟悉国外成熟资本市场的人士来主导，说明改革需要的不仅仅是纸上谈兵的市场化理念与金融创新的口号，而需要熟谙中国市场行政主导精髓、并且不排斥市场化的人。其一日千里的股改速度颇得“兵贵神速”的精髓，改革如同闯关，有时量变确实会引发某一方面的质变。比如，流通股与非流通股利益不一致的难题得到了部分解决。

股改过程时时遭遇市场人士的质疑，妥协、投机与行政色彩愈浓，对股改的质疑也愈是强烈。股改开始之时，有人质疑股改并未抓住中国资本市场的症结，要求管理层眼睛“别只盯着股权分置”；股改数月之后，关于非流通股股东已沦为弱势群体的观点影响如此之大，以至于尚福林不得不亲自出马，批驳“流通股股东成为强势的说法，本身就暴露出了轻视流通股股东权益的态度”，强调“流通股股东实际上处于弱势，所以流通股股东必须是证券市场的重点保护对象"；而在股改接近成功，允许发行权证、定向增发与重开 IPO 之后，由于对于大盘股、机构投资者表现出明显"偏爱"，证监会再次被指责为罔顾中小股民利益的强势群体代言人——这既是转型期中国资本市场由政府主导的改良所必然引发的争议，也是证监会在中国资源事实上向垄断企业集中之时必然选择的应对之举。也许他们确信，只有将中国资本市场捆绑到大盘蓝筹股与大型机构投资者等权势企业上，才可以保证政绩持久，才可以保证资本市场在中国环境下屹立不倒。

截至 10 月底，中国证交所 IPO 筹资总额首超美英。

11 月 20 日，沪市冲上 2000 点大关。

11 月 30 日，沪市盘中突破 2100 点。

股改成为点石成金的魔棒，它以不可思议的速度将一个接近崩溃的股市拉回繁荣轨道。虽然有人对失真的虚拟指数不屑一顾，但这丝毫未影响境内外机构投资者们逐鹿 A 股市场的兴趣，高盛高华、摩根大通的研究报告仍然在预热中国股市，要求追加 QFII 额度。截至 2006 年 11 月底，基金管理公司数量已到 58 家，基金数量 294 只，证券投资基金资产总规模达 6312 亿元。

中国证券市场正在以与大盘蓝筹股与大机构捆绑的方式，向价值投资的幡下回归。

大蓝筹、市值为王与定价权之争

股改最亮眼的进步是强迫大股东关心市值，提高了大股东的市值关切度。股改前，大股东的股权表现为对上市公司的控制权，表现为在监管层不紧盯时对上市公司资产的非法占用、挪用转移权，表现为对小股东的利益的损害权；而股改之后，大股东的股权和小股东的股份一样可以流通。民营、自然人股东可以以此计算个人身份；国有股东可以以此计算自身所拥有的市值，其主管部门将越来越多地考虑以市值的增、减来考核下属企业管理层的经营业绩，银行金融机构可以以此作为贷款、抵押的依据。为了提高市值，大股东开始认购增发的新股，开始将优质资产注入上市公司，或者通过集团公司的私有化回购实现整体上市，上市公司不再成为向母公司或者关联公司从资本市场源源不断获利的脐带。股改使得各方利益在市值的基础上统一了起来。

不仅如此，股改还使国企控股公司的直接领导、事实上的大股东代表国资委更为重视市值。2005 年国资委发布《关于上市公司股权分置改革国有股股权管理有关问题的通知》，明文规定“股权分置问题解决后，应当考虑将市值指标引入国有股股东的业绩考核体系”。2006 年上证所对 300 家国有上市公司的一项问卷调查显示，59%的国有上市公司的董事会表示会将市值作为管理层考核指标。市值考核的引入将公司利益和股价捆绑到一起，后股改时代是一个市值为王的时代并非虚言。可以预料，国有上市公司以资产净值的保值、增值作为考核目标的时代已成为历史了。

正像实体经济中所反映的一样，中国的资源优势反映在资源垄断型企业之中，作为晴雨表的中国资本市场的价值，也尽情体现在管理层呵护有加的蓝筹股中，因此有人称这一特殊时期为大蓝筹时代，上证综指为“蓝筹股指数”。蓝筹股体量之巨、影响力之大，可以从 6 家上市银行占据沪市近 40% 的市值可见一斑。按照中信建投证券研究所 11 月末发布的中国资本市场 2006 年秋季报告，从 10 月份以来的一个多月中，中信大盘指数涨幅 12.02%，超越市场 7.34 个百分点。屡为市场人士诟病的股市“二八现象”，正说明大蓝筹在股改之后举足轻重的地位。

市场人士以价值回归、与小盘股比大蓝筹股整体被高估、投资理念的革新等理由为大盘蓝筹股股价的疾速窜升寻找理由。这些理由过去也存在，却并未成为大蓝筹股窜升的砝码，如今却陡然身价倍增，其中原因不仅仅与技术有关。

从政策面上来说，政府希望大蓝筹股成为资本市场的定海神针，与实体经济中的地位相匹配；而大蓝筹以 A+H 的方式回归，受到海外投资者追捧与境内外市场估值的渐趋一致，也成为机构投资者抢权理由。对于投资者而言，以证券化的方式，用与以往相比合理得多的价格握有资源垄断企业的资产，分享垄断红利是最基本的利益诉求。所谓优质资源在此不过是对垄断资源的另一种称呼。最后，一个不可忽视的因素是，以大盘蓝筹为标的的融资融券、股指期货的推出也对大盘蓝筹股带来实质性利好。机构投资者抢夺股指大蓝筹股作为投资组合以及今后对冲过程中的压舱石，不过是为将来夺取话语权争得先机。当然，人民币升值预期也推波助澜，使得金融股、地产股、资源股轮番上涨。

大盘蓝筹也成为 H 股市场中的定海神针，恒生中国企业指数在过去 12 个月累计上涨了 60%，摩根斯坦利中国金融指数在过去 12 月里上涨了 56%，该公司编制的亚太金融指数同期只有 10% 左右的涨幅。

随着央企上市必须走 A+H 之路政策的发布，在香港、内地两市估值日益趋同、联动性日益加强的情况下，两地资本市场的定价权之争日益凸显。以往香港股市是美国股市的影子市场，A 股市场是香港股市的影子市场，亦步亦趋、曹随萧规。但在 11 月底的最后一周港股暴跌，沪深 300 指数却创出新高，并且出现了中行 H 股低于 A 股的现象。这被认为是香港股市逐步丧失定价权的一个危险信号。对于缺乏本币估值体系、且港币对人民币汇率下降，IPO 越来越依赖境内国企上市资源的香港股市，这本是一个想象得到的结果。但 A 股市场无须过早乐观，不管是 A 股市场还是 H 股市场，对上市公司的评定标准都在国外知名中介机构手中，瑞银的一份谨慎对待中国银行股的报告可以让两个市场的内地银行股股价联袂下跌，能与瑞银看空报告相抗衡的只有同样知名的投行大摩的看多报告。

从某种程度上说，A 股市场已成为大蓝筹与大机构的权贵市场，与股改前垄断资本的公然掠夺相比，如今的权贵市场因为还利于民，且多了一份相互之间的牵制力而相对平衡：机构之间、机构与上市公司之间、QFII 与境内基金之间，博弈各方实力相差不至于过分悬殊。

清欠、综合治理与周益明这个人

在股改的同时，作为中国证券市场夯实制度性基础的清欠工程——上市公司大股东清欠、券商综合治理已经先期或者同时开始。同样是行政强力推动，同样是运动式的攻坚战，同样是将达标与再融资等上市公司的切身利益挂钩，对于证券市场的整顿如疾风暴雨。

从 2005 年 4 月国务院要求重点解决上市公司资金占用开始，到 2006 年 5 月证监会发布《关于进一步加快推进清欠工作的通知》，从 6 月开始发布清欠情况通告，直至在 11 月中旬的长沙会议上发出“要么还钱，要么承担法律责任”的最后通牒，大股东占用上市公司资金的清欠工作以半军事化的姿态步步为营。

沪深交易所的第七号“清欠令”显示，截至 11 月 30 日，沪深两市共有 325 家上市公司完成清欠工作，仍有 86 家上市公司存在资金占用问题，占用余额高达 233.42 亿元，其中有 56 家公司完成了部分清欠，合计清欠金额 256.71 亿元，占所需清偿资金总额的 52.38%；还有 17 家上市公司以股低债或以资低债的方案获股东大会通过进入清欠程序，合计金额 22.89 亿元。此时距离 2006 年年底清欠大限只有一个月。

占用上市公司资金曾是中国资本市场众人皆知的游戏规则，虽然从未得到许可，却从未真正受到禁止，也从未有人因此而受到过真正的惩罚。上市公司因此成为被食人鲨围猎的动物，元气尽失。最典型的是占用 S 三九资金的企业高达 28 家，而许多民企上市公司成为资本大鳄“造系”过程中的资金供给者、血液输送者。这些上市公司看起来更像是大股东与相关权势阶层的仆从，而不是什么以投资者利益为皈依的公众公司。

随着股改的结束，大股东的赢利模式发生了根本性的变化，虽然只要上市公司与母公司或者关联公司的隐性利润输送链条仍然存在，大股东占款就难以根绝，但已经难以成为主要的获利方式。我们更多地将会看到通过操纵利润提高市值获利的办法大行其道，而新会计准则的实施可能成为实行利润转移游戏的契机。

与清欠同样紧迫的是券商综合治理，10 月 31 日是券商的大限。次日，以净资本为核心进行业务限制的《证券公司风险控制指标管理办法》开始生效，并成为管理层对券商进行常规监管的标准。对于未达标的券商，证监会将采取指定重组方式、范围、日期，直至托管关闭清算的严厉措施。由于券商的牌照是如此值钱，在大限之前券商重组上演生死时速。

这场历时三年多的治理工程，起因于 2003 年券商在熊市中几乎全军覆没，114 家券商利润总额为负 149.93 亿元。监管层再也无法对券商普遍存在的随意挪用客户交易结算资金和客户债券、违规理财以及股东和关联方占用资金等违法违规问题视而不见。

经过整顿，券商从综合治理前的 130 余家减少到目前的 108 家，其中创新试点类和规范类公司分别为 18 家和 25 家，接近 108 家正常经营公司数量的四成。与之相映照的是券商业绩开始好转，2006 年上半年，全行业营业收入达 231 亿元，实现利润 123 亿元，盈利公司 93 家，证券业连续 4 年亏损的局面终于在今年得以扭转。券商的素质只有再次经受熊市锤炼才能得到验证。与大蓝筹对应的是大机构，据称，十年后六成以上券商将被淘汰，券商中央军与外资的双寡头时代已现端倪。

为贯穿 2006 年的清欠工程做注脚的，是 12 月 2 日的一桩判决。四川省遂宁市中级人民法院以合同诈骗罪判决原 S 明星电董事长周益明无期徒刑，并处没收个人全部财产，周益明控制的明伦集团被处以 5000 万元的罚金。周益明及其控制的明伦集团被控通过合同诈骗方式取得 S 明星电控制权和经营权，在此基础上鲸吞上市公司利益。

这是中国资本市场上首例按合同诈骗罪被宣判的资本玩家，也是受处罚最重的资本玩家。2006 年将近末尾，一个老玩家被送进牢房，宣告了以往资本市场厚黑游戏规则的终结，新的更接近市场也更远离市场的游戏规则开始出现。旧一代投资者远去，旧一代玩家也必然随之而去。

如果我们相信“中国人民的好朋友”摩根斯坦利首席经济师罗奇所说，中国经济其实是一个不平衡的经济，也是一个非常脆弱的经济，那么，我们也可以得出如下的结论，中国的资本市场同样是个不平衡而脆弱的市场，大蓝筹、机构投资者与中国经济发展溢价既可能成为珠峰，也可能成为冰山。一切取决于股改之后，我们如何应对无数的非市场化、非法治化、非专业化的巨大挑战。股市改革这个故事还没有真正讲完，更何况在演绎 2006 年股市盛宴的过程中，许多不该看到或不该发生的事在“惊鸿一瞥”间匆匆上演。（叶檀 申草 2006 年 12 月 16 日）

2007 年：百年不遇　疯狂之年

把股票当成是投资才买来
一涨一跌都不会害怕掉下来
不理会大盘是看好或看坏
只要你翻倍我才卖
我不听别人安排
凭感觉就买入赚钱就会很愉快
享受现在别一套牢就怕受失败
许多奇迹中国股市永远存在
死了都不卖　不给我翻倍不痛快
我们散户只有这样才不被打败
死了都不卖　不涨到心慌不痛快
投资中国心永在
就算深套也不卖　不等到暴涨不痛快
你会明白卖会责怪
心态会变坏
到顶部都不卖
做股民就要不摇摆
不怕套牢或摘牌
股票终究有未来

——《死了都不卖》龚凯杰

【看时局】

涨也怕跌也怕，中国股市如何治疗分裂症？

按理，管理层不用对股市的涨跌负责，只需对交易的公平性负责。但管理层用再明显不过的示意使市场急速升温、急剧转寒时，自然要对股指的涨跌负责，而且要负全责。

当证监会、银监会、国资委等机构一起提醒股市风险时，绝不仅仅是提醒，而是对资金最有力的调控。最明显的调控政策是基金的关闸，去年证监会发文要求各基金公司注意防范风险，2007 年 1 月 4 日中欧新趋势股票型基金获批后，新基金发行审批工作全面暂停，目前候批基金超过 20 只。

管理层恐慌，投资者自然更恐慌，1 月 31 日到 2 月 6 日，大规模的基金赎回持续了 5 天。虽然基金赎回量不过数百亿，却集中在几天之内进行，如果不能够及时制止，投资者在恐慌状态下出现的“反噬”机制就将使股市一落千丈。效应已经显现，2007 年 1 月 31 日到 2 月 5 日，股市暴跌 400 点，四个交易日总市值蒸发近万亿人民币。

能够肯定的只有一件事，基金赎回的规模与股市下跌的幅度已经让人心惊胆战。一场抢救行动火速展开。据知情人士透露，2 月 6 日上午，证监会召集部分券商、基金在北京就目前股市的情况进行座谈，期间相关负责人指出目前的股市还是需要“稳定发展”，不要把过多的精力放在股市泡沫论的讨论上。紧接着就是股市资金的开闸放水，短短一周之内，证监会就批准了交银施罗德精选、易方达积极成长和建信恒久价值多只基金的分拆方案，预计春节后股票型新基金也将开始发行。另据《21 世纪经济报道》报道，银监会对于私募基金发行信托同样批量放行，进入

2 月，共有 6 只基金已经或者即将成立。

股市唱空派的口径也发生了微妙的变化。成思危先生说："作为一个审慎的乐观主义者，我相信股市是会波浪式前进、螺旋式上升的。"此言的前提是虚拟经济是内在存在泡沫的，这是否意味着股市的泡沫生成与崩裂就是股市的常态？那么以前的泡沫论又该如何理解？股市"占卜大师"罗杰斯在澳大利亚悉尼接受访问时说："目前中国股市尚称不上是成形的泡沫，但股价的确太高。"此前他曾因为泡沫阶段的判断在中国掀起轩然大波。

在唱空与唱多之间，并没有让人信服的逻辑线索；2007 年 1 月的股市与 2006 年 11 月的相比也没有发生质的变化。看来，真正的变化在于管理层——中国股市的压力承受区间有限，涨和跌都让他们害怕。

市场疯狂追涨使股市风险向金融、房地产等领域集聚形成资本市场的整体风险，失真的指数导致大机构掌控数只大盘股就能掌握股市大局，并且能够通过即将推出的股指期货同时得多空之利，不免让管理层惊出一身冷汗。中国股市赶英超美的虚荣心暂时被抑制，失真的指数开始微调，股指期货的推出要在"条件成熟"以后。只有牵涉整体经济布局的大盘股上市仍然紧锣密鼓。

数管齐下的调控政策甫一推出，市场马上做出过激反应，股市下跌不止，投资者愁云惨雾。事实上，目前的中国股市已经成为大型企业改革的最大工具，也已经不可能只让中小股民为政策的变更付出代价，急跌之后的多数机构投资者同样日子难熬，更不用提那些财务公司大步走入股市的央企——中国人寿的投资收益所占份额如此之高，一旦中国股市下挫，收益下降如何向国内外投资者交待？

成思危先生有一个观点：中国股市被几家大蓝筹公司所掌控，很大程度上受到宏观环境与国家政策的支持。如果只靠这几个国有上市公司来支撑股市，市场是很难健康发展的。也正因为如此，大盘急挫，首先受损的是这些大蓝筹股，以及即将上市或者回归的大型国有企业。资本市场再也不是昔日边缘化、无足轻重的圈钱小市场，而与国际市场、政府信誉、改革大局紧紧捆绑在一起。

涨，涨不得；跌，不能跌。资本市场的战争其实是心理战，如果要让中国股市摆脱中国足球黑色三分钟的宿命，教练团队首先得沉得住气，不为追赶而追赶，不以股指、市盈率、市值占 GDP 份额等一时的数据为目标，而首先要把上市公司尤其是大型国有上市公司的质量、市场化的公司治理机制一以贯之地坚持下去。事实上，去年证券业管理层已经提到了这一点，却因为主动或者被迫陷入市值崇拜与泡沫拯救行动之中，忘了中国股市这一真正的主题。再说，除非让人民币汇率彻底固定、利率大幅上升，或者彻底驱逐境外投资者，否则，又如何改变股改之后的投资者从股市分享制度性溢价与人民币升值溢价的现状呢？（2007 年 2 月 12 日）

既得利益让中国股市政策稳定

由于“2·27”股市暴跌，投资者对于中国股市政策走势猜测不休，结果很快水落石出，基金换手与大小非减持被视为正常的市场对策，投资者开始重新津津乐道于政府工作报告对于发展资本市场的种种利好。

股市政策确实不会发生大的变化，股市也会继续向好。这不仅反映在政府工作报告的字里行间，高官们对股市不约而同的浓厚兴趣更深层次的原因在于股市走牛形成了新的利益生成与分配体制。

人民币升值、全球资本热衷于新兴市场，以及人民币利率难抵通货膨胀，房地产投资受到抑制，这是近期不会变化的经济常量，因此应该排除在股市因素的约束条件之外。作为一个特殊的新兴市场，利益分配机制与资金承受能力才是衡量的指标。

此轮股市膨胀中谁获得了大利？仅举两例。一是股改后的大小非持有者。截至今年 2 月底，上市公司公告大小非在二级市场减持约 9.90 亿股，套现约 174 亿元。减持者获益几何？善舞高价的中信证券，股改以来股价最高涨幅达到 846.78%、今年以来发布了 6 次股东减持的公告，大小非累计从二级市场套现金额高达 92 亿元。以持股成本 2 元左右计，总收益达到 70 亿元左右。另一个引人注目的上市公司三一重工，在 2007 年春节前的 20 个交易日内，大小非套现约 6.25 亿元，“三一系”获得了超过 300%的收益率。

中国股市是富翁摇篮，此言不虚，但能够搭上大小非班车者大多数人本来就是富翁，现在算是锦上添花。这些利益人士将尽可能维持市场，即便减持也不达是为了下一轮的高启。

比起汇金注资入股中行等政府投资项目的收益，那些自然人原始股仍是小巫见大巫。2003 年成立的中央汇金公司在 2004 年向中国银行和建设银行注入 450 亿美元的外汇储备，2005 年向工商银行注入 150 亿美元，如今不仅收回全部投资，还获得了不菲的回报，钱颖一认为净回报达到 200%。

汇金公司总经理谢平去年 7 月坦言，近两年通过建行与中行改制上市获得了较高的回报，已经超过此前的注资。在这个过程当中，回报最高的是 IPO 之后的市场价格。IPO 的总量是战略投资者投资的 10 倍，国家股权溢价最大。以中行为例，2.95 元香港上市，3.08 元国内上市，持股成本 1 元，汇金公司的中行持股 1800 亿股，相当于赚了 3600 亿元人民币。加上建行与工行的收益，上万亿元的收入尽括囊中。

没有资本市场，没有上市，让国际金融专家吃惊的外汇注资模式、国家财政从左口袋倒入右口袋的反常规游戏，绝对不会变成此等一本万利的好买卖，并且国有公司的控股权、那些名为企业家实为官员的管理权还能丝毫不受威胁。

利为众之所趋，等着排除上市、并购、私有化与解禁的央企与大小非络绎不绝。国家投资公司与大小非的持有者们从国际与国内资本市场超额回收资金，尤其是从牛气冲天的A股，如果A股市场发生动荡，将影响到中国的外汇、人民币流动性与央企、金融机构市场化大局，甚至国际资本市场，所谓牵一发而动全身，从利益分配取向来看，中国股市政策只会越来越宽松，即便偶有调整也是为了金融衍生品等利好政策的推出。

中国股市仍然会急剧膨胀，这是由中国的经济发展的路径依赖所决定的，也是不以任何个人的意志为转移的。周洛华先生对于国有公司收益与全民企业做出区分，让我们谨记，国有公司是商业公司，通过上市让政府、国有公司管理者、利益相关者荷包丰盈。目前，政府在进行的调控是不让泡沫传染到金融领域，让风险保持在可控范围之内，然后呢？股市可以爱怎么样就怎么样了。

现在唯一能够控制膨胀规模的就是资金与民众的心理承受能力。这个市场除了政策，资金为王，投资者要密切关注的就是，机构与企业在股市的投资、QFII额度、央行的货币发行量与居民存款等资金的动向。回想一下密西西比泡沫吧，关键时刻别忘了还有央行的印钞机。（2007年3月8日）

股市跨越4000点，调控应着眼三大关键

沪市轻松跨越4000点，中国经济究竟在讲述着一个怎么样的故事？

决策层究竟应该如何对待这个故事？

中国的股市以自身的方式嘲笑着资本市场的传统理论，但这些久经考验、历久弥新的理论迟早会回过头来给我们上一课，我们只是不知道，上课的时间何时到来。如果我们长期处于股市上升通道，就能得出结论，实体经济确实能够支撑股市的发展；反之，就能让那些一直唱空的预言家终于有了扬眉吐气的机会，虽然实际上这不过是实体经济难以承受资本市场泡沫的重压，两者在理论上是一致的。

股市上涨至此，就算不看静态市盈率、四月开户数超过去年全年开户数等让人目眩的数据，人人心里都会或多或少滋生出恐高的惊慌。调控论适时出台，无论是看多者还是看空者，无论是抑制论者还是顺其自然论者，有一点是共通的，即不是不要政府的监管，而是看政府怎么调控和如何调控。

股市跨越 4000 点可以视作中国股市进行结构性调整的大好时机，如果调整得当，作为中国市场化先头部队的中国资本市场可能超越 4000 米海拔的高原适应期，作好充分的准备，向更高的世界屋脊山峰攀登，否则，市场又会成为中小股民的祭坛，热潮过后，不堪回首。

首先要明确，结构性调整绝非动用行政手段、甚至用党报社论的方式对股市进行简单粗暴的干涉，而是用货币与财政手段进行市场传导的方式，缓解市场的压力，养成资本市场投资文化，顺利完成我国金融与资本市场的升级换代。历经股市沉浮，现在也许只有头脑简单的天真人士才会相信，用行政方式打压股市能够带来我们所希望的经济稳定增长。

股市上涨很容易理解，在经济上升、货币充斥的市场环境下，只有一个小小的喷发口，股市不涨才是怪事！股市一定会涨，而且所有的能量都只有通过一座火山喷涌，场景自然蔚为壮观。股市资金构成包罗万象，小业主的利润、白领的收入、普通工薪族省吃俭用的辛苦钱、大企业理财公司一掷千金的豪资，总而言之，中国经济上涨所获之利通过股市极尽所能地展现出来。

由此可知，要让股市平稳发展，关键是要为股市降压，多几个资金喷发口，压力均衡之下，股市自然会免去木秀于林的尴尬。须知，股市上涨不仅因为资金充沛，更在于理财与投资产品的极度匮乏。但目前的情况却刚好相反，不仅股市一枝独秀的情况未得到变革，股市上市制度还决定了股市成为大型权贵企业的游乐场，因此出现上市公司奇货可居的怪事。

非常矛盾的一个现象是，与房产投资等似乎带有道德原罪相比，股市投资则被刻意宣传成民众分享经济发展成果的一个良好途径，虽然两者在市场逻辑上完全一致。我国要发展资本市场，应对所有的投资品种有个去道德化的公允评价，使得债券、基金、房产以及各种衍生投资品等各种投资品种百花齐放，才能改良投资土壤。

另一个矛盾现象是，政府一方面认识到市场化的调控手段的重要性，而另一方面，怯于趁时而进，对于股市的发行退出机制进行根本性的变革。现行发行机制人为造成股市资源资源，垃圾股成为黄金，诸如借壳等现象成为市场常态，结果必定是劣币驱逐良币，诚信者因为成本高而渐渐不敌无良公司。

目前股市的火爆并非像一般人所认为的是考验投资者的理性，而是考验决策层的市场理解力与耐受力，将中国的股市建成资源高效配置的良币驱逐劣币的市场。很可惜，到目前为止，我们没有看到有关决策层除了 H 股回归 A 股等有限措施之外，对于放开市场边界、让股市成为一池活水方面有更多建设性意见。

股市成为风险之源的主要原因还在于，我国股市由国有股一股独大的上市公司主导，在人们对股改的市场化成果击节称庆之时，忘记了一股独大所造成的资源配置失效与管理团队行政化的风险。我们不止一次听到了有关部门要保持国有控股地位的坚决陈述，而令人担忧的是，作为足以撼动中国股市基础的大蓝筹上市公司，只有极小一部分股票可以流通的现状，说明中国的股市仍然是畸形的，仍未改圈钱本性，因为股东与市场并购掠食者不可能淘汰不合格的管理团队。相比于发行制度的改革，控股权的流通性变革更重大、更艰难。在股市的上升期，无疑是渐进改革的一个适用的环境。

与一股独大相对应的是管理层的监督与惩戒制度，相比而言，管理层在这方面的决心表述得最多，具体条款陆续出台，比如交易所对于上市公司高管炒作公司股票、股价异常监管的规定。积跬步而至千里，对此应予支持，证监会的责任就是保护所有投资者的合法所得。但象征性大于实用性的监管在股市火爆的当下已经不敷所用，尤其值得注意的是，管理层的监管并没有法律措施跟进，缺少法律后援、行政色彩浓厚的监管单兵突进的做法，从长期来看将让中小投资者失去最后的救济渠道。

上述三点正是股改之后中国大牛市中的大隐患，也是调控的关节点。三点相辅相承，是系统工程，并非证券监管机构所能独力完成。在中国股市火爆之时，对股市形成系统性思考，逐一填补漏洞，才是着眼长远、有助于中国市场健康发展的大功德。（2007 年 5 月 10 日）

股市会进入结构性转变阵痛期

沪市重登 4300 点高位，股市谨慎心态显露无遗，昨天沪深尾市双双跳水。市场进入敏感时期，各种政策信号纷纷出炉，投资者理应抱持谨慎态度，去除把利空当利好的逆向思维模式，而对中国宏观经济形势有更准确的把握。

近期出台的一系列政策，从查处违规资金入市到大盘股回归，可以让投资者稍感安心，政府越来越多地动用市场与监管手段调控股市，对中国股市长期发展而言是利好，但一些公司则会受到短期市场波动的影响，股价下行。长期利好短期利空，投资者风险大增。

笔者对 A 股市场有两个基本判断。首先，A 股市场是个资金推动型的市场。在各路资金的推动下，才能够风助火势节节攀升。但从宏观经济层面来看，我国的资金并不充裕，目前我国股市资金“多”，是在有关方面提供的商品即上市公司“少”的衬托下显得“多”，而不是财富真的增长到与成熟市场比肩的程度。如果把实体经济与虚拟经济之间设立一道严格的防火墙，防止本应投向未上市企业的贷款在股市充当先锋队，由此发生的连带效应将使资金进一步耗散。事实上，我国目前的储蓄存款居民存款增幅远不如政府与企业存款，目前的新增开户数与基金申购已呈下降趋势。

相比股市而言，政府毫无疑问更看重银行资金的安全性，股市的火爆已使有关部门担忧银行存款总额的下降以及短存长贷的风险，对于中国银行业而言，这样的风险是不可承受之重。因此，只要股市上涨威胁到银行的安全，政府会毫不犹豫做出保护后者的选择，防火墙会越来越高，绝不会容许银行与股市风险交叉传染。

本周一收盘后，银监会发布消息，称工商银行、中国银行、交通银行等 8 家银行因为企业挪用近 40 亿元信贷资金进入股市而被查处。以往政府虽有针对违规资金入市的严格检查，但此次波及面之广，涉及的银行与公司层级之高前所未有。另据上海市高院公布的消息，从 2003 年至 2006 年间，仅上海高院、中院审理的 317 件证券纠纷案件中，涉及敏感类资金入市的案件就有 105 件，案件总值约达 63.21 亿元。

这一监管举措是收紧流动性的明确信号，表面上矛头针对的是银行与企业，实际上是隔山打牛的招术，意在约束股市狂性。检查中若发现企业和个人挪用信贷资金从事证券交易，银行按照合同约定立即收回已经发放的贷款，停止未使用的授信额度。这表明管理层对股市的监管不仅不会放松，还会多家监管机构协同作战，将使银行进一步加强管理，严格控制信贷资金进入股市，此时不听监管，无异于战时不服从军纪。

资金紧缩政策不止于此，近期国债市场交投低迷，据报道，全国人大常委会将在下周审议财政部发行特别国债购买外汇，委托即将成立的国家外汇投资公司运作，这意味着这个备受全球投资界关注的国家投资公司已进入实质性筹备阶段，而发行国债购买外汇储备也被认为是国家回收流动性，宏观紧缩的重要举措之一。国家外汇投资公司管理的外汇储备约占整体外汇储备的20%左右，即两千亿至三千亿美元的规模，累计吸收约两万亿元人民币，虽然不可能一次发行收紧流动性，但对市场流动性的影响远高于提高准备金率的效果。

我国股市虽有16万亿市值，5月份深沪股市资金存量超过1万亿，但国泰君安的研究报告指出，单纯看流出，市场存量的保证金余额将在13–14个月后基本耗尽。一年的交易成本与红筹回归、商业银行发行、中信证券等公司增发、大小非的减持无不需要资金支持，那种认为资金基本面没有问题的看法站不住脚，除非政府大规模提高QFII额度，或者放开融资融券，否则，资金问题永远是第一位的问题。

其次，我国的经济结构正在逐步转变的过程之中，一些依靠出口退税薄利勉强为生的企业利润会大降，同时企业的生产成本随着环保、最低工资等要求的提高节节攀升。这是中国经济发展不可逆转的趋势，也就是说，中国企业不可能像改革初期一样以廉价获取资源与污染为代价生产灰色利润。

一则与此相关的消息是，从7月1日起，国家将调整部分商品的出口退税政策。本次出口退税政策调整的力度和范围空前，被列入调整“大名单”的 2831 项商品约占海关税则中全部商品总数的 37%。直观地看，这一调整会对磷化工、纯碱、染料等化工行业、造纸行业、家具、纺织行业等出口主导的行业产生结构性的抑制作用，国内企业将在前期承担主要成本，而新的订单下达以后，除非企业能够通过谈判使双方分摊成本，则前景不容乐观。这表明，在国际市场与外汇储备越来越强大的压力下，中国的外向型经济结构出现转向的信号。

中国经济将进入一个漫长的转型过程，股市也会相应地进入阵痛期，中国股市从来都忠实地反应经济状况以及结构性弊端，牛熊时期都是如此。转型成本究竟有多高，尚不得而知，却事关每家企业、每个投资者的切身利益。

面临中国经济结构的转变，不同的行业将有不同的应对之道，那些提前做了准备的企业已着先鞭，值得探索。随着司法部门对审计责任的设定以及监管层近期的表态，将使炒作中报行情有所收敛。认清形势方能运筹帷幄。在经济转型期和行业、企业分化期，找到那些有远见的企业至关重要，听信中国股市万点预测，以为遍地黄金十分危险。（2007 年 6 月 21 日）

美国次级债危机是怎样祸延中国股市的？

美国次级债危机这个蝴蝶拍翅膀所引发的连锁反应已经开始发酵，继美国股市前天下跌 200 多点，可怜的巴西股市在昨天一天之内下跌了约 2000 点。

一场全球性的信贷紧缩快要来临了吗？也许是的。新兴市场如巴西、阿根廷、墨西哥、波兰、韩国等国股市普跌 2% 以上；美国国内情况更加危急，新房销售下降 6.6%，说明紧缩情况十分明显。

更严重的是，房屋次级债市场危机已经引发了投资者对债券市场的普遍不信任，人们对于债券市场的价格已经不信任到次级债市场成为交易死地，与此同时，连累高盛、贝尔斯通、雷曼兄弟发行的企业债遭到市场普遍冷遇，克莱斯勒的 200 亿美元企业债乏人问津，国外财经人士声称，全球性的风险资产的重估已经开始。

周洛华先生说，与以往国外政府在大选年主动加息抑制物价上涨争取选票不同，这次是由次级债市场所引发的资产品价格重估，进而引发政府被动实行紧缩政策。美元兑欧元英镑均创下历史新低，日元加息可能性加大，利用美元与日元融资套利者正在加紧平仓。

为此，美国政府并未心满意足地享受紧缩带来的好处，而是四处寻找救市良方。

首先，政府官员有限度地承认次级债的负面影响，美联储主席本·伯南克 7 月 19 日在美国参议院银行委员会举行的年中经济评估听证会上表示，次级抵押贷款市场造成的损失，估计在 500 亿 –1000 亿美元之间。但一些市场人士估计，目前暴露的问题只是冰山一角，直接损失可能高达 3000 亿 –5000 亿美元，间接影响则可能蔓延到整个房地产业，导致全国房价重估，以至于拖累整个美国经济步入衰退。

其次是向世界尤其是中国转嫁风险。7 月 13 日，美国住房和城市发展部（HUD）部长阿方索·杰克逊在北京美国商会发表演讲时，透露此行的目的之一是搭上中美战略经济对话这趟顺风车，让中国购买美国的按揭证券，这是利用人民币缓解信贷紧缩压力的围魏救赵之策。换言之，美国政府给出了三个选项，或是购买明显贬值的美国国债，或是替美国人民承担住房按揭压力，或是人民币大幅升值，三者选其一。

在以往的全球性货币流动性过剩的环境下，国际投资者与 A 股市场投资者一样，患上了风险麻木症，他们忙着进行套利交易，或者将手中的货币尽快地转换成实物与资产，以最大限度地获取收益。突如其来的次级债使得危机意识突然被唤醒，世界套利链条中断，令新兴市场股市步伐大乱。

中国A股市场从来都有自己的逻辑，由于资本项目的控制，使得A股市场与境外市场之间筑起一道高高在上的堤坝，因此，境外股市的大涨大跌基本对A股市场影响有限。但现在，我们应该认真地重新审视这道不断受到升值、地下交易等大浪冲击的堤坝的强韧度，随着中国金融的大门越来越开放，堤坝的作用会越来越弱，中国股市很快将会感受到什么叫环球同此凉热。

中国A股市场会面临双重压力：一是资金压力。在风险压力之下，全球投资者对于新兴市场的投资会趋于保守，投资中国的基金近期在美国有折价现象；其次是汇率升值与开放市场的压力，除了QDII的出行之外，近日最莫名其妙的一则新闻是在毫无征兆的情况下，保监会发布《保险资金境外投资管理暂行办法》，按照新规定，保险公司境外投资总额的上限由占上年末总资产的5%上调到15%，同时投资范围从固定收益类拓宽到股票、股权等权益类产品，估计将有3000亿元保险资金可以进行海外投资。在企业尚未准备好的情况下，如此大幅度地提高开放的上限，很有可能是压力之下的产物。

从表面上来看，国际资金流入减少与人民币升值所的效果可以对冲，对A股市场的影响是中性的。实际上，如果人民币在外界压力下被迫大幅升值而引发A股市场大涨，是非常可怕的信号，这说明，A股市场的大涨是外界压力下被迫重新估值的产物，是国际投机的结果，而主要不是中国企业效率提升的结果。从长远来看，这样的升值一定会使得股市承受不住压力而崩溃。因此，中国股市的上涨带有很大的不确定性，如果人民币继续升值1%以上，投资者就应该考虑高位部分获利了结，以

最大限度地减少风险。（2007 年 7 月 27 日）

股市上涨是金融大战之前的布阵期

在宏观调控与货币紧缩的背景下，中国股市再创新高。

7 月 20 日，调减利息税和央行加息，10 天以后，上调存款准备金率 0.5 个百分点，达到 12%，接近 1998 年我国通货膨胀以来的最高点，这是在中小商业银行流动性头寸已经偏紧的情况下的进一步紧缩政策。其间，中共中央政治局 26 日召开会议，分析研究当前经济形势和经济工作，提出“要坚持把遏制经济增长由偏快转为过热作为当前宏观调控的首要任务”。

宏观调控的信号已经十分明确，但中国股市却与楼市联袂上前。

这一则说明宏观调控手段未必能作用于资本市场，金融自有其运行逻辑，类似于融资成本与收益的基本原理最终会在市场发生作用。总体而言，紧缩的货币政策说明的是相对偏热的经济环境，对于资产价格通常是利好，这从我国股市对货币紧缩政策的反向反应中，已经有了经典表现；二则说明在目前的经济形势下，中国经济的结构性偏差与人民币汇率预期升值之间的矛盾冲撞十分激烈。中国股市上涨是各种因素综合作用下的产物，既有中国经济强劲发展与新会计准则等因素的刺激，也有资产价格上升的强力推动。因股指上升而乐观，与因股指下降而悲观的看法一样片面。

有一个插曲可以反映人民币面临的压力，此次 15 位经济学家聚首田横岛，中国宏观经济学会秘书长王建提出，应放慢资本市场的开放和人民币国际化来更好地保护国内市场。央行副行长吴晓灵的回应是，这种想法只能在短期内可行，想挡住资本可兑换的门不太乐观，现在唯一的办法是加快对内金融改革。

改革的过程有多长，改革的结果如何，将直接决定人民币最后形成市场化的币值之路有多长，目前的资产重估之路有多长。在这一过程之中，资产价格大多会处于上升通道，一轮打压换来的是只不过是新一轮报复性反弹。在经历印花税风波之后，行政对股市的直接调控将会慎之又慎，这是资本市场近期赢得的一个最值得庆祝的胜利、难得的市场胜利，尽管只是极小的一步，但来之不易。

如果说近两年资本市场的上升是基本面，那么，要做的就是摆脱上涨是好是坏的无聊争论，而是争取时间，对股市进行结构性治疗。正像金融市场一样，我们所能做的，就是暂时延缓人民币资本项目可兑换的时间，在宝贵而短暂的时间内进行内部深入的改革。为了赢得时间，我们已经在一些项目上牺牲了境内投资者的利益，那些作为战略投资者购得原始股的境外投资机构，赢得的无风险收益，事实上是境内投资者的牺牲，例如高盛以较低的价格成为西部矿业的第四大战略投资者，牺牲的就是其他投资者的机会。

牺牲就是付出成本，付出成本的理由是争取改革的时间，如果在规定的时间没有进行改革，或者没有达到应有的效果，那么，这样的牺牲就是无谓的牺牲。

资产重估的重要原因是在货币过剩的情况下资产名义价格提高了，A股市场的上涨是强敌内外环伺之下的上涨，此时决策层所要做的是尽快进行有针对性的改革。A股市场最大的问题是什么？是政策市与权贵市。两者其实表达了A股市场的价值与利益取向，是在政策的扶持下使特殊上市公司在A股市场获得最大的资源，不管我们怎样花团锦簇地用蓝筹股概念为这些公司涂脂抹粉，事实是这些公司以最小的代价——最少的流通股数量、较少的分红、铁打的管理层——圈走了中国资本市场最多的资源。

既然我国的 A 股市场要进行改革，恢复市场的本来面目，最主要的就是打破资源分配上的人为集中制，将更多的拥有优质基因的公司上市。改变现行的行政色彩浓厚的发行体制，就是改革的突破口，所谓从审批制到核准制的改变，是换汤不换药的戏法，对于目前行政管理部门所拥有的生杀大权毫无触动。红筹股回归是重中之重，难道那些有成长前景的公司上市、那些真正有优质基因的公司希望得到资本市场的筛选就不重要吗？引入清流换浊流，中国股市才可能有良好的生态环境。

从金融开放的幅度来看，留给我们的改革时间已经不多，我们实在不应忽视世界货币流动性过剩周期的高峰这一大环境，以为中国多数上市公司有了根本转变，并且为自创的牛市与上市公司质量之间的奇怪的逻辑而沾沾自喜。（2007 年 7 月 31 日）

5000 点不说明问题，关键是泡沫之后留下了什么？

2007 年 8 月 23 日，股市跃上 5000 点，沪深两市 A 股加权平均股价自年初以来涨幅 118.03%，可以印证中国这个新兴市场确实具有金砖价值。

这不是一个历史时刻，这只是中国资本市场发展的中继站。

对点位作价值判断是无聊的事，以目前中国资本市场的深化程度来看，上升到 6000 点也不奇怪，这一轮上升将随着并购大战不断演绎。股市真正值得思考的只有一件事，那就是股市的资源配置。股市源源不断取得的资金到了什么地方？回答了这个问题，也就找到了股市效率的答案。

首先要清楚一个背景，中国股市源源不断的资金有两个来源：一是压低利率导致资金流入资本市场，据卢麒元先生估算，在负利率体制下存款人被剥夺了8000亿元的利息收入，这一事实的背后是上万亿躲避负利率的存款进入了股市和楼市；二是强制结售汇制度导致流动性泛滥，一天几十亿基础货币的投放量无法全部通过以往的银行系统找到高回报率的项目，只能一起追逐资本市场。加之政府对于资本深化的重要性，借由国企所获之利和印花税的哀声一片有了深刻的认识，出台愚蠢的行政手段硬生生断送大好股市的做法，已经从理论到实践被批得体无完肤。

A股市场还会继续上涨，因为资金推动的格局没有发生变化，虽然政府近日在力推资本项目的"自由行"，但A股市场的吸引力，决定了不管是机构QDII还是个人QDII都不会成为投资主流。

政府行政手段干预股市不明智，并不能证明目前中国股市的发展"又好又快"，除非能够证明中国股市的配置效率远远高于以往银行的配置效率。以往的金融资源配置方法遭到攻击，是因为配置效率低下，我国投资占GDP的比重从25%迅速上升到50%，存款在50%以上，但GDP的增长趋势在1994年之后的10年却基本维持在相同的水平上（9%），这说明金融资源浪费严重，不仅无效配置甚至出现负效率配置，全体纳税人不得不给国有银行注资上万亿元人民币。

资本市场的配置效率如何呢？

表面看来不错，去年上市公司业绩增长40%以上，今年将达到50%以上。业绩可以受惠于优质资产注入，垄断企业的资源价值重估，以及会计制度的变革。效率如何才是值得关注的。

目前资本市场央企与国企控股集团最为强势，所谓大象起舞、蓝筹泡沫之争就是对于股市资源配置最直观的反应。无论是从IPO、还是从整体上市、定向或者公开增发来看，这些国企集团获得绝大多数的资源。

这些企业的效率似乎很对得起政府开出的金融"小灶"。国有企业增长质量不断提高，资本回报率由 1998 年的 0.82% 快速提高到 2006 年的 12.7%，仅低于非国有企业 3.33 个百分点，为近十几年来的最小差距。

但另一组数据却能让我们得出相反的观点。根据《中国统计年鉴》提供的数字，每百元固定资产原值实现的利润、资金利税率、产值利税率、每百元销售收入实现利税、流动资金周转次数五个指标中有三个是下降的，其产出没有能与庞大的资金投入相符。从 20 世纪 90 年代以来，我国垄断产业经济效应在高速增长中并没有提高，而是呈不断下降趋势。不仅如此，还使中小企业失去了生存的空间，迫使整个社会付出经济环境恶化的代价。

以中国移动为例，2007 年上半年利润可观，但其两年前开始发展自己的无线门户和即时信息服务，却成为所有独立运营商的最大不幸，在纳斯达克上市的空中网集团称其第二季度净利润较上年同期锐减 99%。2005 年中国手机服务提供商的总收入达到人民币 20 亿元，从但 2005 至 2006 年的收入增长速度仅为 26%，同期中国移动增速为 30%。这一数据不能证明中移动效率高，只能证明其垄断收益之高。

此次次级债危机，格林斯潘实行的低利率，差点使他戴上泡沫制造先生的桂冠。不过，成为美国今天经济支撑的信息经济，却使他可以结结实实地反击反对派的批评。没有一个国家拥有资本市场却可以避免泡沫的侵扰。关键是泡沫之后留下了什么？美国数次泡沫，留下了便捷的铁路网、汽车公司，以及称霸世界的几家 .com 互联网公司。

我们的股市市场到达万点，留给我们的是什么？是能使中国经济经得起泡沫攻击的中国式花旗，还是中国式微软？还是可怕的估值高到天大泡沫之后可能下跌 90% 以上的地价？还是浮在中国市场经济海洋上的一个个互不关联的垄断之岛？

要避免出现后一个局面，中国资本市场首先要在交易所、券商、上市公司、公司债等各个方面打破垄断，建构多层次的资本市场体系，比

欢呼股市上 5000 点重要得多。（2007 年 8 月 27 日）

打压蓝筹股？这是不可能的

股指接近 6000 点，看着花团锦簇，对投资者来说未必值得欣喜。

据《上海证券报》发布的消息，从 5 月 29 日到 10 月 10 日，期间沪指涨幅约 33%，但同期两市涨幅超过 33% 的 A 股仅有 250 只，占比不足 2 成。再以 7 月 6 日至昨天收盘这个区间进行统计，上证综指期间涨幅近 60%，而同期两市跑赢上证综指的 A 股数量为 350 只，占比略超 2 成。沪深两市 A 股中，尚有一半品种未过“5・30”高点。解套都远，别说赚钱。沪市综合指数的额头应该贴上一个招牌，叫“仅供参考，切勿当真”。

在管理层的引导下，投资者非常听话地将资金投向了基金，投向了大盘蓝筹股，目前机构投资者占比 30% 以上，超过了美国 70、80 年代，大盘股本就是中国资本市场的宠儿，现在有了股指期货的概念更是如鱼得水，因此大象起舞的壮观景象一再展现。

其实，何止内地市场，连在北水南调刺激下日渐 A 股化的港股也继续疯涨，国企股指数昨天飚升 932 点，报 19218 点，大盘蓝筹领涨；恒指涨 564 点，报 29133 点。香港市场也形成了内地常见的洼地效应，先是国企股领涨，然后是大盘蓝筹股，然后是二线股。在中投公司有可能购买汇丰股票消息的刺激下，连受次级债危机拖累的汇丰这只大笨象都跳起舞来。

在这种情况下如何打压股市呢？唯一的办法就是打压蓝筹股。不过，这是与中国经济安全为敌，万万行不得的损招。从目前的政策选项来看，由资本市场释放通胀压力，既可以解国有股改革成本难题，又可以使中国资源类股不再折价出售，决策层眼看着巴菲特、美铝、淡马锡减持，凭空赚进几十亿甚至几百亿的港币，怎么不痛心疾首！以高溢价出售中国蓝筹股，即便资本市场进入去泡期，对于中国的经济主体以及市场也不会有大的损伤。对于中国市场而言，最可怕的不是泡沫，而是泡沫之后的一地鸡毛。如果到时管理层发现，几乎集中了中国所有优质资源的国企大蓝筹股治理结构混乱，效率低下，成为资本市场最后的裸泳者，那才是中国资本市场真正的噩梦。

对管理层而言，唯一的办法是让资本市场有序发展，除了加快大公司上市改变供求关系外，近日管理层频频发出股指期货万事具备的信号，绝非无的放矢。而证监会主席尚福林表示制度性建设仍将完善，对投资者教育放松不得，虽然整肃市场秩序并非迎接熊市，但不可否认的是，管理层真要整肃市场，将使目前热得开锅的 A 股市场稍许降温；严格审批资产重组，也将使资产重组重新估值这些目前最热门的炒作稍稍熄火。当然，鉴于目前央企重组是热门中的热门，是中国本轮国企改革的主要技术手段之一，因此所谓审批资产重组并购也难以精确制导。

剩下的方法就是输出资本，这注定是输多赢少的游戏。在全球资金赚取中国溢价的时候，中国资本逡巡世界寻找国际投资机会，正如周洛华先生所说，得比国际投资者更高明才行。到目前为止，由中国官员化金融人士执掌的投资公司，要超过华尔街与金融城的专业机构，恐怕还只是个幻想。所以，我们得准备好交一笔大大的学费。但对于普通投资者而言这样的态势不乏参考意义。目前的形势是，H 股仍将上涨。沪深 A 股今年内上升 114%，H 股指数今年内只升 70%，这 44%的差距总有一天会被填平。

为了控制风险，投资者要学会两看，“外看中投、内看社保基金”：外看中投的投资动向，才能判断对外投资的风险与可能的赢利空间；内看社保基金，这是比央企更亏不得的投资者，他们要借助资本市场来弥补庞大的资金缺口，因此安全比盈利更为重要，也是得风气之先的机构投资者。这是两大特权机构，一个因其被寄望之深，关系中国货币的发展前景；一个因其对于全民保障的重要性。当然，接下来最重要的就是股指期货，这一议题如此重要，值得所有投资者密切关注。（2007 年 10 月 12 日）

站在 6124 点看中国股市

股市波澜不惊地突破 6000 点，即使再悲观的人面对如此咄咄逼人的锋芒也只能退避为上。对于一个相对封闭的市场的估值系统，以目前国际通行的市盈率等加以比较是行不通的。

要抓住牛市的牛眼，就得理解什么是股市的中国特色。

资金多。在货币流动性过剩的背景下抑制资产价格是徒劳的，加息是一块遮羞布，把一切归咎于货币政策妨碍了我们对更深层次的经济结构性失衡的全面把握。

供求失衡。过多的资金追逐过少的上市公司，由于几十只蓝筹股被刻意打造成中国股市的定海神针，数万亿人民币的资金在追逐几十家上市公司而不是 1400 多家上市公司，供求严重失衡。并且，目前公司债等投资品种从总体来看仍然属于央企主要融资渠道的附庸性产品，并未开辟出一个新渠道。

央企垄断红利是本轮牛市的牛眼。货币升值预期与中国经济的增长速度导致对原材料的无度需求互相哄抬，使得中国本土资源有了重新估值的基础。近日媒体披露的央企 30 家整体上市公司，其实是为下一阶段可以大炒特炒的公司提供了理论指导。据交易所公布的数字，截至 10 月

12 日收盘，沪市 A 股平均市盈率高达 69.44 倍，深市 A 股市盈率更是高达 74.96 倍。

有动态市盈率、价值重估等自成体系的估值系统。国外机构对中字号上市公司估值无所适从，各说各话。比如在神华 H 股估值上，瑞银分析师提出目标价位 101 元，遭到了美林分析师的一顿嘲笑，被称为最勇敢的估值。目前世界最大的煤炭股 BHP 要追上神华的水平，油价要升上 241 美元一桶（现价 84 美元），铁矿明年要升 4.4 倍，而不是市场估计的升 30%。煤价要升至 520 美元一吨，而不是现时估的 65 美元一吨。面对中国这一特殊市场各自解读没什么可奇怪的，巴菲特抛弃中石油之后股价再涨 20% 以上，与此同时邓普顿基金大笔购入中石油，而 BP 在 4 港元左右就抛弃了中石油的教训表明，用国际市场的眼光来打量国内的资源类上市公司会让投资者范大错误，就连新加坡那些主要收入来自于中国大陆的上市公司股价也跟着猛涨。说明中国式估值已经在国际市场上发扬光大。

北水南调追捧的核心仍是中资股。为了顶住人民币升值压力，决策者通过机构投资者输出资金投资国际市场，受到投资者的热捧。这是两个阵地的战争，一是内资基金与外资基金之间的大战，二是内资基金之间的大战，实际上内资基金集中了投资者的钱出游，起码替前期进入的中资解了套。以往银行系 QDII 遭到冷遇出现折价，重要的原因是内地资金的预期没有形成，而在近期蓦然升值，不过是沾了内地资金的光与有荣焉，而不是理财水平有了质的提升。外资投资者乐意乘坐内地资金抬的轿子，内地机构投资者也不例外。

实际上，这是一个毫无悬念的股市，也是资金被人为引导的股市，只要人民币汇率不迅猛升值，或者政府采用强力行政手段打压通胀风险，中国股市上涨趋势就难以抑制，实际上政府对于房地产市场的打压将促使更多的资金流入股市。央企资源是垄断的，上市公司的资源在一定程度上也是严重垄断的，双重垄断使得本轮牛市可以被定性为垄断牛市。投资者看清楚了这一点，就会明白追逐股价上涨的过程其实是追逐些许垄断溢价的过程，是追逐货币流动下过剩背景下实物资产的过程。所以，对投资者而言，追逐房地产投资溢价与追逐神华黑色黄金，在本质上并没有什么区别。

所以，目前炒作A股的诀窍是，听国内估值体系的话，盯住央企和有注资、重组概念的股，让别人发现价值去吧。

对于中国股市而言可能存在以下变数。一是在生产要素成本增加的情况下，中国经济增长速度可能略有放缓，从预期今年的11.3%下降到2008年的10.6%，这说明重新估值或者动态市盈率等概念的操作空间将有所缩小。随着注资等外延式业绩增长被透支，能够为股市高市盈率正名的概念越来越少。二是随着股指期货的推出将带来利益与手段的重新洗牌，对中小散户而言市场不确定性增加，中小散户的运作空间将随之下降，期货不是给中小散户预备的。（2007年10月14日）

中国股市是经济晴雨表还是央企晴雨表?

证监会主席尚福林10月15日下午在中央金融系统代表团分组审议讨论十七大报告时表示，中国股市正呈现经济“晴雨表”的作用。他表示，在过去5年中，中国股市的改革发展和基础制度建设取得了不少成就，发生了很大变化。到9月底，中国股市市值已达到25万亿元，在世界上已位居第4位；目前中国经济总量也在世界上排名第4位。

与股改前相比，中国股市发生了很大的发展，这既是股改成功解决结构性难题的标志，也是全球货币宽松体系资产价格上涨大背景下的产物，更是投资者对中国经济发展信心的体现，天时地利人和，缺一不可。

中国资本市场还有很大的发展空间，胡锦涛同志昨日在十七大报告中阐述经济发展时指出，优化资本市场结构，多渠道提高直接融资比重。这也是年初政府工作报告、中央金融工作会议强调的经济政策重点；其次，中国资本市场的开放力度在加大，不仅银行与基金系 QDII 扬帆出海，从央行外管局到证监会也都表示要增加 QFII 额度，证监会主席尚福林在回答记者提问时指出，可能对外宣布额度扩大到 300 亿美元。这实际上意味着中国的资本项目管制也将进一步开放，从而为最终实现浮动汇率机制打下基础。最后，从决策层到市场关注的重心是期货指数，中国的金融创新将借由股指期货打开突破口，从而产生判断与利益的分化，通过做空沪深 300 指数可以在一定程度上改变目前单边做多的市场格局。

不过说中国股市是经济的晴雨表目前还言之尚早，应该清醒地看到中国股市是在接近崩溃的边缘被挽救回来的，基础薄弱，且制度性障碍还未彻底消除。

最明显的表现是，资源集中程度过多，资金不仅向主板市场集中，而且是向主体市场的大蓝筹股集中，过多的资金追逐几十只大盘权重股，导致指数失真，指数成为权重股的表演舞台，因此，股指与其说是中国经济的晴雨表，还不如说是央企晴雨表，进一步说是有注资回购、整体上市概念的几十家央企的晴雨表。这固然是股指期货推出之前机构投资者抢权的表现，从另一个角度也是管理层刻意引导之下的结果。因此，与庞大的市值相比，中国的股市资源分配是不均衡的，其指数代表性极为有限。中国股市市值与中国经济体量在世界上排名一致更多的是巧合，并不能说明中国股市已经反映了中国经济的发展现状。

由此导致股市激励机制的扭曲，投资者同质化倾向严重。由于资金以追逐大盘蓝筹所隐含的资本操作与实物资产为投资的准则，导致所有的中小企业无论是否有竞争能力都被边缘化，这导致股市资源可能成为实物资产重估价值的垫脚石，而不是中国高效优质的上市公司的甄别者。比如中国一些具有自主知识产权、在国际上具有竞争力的一流公司股价盘整不休，与此同时，只有拥有煤炭、有色金融等资源的公司上市动辄冻结上万亿元人民币，市盈率在 80 倍以上，投资者完全不必关注公司的管理效率，只以资源拥有量以及参股资源、金融类股的收益为投资准绳，这对于努力于实体经济的上市公司是一个不小的打击。

证监会主席尚福林清醒地认识到了这一点，在近日举办的中法基金业高层论坛上，他表示目前多样化的投融资需求还没有得到有效满足，建立多层次市场体系的任务十分迫切，“因此，证监会将加快创业板市场建设，形成更有效率的场外交易市场，稳步推进金融衍生品市场的建设，建立适合中国国情的多层次市场体系”。希望这不仅仅是一种表态，而是更快地落实于行动，使深圳的创业板市场能够成为促进我国高新科技企业发展的助推器。

要建立成熟的市场，一视同仁地保护所有投资者的权益是基础，股改后发布了几百部法规条例办法，并且中国引入了举证倒置、证监会的准司法权等国际行之有效的监管经验，但我们遗憾地看到，与条文相比，查证内幕交易之难、中小投资者维权成本之高并不让人乐观。中国进入又一轮央企改革主导的并购高峰期，监管者能否以法律法规为主导独立地执行监管职责，是他们面临的最大考验。

要使中国股市成为中国经济的晴雨表，其基础是发展有竞争压力的多层次的资本市场，放弃对于大企业、大市场在行政审批之下的人为保护举措，对所有的上市公司一视同仁，使股市价值体系能够在资源性资产与公司的高效管理、金融创新等方面取得平衡。无论有做强国企有利于保障经济安全等多么堂皇的借口，所有的上市公司与投资者在资本市

场必须遵守相同的规则，拥有平等的机会。（2007 年 10 月 17 日）

跌也政策，涨也政策，投资者何必人心惶惶

A 股有泡沫所以会下跌，这是句空话。泡沫不一定会破，有时延续两年，有时延续六年，从长周期来看，会延续十几年。

关键是目前的 A 股市场为什么破位下行？所谓央行加息累积效应并不足以服人，不要说现在还是负利率，以往央行的负利率股市仍然有涨有跌；全球首只做空中国股市获利的 ETF 恰逢今日在美国推出，但美国投资机构的做空早就开始，这未必表示国际主流资金看空中国市场，而是表示又多了一个重要的对冲手段。

近日温家宝总理明确表示，既要防资产泡沫，又要防大起大落。所以，此次下跌也许可以逆向理解为防止大涨大跌的前奏。看来，资金急剧扩张导致的资产价格上升已经影响到了整体布局，股市暗中急刹车因此成为防止日后股市急剧下挫的重要原因。在新基金两个月未获发行、48 只老基金暂停申购，境内的基金在流向境外市场，参预国际金融领域竞争，在资金为王的市场，信心不动摇才是咄咄怪事。尤其应该注意的是股指期货，在市场纷纷预测股指期货推出之前，机构将抢筹大盘蓝筹的心理预期下，大盘股反而成为领跌急先锋，有一个解释，就是股指期货的具体内容可能发生变化。短期内市场会继续看跌，但从长期来看，趋势仍然未变。

现在收缩资本市场一是为了将资金引向实业领域，二是为了将资金引向境外市场，三是为了央企整体上市布局，四是为了顺利推出股指期货，五是为创业板推出积蓄资金动能。短期下跌是为了长期发展，也是

为了对付人民币升值的燃眉之急。

美元维持弱势，市场预计美联储将继续降息，人民币升值的压力没有减少反而在上升。如果市场对资金吸引力过强，将导致人民币需求量继续上升，那么政府就不得不在布局尚未完成的情况下，加大人民币汇率的浮动区间，这被许多人认为是威胁中国制造大国地位的危险之举。只有将低层次的制造业引导向创新、品牌、高科技的制造业之路，中国的企业、就业等才不会受到冲击而倒塌。要维持人民币兑美元一年 5% 至 6% 的升值幅度并非易事，政府不得不提前收割资本市场的财富，以免在一两年内就看到 A 股市场快速坍塌，按照樊纲先生的说法，中国希望维持 20 到 30 年的 8% 以上的 GDP 增长幅度，资本市场的透支会缩短这一增长过程。

同时，社保基金、银行机构参股境外企业的迹象越来越明确，不仅凯雷、KKR 等私募股权基金，曾经遭受挤兑的英国北岩银行也在寻求中国买家，而中国在非洲金融市场扩张之快，同样值得认真关注。以社保基金为例，20% 以上的资金将投向境外。而央企的整体上市也是国内核心改革领域之一，资本市场是央企的主要依靠，不论是大盘垃圾还是大盘蓝筹，资本市场最后必须为这些央企接盘，因此，政府关心的是夯实资本市场的基础，使资本市场有足够的能力承接 20 个以上中石油这样的大单。股指期货的推出一致做多蓝筹的现象不再出现，政府不可能在一个集体做多的情况下推出股指期货，只有对空力量均衡期货市场才能顺利出生。被寄予建立多层次资本市场厚望的创业板也需要资金扶植。

有如此之多的看空理由，但换个角度，从长期来看，以上诸多理由都为看多准备了足够的弹药。值得关注的是，就在 A 股经历政策周期性紧缩之时，国外投行纷纷发表报告提振信心，如大摩的龚方雄就表示，对增长型的经济体和增长型的公司而言，市盈率仅仅是一个估值指标，更重要的估值方法是看企业盈利增长调整以后的相对市盈率，即 PE/G（企业的市盈率除以盈利增长）是吸引全球投资者的重要标准。从这个角度来看，A 股和 H 股目前低于美国的标准。而标准普尔仍建议增持港股及 H 股，并将 2008 年恒生指数及国企指数目标定为 31000 点及 20000 点。

关键看点是，中国经济发展趋势未变，人民币升值趋势也没有变。以历史经验来看，日本在 1971–1989 年的 18 年间，日元对美元汇率从 360 日元升到 120，升值 3 倍，同期日本股市从 2000 点涨到 39000 点，涨幅 20 倍；1985–1990 年，韩元升 30%，股市涨 5 倍；1998–2005 年韩元升 70%，股市涨 4 倍。中国股市还会涨两三年，现在不过是前进中的退却，中国股市走向均衡，是对投资者选股能力的考验，如果是质地好的股票，何必在意什么大盘。除了有垄断红利的企业之外，有潜力的高科技、节能企业值得关注。从长期来看，中国股市真正的风险来自于源源不断发行的大盘股的赢利能力，一旦这些企业在资金退潮后露出人浮于事、生产力低下的老面孔，股市的灾难顷刻而至。（2007 年 11 月 9 日）

【泡沫与危机】

涨不一定有泡，跌不一定无泡

不顾央行的提高存款准备金率与加息等一系列货币调控政策，股市我行我素，股指直线窜升至 3500 点。有人因此担心股市出现泡沫，警示市场风险当然有必要，但主张政府动用行政力量挤泡，则大可不必。

持此论者首先应该论证，目前的股市的确有泡沫。界定股市泡沫是一项十分困难的任务，即便以市盈率来衡量，中国股市平均市盈率目前还维持在25至28倍之间，由于计算方式不同，有专家认为现在市盈率动态值还不到25倍，处于合理的正常值范围内。何况，中国股市资源具有稀缺性，上市蓝筹股大多坐拥垄断红利，这些特征或者说溢价为他国资本市场所无。

股市资金充溢不假，但股市资金充溢主要反映的是货币流动性过剩。到目前为止，央行动用货币工具收效不彰，银行信贷与股市处于两旺格局：股市火爆的同时，信贷增长迅速。

央行网站昨天下午公布的2007年第一季度金融运行数据表明：首季贷款增长加快，货币供应基本适度，金融运行总体平稳。广义货币供应量同比增长17.27%，在18%左右可承受的区间内波动。存差缺口高达11万亿以上，说明银行仍有很大的运作空间。

微小的区别在于，形势正在向有利于资本市场的方向变化，在资金大量进入股市的同时，银行尽管流动性充裕，但存款额增幅在放慢。居民与非金融企业的存款流出银行：居民户存款增加1.1万亿元，同比少增836亿元；非金融性公司存款增加4403亿元，同比少增761亿元。只有财政存款相对增加至3006亿元，同比多增854亿元。

信贷增长加快有第一季度银行跑马圈地抢信贷份额的因素，居民贷款额同比上升较快，应该符合决策层发展消费信贷、抑制固定资产投资过快上涨的初衷。周小川周三在湖南还表示，中国金融业要按照中央经济工作会议要求，调投资、促消费、减顺差，同时强调要积极发展住房消费信贷、汽车消费信贷、信用卡等重点领域的金融服务。银行发展中间业务是大势所趋。

央行的数据说明两点：第一，货币流动性过剩很难在短期内得到解决，资金吹大的“泡沫”必须有释放渠道，不是通过资本市场，就是通过银行信贷释放。在两者之间权衡，很难说通过信贷释放就是一种比资本市场更有效更安全的释放方式。让我们回想一下，银行信贷所造成的种种资源误配与错配，难道不同样是可怕的资源浪费吗？这样的“泡沫”难道就优于资本市场“泡沫”？

第二，我国金融市场正在进行深层次调整，从银行经济向市场经济过度。这是美国宏观经济学家、前美联储理事梅耶提出的两分法，银行经济指银行与产业有很强的共生关系，资本市场薄弱，产业发展基本靠银行融资，市场经济主要靠资本市场发挥资源配置作用。德日是银行经济的代表，美英则是市场经济的代表。

在国际上银行经济与市场经济两者正在趋同，德日模式向美英模式缴械，因为随着政府主导的赶超型经济发展模式的变迁，金融体系必然发生变化。银行依靠政府管制集中资金，依靠存贷差这样的准地租形式的赢利模式逐渐变得不可靠。

我国资本市场的发展对以往行政式的银行信贷体系形成强力冲击。资本市场越开放，监管越严格公正，我国的经济发展也将越快，企业自由度越大，资源错配的比例越小，因为生产率的提高与创新企业的崛起，将使投资收益远远超过市场成本。

与成熟的资本市场相比，我国资本市场仍然存在很大差距，并不是因为总市值，市值占 GDP 比例等表面数据有差距，主要体现在资本市场的开放性与公平性上。我国资本市场仍然是一个相对封闭的行政溢价严重的市场，进入者必须经过行政之眼的选拔，退出机制至今停留在纸面。我国资本市场的先天缺陷与信贷的行政选择不谋而合，与资本市场要义相差甚远。

纠缠于股指高低，甚至股指一高就呼吁用行政之手或者货币政策进行干预，将眼中之梁当作中国金融市场发展之刺，是昧于大局之言。一个封闭的干预性强的资本市场无法导致资源有效配置，这才是我们应该担心的。如果当初宗庆后在娃哈哈起步时能够顺利上市，还会有品牌旁落这样的担忧吗？如果我国资本市场培育了很多娃哈哈帝国，股指高涨

则是中国经济、中国社会之大幸。(2007 年 4 月 13 日)

中国股市最大的危险不是泡沫

各种利益群体怀着不同目的加入对全民炒股的声讨与争辩。股市唱多派责怪唱空派是“帝国主义的乏走狗”,为海外热钱与 QFII 资金抄底中国股市服务,唱空派毫不示弱地指责唱多派在透支中国经济的未来。从争论点来看,双方进行的是关于中国改革路径与财富分配形式的争论,绝不仅仅局限于股市到达 4000 点是否有泡沫这样的技术问题。

中国股市成为众人瞩目的焦点,首先缘于巨大的财富分配效应。不止一个人向笔者提及,这是中国底层人士分享垄断资本收益的最后一次盛宴。与中国股市在中国经济改革所起的作用相比,4000 点即便略有浮沫也只是癣疥之疾,最大的风险来自于中国经济结构内部,市场化改革遭遇行政利益集团的天花板。

以试验性质登场、在中国经济舞台玩票的股市,意外地承担起中国市场经济改革深化主要手段的重任。如果说股改之前中国股市还只是地方中小国企摆脱困境的工具,那么,在股改之后则成为中国核心企业建立市场治理结构的主要资源,央企与国有型商业银行所占的市值比例就是明证。

改革依赖股改,股市依托行政。股改改变了利益分配形式,却没能改变中国股市行政性症结,大型国有企业撑起股市江山,国资管理部门对国有控股权作出行政规定,中小股东对公司治理没有发言权,他们有的是搭便车分享微利的权利。这导致中国股市寡头化严重,巨无霸的国企从银行到股市吸纳了无数的社会资金,这是由于政策的鼎力支持盘踞不去。这才是中国股市真正的危险，如果解决不好，中国股市有可能像俄罗斯股市一样，成为经济寡头无所顾忌的掠财场所。

一个奇特的悖论是，国有企业的控制者一方面表示国有企业上市的目的是为了借助资本市场相对透明的规则与约束，建立符合市场规范的公司治理结构，但实际上却画地为牢地规定了投资者的权力不能越过他们的行政边界，中小股民对于公司管理者没有置喙余地。

这种以己之矛攻己之盾的做法令人费解，官方的解释是这样做可以保持国有股的控股权，目的是为了捍卫国家经济安全，但他们无法解释，控股权之争为什么必然伴随行政性的僵硬的管理体制，维持后一体制不仅无益于国家控股权，反而会给大股东的经济利益造成无法避免的损失。维护国家利益是无往而不利的幌子，在此遮掩下，手段合规与否似乎变得不那么重要，突破规则的行为比比皆是。

上市公司贵州茅台最近的闹剧形象地展示了什么是中国股市的行政伤疤。贵州茅台每股股价在人民币百元上下，被认为是消费升级时代的大蓝筹股。这家具有指标意义的上市公司在最近的总经理易人风波中表现出对投资者的极端漠视。从4月开始，市场风传茅台总经理乔洪被有关部门调查，5月9日茅台被停牌，5月14日，茅台公司发布简短公告，称公司总经理乔洪因工作原因调任贵州省人民政府国有资产监督管理委员会副主任。近日，中共贵州省纪律检查委员会向官方权威媒体证实，中共贵州省委常委会18日研究决定，对贵州茅台酒股份有限公司原总经理乔洪进行立案调查，并采取“双规”措施。

在此期间，有关部门不是保持“高贵的缄默”，就是从不同的政府部门发出相互矛盾的信号，任凭投资者大猜哑谜。茅台公告的部分真相有误导投资者之嫌。漠视股民知情权、对上市公司经理的行政处置，不惜违反股市信息披露制度与官员任命公示制度，目的居然是“旨在尽可能降低对上市公司造成的影响，体现了政府及其有关部门对国酒茅台和证券市场的悉心呵护，也是政府维护广大股民切身利益负责任的表现”。这番颇具特色的为股民着想的好意，恐怕所有投资者都无法消受，在成熟的资本市场，这样做将承担严重的法律后果。

中石化回购下属上市子公司武汉石油等案例，还展现了国有大企业在整体上市回购子公司的过程中如何运用不公的财务手段，做低资产价格侵害流通股股东权益。该案上诉的小股民一审业已败诉，狭窄而高昂的司法救济渠道逼迫每个上诉的股民都成为悲剧英雄。

股市不是万能仙丹，如果没有其他配套改革及时跟进，其提供的改革动力很快会耗散。股市如果改变不了上市公司的治理结构，如果不能使公司高管从高级官员转变为职业经理人，如果相应的法律法规仍然只拍苍蝇不打老虎，如果司法救济偏心到为投资者保护自身合法收益增加难度，最终的结果只能是股市被这些没有市场品格的上市公司异化，股东大会、董事会、监事会制度这些正在推进的制度，大多沦为好看不能用的摆设。果真如此，附着于股市改革路径只能宣告终结，像股改前的中国股市一样，接近崩盘。

春风吹，战鼓擂，这个世界究竟谁怕谁？这是一个在股市满仓操作的朋友给笔者发来的决心书。其实他应该问的是，中国股市究竟谁变谁？（2007 年 5 月 23 日）

A 股市场最大的风险是什么？

证监会再次发出通知，要求证券公司进一步加强投资者教育和风险揭示工作，采取各种有效方式让投资者充分理解“买者自负”的原则。强调“买者自负”是因为以往的 A 股市场买者在一定程度上买者不必自负其责，因此才会出现政府进行的对价补偿。目前的股市与股改前全然的政策市不同，是一个彻底市场化的规则市场，要素之一就是投资者具有独立品格，政府负责规则的制订与监管，不管投资输赢。

A 股市场上涨声急，曾经历过股疯时代的投资者、境外投资机构、从格林斯潘到李嘉诚一干名人都在警示市场泡沫风险。

中国股市有泡沫吗？要回答这个问题首先需要回答，中国股市的最大风险究竟是什么？

与股改前的股市一样，中国股市最大的风险仍然是行政审批与政策干预。以试验性质登场、在中国经济舞台玩票的股市，意外地承担起中国市场经济改革深化主要手段的重任。如果说股改之前中国股市还只是地方中小国企脱贫摆动困境的工具，那么，在股改之后则成为中国核心大型国有企业建立市场治理结构的主要资源，央企与国有商业银行所占的市值比例就是明证。

虽然行政手段打压股市已被千夫所指，但股市的行政管制风格未变。如刘煜辉先生所说，中国的资本市场与十几年前的架构并未发生本质的变化，企业发股、配股、增发、定向增发、可转债发行、中长期债券发行仍存在很强的行政管制；上市公司还谈不上自主决定发行证券的品种、数量、时间、用途；企业融资的行政审批制度向“备案制”改革依然进展缓慢。适合一般企业的、初级层次的、区域性的资本市场则付诸阙如——一句话，A 股市场依然是一个政府高度主导的集中型金融市场。

投资者就相当于在刀尖上起舞，火中取栗，一旦政府认为有需要，在短期内就可推出连续加息政策与资本利得税，那么股市下跌顷刻可见。

政策干预与严厉的管制不除，就难以保证股市资源配置到经济活动最有效的行业与企业，难以推出适合投资需要的理财品种分流财富，就难以改变政策市中的政府信用透支，这才是我国经济中的硬伤，是最大

的风险。(2007 年 5 月 25 日)

政府应该动手为股市挤泡吗?

对于 A 股市场估值的高低是技术判断，对于政府是否应该动手是价值判断，而政府应该以什么手段去泡则是意识形态之争。

A 股市场估价过高吗？从开户数、市盈率、成交量等技术指标来看，确实如此。A 股的开户数突破 1 亿，按照上市公司当前的股价和 2006 年的业绩计算，沪深 300 的静态市盈率超过 40 倍，整个市场的静态市盈率已经超过 50 倍。4 月份沪市日均交易量为人民币 1541.2 亿元，与全球最大市场美国看齐。

但从供应角度看，A 股市场又没有被高估。众所周知，中国股市是一个相对封闭的市场，典型的表现就是资本项目与利率受到控制，上市公司没有退出机制，成思危等一干经济学家的鼓与呼效用甚微。A 股市场就像一个只有入水口没有出水口的水库，后果之一是造成循环系统不良，水质腐化。市场表现就是假账与内幕交易泛滥，直到完全败坏投资者的胃口；后果之二是为了平抑水库水量，政府只能控制入水量，人为匹配市场资金与上市公司数量，资金少了控制上市节奏，资金多了加快上市和控制资金，湿手沾面粉，却仍然无法平抑市场需求；后果之三是凡是上市公司的壳资源都成为稀缺资源，企业一入股市即鸡犬升天，资产重组、借壳等方法泥沙俱下，股市失去了由资金与股价体现的资源优化配置之效。

以中国的存款储蓄率之高，一旦资本化之后其能量之大我们尽可以发挥最大的想象空间。我国 11 万多亿人民币的存款才挪出上千亿到股市，

QFII 额度 100 亿美元就无法承受，那只能说明以前积累的体制性问题在熊市中并未清除干净，在牛市再次集中爆发。以彻底的市场手段替代目前行政色彩仍嫌浓厚的上市制度，放开上市资源因此成为市场热门备选方案，解冻债券市场、构筑多层次的资本市场体系才是治本之术。既然股市的问题是以往的行政管制造成的，解除股市危机的唯一办法就是在严厉监管的前提下放开行政管制。一些人企求于行政手段的回归，透露出市场化硬币背面管制经济信仰者的真面目。

政府动用强大的行政力量为股市挤泡是一个得不偿失的行为，没有任何政府能够预见到何时是泡沫，因此也无法把握该在什么时机用什么样的方法刺破泡沫。如金岩石所说，这个陷阱让政府陷入两难境地，如果泡沫破了会变成一个千古罪人，如果没有戳破会变成历史的笑柄。任何市场经济政府所能够扮演的最好的角色就是秩序的建立者与维持者。

现在有人提出动用财政手段与货币手段来刺破泡沫，对这样的提议应该格外小心，因为在货币与税收本身行政色彩十足的时候，运用两种手段尤其是税收手段就相当于走上行政复归之路，将强化税负合法性质问。

斯蒂格利茨在任美国总统经济顾问委员会主席时曾感慨，税收是一种意识形态，此言实际指的是税收对于民生以及民众的重要性，略有星火便能燎原，执政者不能不慎之又慎。在国会的严厉监督下，税收尚且屡屡成为执政者的滑铁卢；如果税收权主要掌握行政机构手中，情况有可能更加混乱。从资本利得税的倏进倏退，到印花税的调节传闻，对于税收的强烈偏好已使得税收成为中国经济发展中常用而可怕的武器。

我国税收常有语焉不详、部门与地方政府各自解读之弊，给执行者留下了广阔的阐释空间；更因为税收虽有抑制交易量转嫁矛盾之嫌，却能在短期内通过降低交易量而压低价格，而政府无须付出财政等资源，反而进账不菲。一些学者正在不断地鼓励此类短期行为，在他们眼中，税收提高就能抑制一切投机，就能对投机者进行惩罚，他们无法也不愿意区分投机与投资的区别，更不愿意正视税收的合意性以及与价格之间的复杂关系。

更奇特的建议是出台政策控制市场的恐惧与贪婪，这种直接与人性为敌的论调令人喷饭，如果无法控制，政府是否应该取消股市呢？投资者真的不恐惧吗？沪指突破 4000 点之后满仓操作的人数急剧下降，一些地方新开户数锐降，说明市场自有理性，压根儿不需要从虚空中移植。

每个成熟的资本市场都经历过高低起伏，关键是在经历周期之后收获几何，如美国与日本 20 世纪 90 年代股市泡沫崩溃之后，前者收获了龙种——高科技产业，后者收获了跳蚤——进入黑暗的十年，根源就在于两者的市场机理不同，对泡沫的消化能力各异。

现在的关键问题是教育执政者，使其不要在关键的市场准入问题上被国企的解困与致富等短期目标蒙蔽双眼，为了维护利益继续严格按照企业出身把住股市大门；为了部门利益把债券市场割得四分五裂；对体制规则的建设敏于言讷于行，对于某些与民争利的税收政策雷厉风行；同时，对比唐建更恶劣的行为高高举起，轻轻落下，如杭萧钢构。（2007 年 5 月 27 日）

股市有泡沫，严惩庄家才能治恶性泡沫

上证综指到达 5300 点，由恐慌心态形成的泡沫之争再度泛滥，读遍零零总总的泡沫争辩说之后，结论是，与其说那是技术探讨，不如说是遵循不同投资理念的各方在为自己寻找心理安慰剂。

上市公司的中报业绩使得价值重估说甚嚣尘上，但深交所的风险提

示已经很明确告知投资者，那是在特定时间的一次性消费。投资收益对业绩贡献度过高、股指涨幅高于业绩增长、现金流增长滞后于账面增长、业绩增长的忙于增发圈钱、忙于股权激励，而吝于回报投资者，无不证明这一点。

股市有泡沫吗？当然有。

最明显的例子是我国股市的实际负收益性。如果按照第一、第二季度 70% 以上的赢利增长计算，上市公司全年赢利 6000 多亿元，扣除各种税费，再扣除投资者承担的非流通股成本，实际处于负收益状态，中国资本市场只有 2005 与 2006 年实现了正收益。巴曙松先生直言目前中国资本市场的抽水机性质未变。这意味着，如果多数人准备兑现，结果就是市场雪崩的开始，因为资本市场的赢利能力根本无法支撑纸面财富，新一轮的除泡效应突显。于是，资本市场过剩的流动性消失，也许如欧美市场一般陷入短暂流动性紧缩，游戏从头开始。印花税距今不远，相信投资者不会这么快就得了健忘症。

其次，我国证券化率虽然达到 100%，但是上市公司的总体赢利能力只占企业总体赢利能力的 10% 左右，如同规模以上企业占用了一半左右的银行贷款，只占企业总体利润的数字相近，这说明，目前的资本市场与当初的银行融资体系一样，在严厉管制下，并未能够筛选出赢利能力强的企业，中国赢利能力强的企业或者因为出身低微迟迟不能被资本市场接纳，或者在境外大发利市。2005 年中石油一家的利润是境内所有上市公司赢利的总和，2006 年稍有好转，香港前 20 家内地上市公司的赢利是国内所有上市公司的总和。

第三，基金成为泡沫推手。2 万亿的基金总规模，建仓时间与持仓量的限制，以及分拆与分红的传销式基金销售法，使得基金只能在泡沫上游戏，多数基金经理仍然看好 A 股市场，他们也只能看好，不然没得玩。所以基金扎堆蓝筹、板块间寻找相对洼地最终推高所有板块等现象也就不难理解。

泡沫会马上破灭吗？未必。股市泡沫有良性恶性之分，管理层大可不必以行政手段人工除去良性泡沫。

首先是除了股市、楼市找不到更好的投资渠道，虽然管理层正在大力推行藏汇于民、汇率市场化政策，但港股直通车推迟发轫说明汇率自由化这一系统工程，无法在短期内为 A 股市场降温。日前透露出的重要信息还包括，证监会多层次资本市场发展规划获批，但等到正式启动恐怕还要假以时日。管理层考虑到红筹股回归等因素，本来是想用巨量资金为这些国有垄断企业洗尘，不料横生次级债事件，导致回归步伐停滞。在投资无法找到出口、经济需要融资润滑的情况下，有些泡沫未尝不是好事。

目前的当务之急不是用行政手段为市场强行除泡，打乱经济发展节奏，而应施之以严厉整顿秩序的举措，消除市场的恶性泡沫，这样才能使市场形成继续发展的基础，兑现切实保护中小投资者的承诺，大大降低爆发蓝田股份这样毫无营养只有毒素的泡沫灾难的可能性。

与严厉监管唱对台戏的，把管理层当病猫，把投资者当作鱼肉的前有杭萧钢构、今有 ST 金泰。7 月 9 日 ST 金泰的一则注资与定向增发公告，连拉 42 个涨停板，而 9 月 3 日的公告又使之陷入跌停。接踵而来的消息是，其注入的沈阳世贸广场项目为非法项目，资产估值明显作假，每日开盘被大单封死涨停，被庄家高度控盘，9 月 4 日公告再次披露，新恒基房地产所持 *ST 金泰限售流通 A 股股票 520 万股被法院冻结期限一年。

对于这样无视规则、无视股民利益、公然与监管唱反调的坐庄者，不进行惩罚性民事赔偿，使其倾家荡产，甚至使其 80 亿的定向增发方案能够通过，何以谢天下诚实投资者？何以消除市场恶性泡沫？何以让中国股市健康发展？

近日，最高人民法院有关人士指出，关于内幕交易和操纵市场案件的审理问题，修订后的证券法进一步明确规定了内幕交易和操纵市场侵权行为的民事责任；同时指出，对于投资人对侵权行为人提起的相关民事诉讼，有关人民法院应当参照虚假陈述司法解释前置程序的规定来确定案件的受理，并根据关于管辖的规定来确定案件的管辖。这就为民事赔偿打开了一道门。ST 金泰应该成为一个经典证券监管和民事赔偿案例，以儆制造恶性泡沫者之效尤。（2007 年 9 月 5 日）

【牛市反思】

中国股市在牛车旁打转

中国 A 股市场毫无疑问成为令世界炫目的新兴市场，2006 年凭借 130% 的年度涨幅夺得全球主流资本市场涨幅第一的桂冠，创出了资本市场建立以来的最高等级。

但 A 股市场不得不选择以令人震惊的消极方式向世界展示自己的影响力。

2 月 27 日，黑色星期二，一个在中国资本市场历史上定格的日子。这一天，沪深指数进入十年来最大的一次深跌，蒸发上万亿元人民币的市值。这股黑色旋风迅速席卷世界，美国、欧洲、日本等地股市当日或者次日陆续深跌。

得意于中国 A 股市场的国际资本市场影响力，是坐井观天的浅薄行为。到目前为止，A 股市场还不是世界市场的重要成员。无论是欧美市场还是韩日市场，中国概念股虽然给少数国际投资者带来了丰厚收益，但并没有重要到成为利润主要增长来源的地步，也不可能给道琼斯 30 种工业股票平均价格指数、标准普尔500种股票指数、日经指数等世界主要指数带来显而易见的涨跌影响。

影响力通常是双向的，A股市场缺乏对世界资本市场的影响力，国际市场同样对A股市场缺乏影响力。由于中国资本项目尚未开放，外资介入中国股市只能通过QFII额度的审批来实现，100亿美元QFII额度由数十家外资机构分享，无法产生全局影响。认为国外基金运用资金杠杆操纵A股市场，是忘记了中国资本市场不开放的事实和香港市场的缓冲垫作用。

不过，通过"2·27"A股市场成为全球股市暴跌导火索这一事实，清晰地展示出内地股市不透明而产生的风险放大效应。日元加息与美国经济数据走弱等原因，不是形成全球恐慌性联动的关键。重要的原因是误读，当世界最大新兴资本市场以令人瞠目的速度迅速下坠、却没有人发表任何澄清声明时，国际市场误以为内地经济发生了类似于1929年美国式的重大衰退，作出了过激反应。内地市场信息不透明与管理者反应滞后，以及国际市场基于不了解产生的误读，放大了市场的非理性风险。

虽然内地对国际市场影响力不大，但对香港市场例外。港股总市值、融资额居世界前列，大盘国企股居功甚伟，国企指数对香港股市举足轻重。

这既是香港市场国际地位的支撑力，也给香港股市埋下了不知何时爆炸的定时炸弹。如今香港股市国际色彩逐渐褪却，内地色彩日渐浓厚，向中央要政策这样的内地地方政府常用的手段频现于香港市场，先有港深沪三所合并动议，现在有联通A股与H股的设想。

一旦香港市场失去国际桥头堡的地位，将同时失去对国际投资者与内地上市公司的吸引力——内地上市公司无法通过到港交所上市镀国际色彩之金，反而身受提高上市成本之害；国际投资者不可能通过A股与

H 股之间的差价大获利市。香港股市与国企上市公司血脉相联，一荣俱荣，一损俱损，是福是祸?

与其奢谈 A 股市场的国际影响力，还不如冷静反省 A 股市场痼疾，方有裨于将来产生真正的国际影响力。

许多人认为股改之后的 A 股市场是个脱胎换骨的市场。如果从融资额、总市值来看，确实如此；如果从市场基础来看则大谬不然，A 股市场还没有脱去为国企服务这个胎，更没有换掉特权市场这根骨。

2006 年中国股市取得了极大成功原因，是实行了以大股东支付对价换取市场流通权为特征的股权分置改革，解决了 A 股市场顽疾之一——流通股与非流通股割裂市场，中小股民得到微薄补偿，显示出公平的迹象；却没有解决最大的顽疾——股市价值系统紊乱、对投资者利益不能一视同仁加以保护、资源行政配置法在很大程度上取代资源市场配置法。

从 2006 年开始的 A 股市场的兴旺始于股改带来的公平效应。由于每个上市公司必须股改才能在 A 股市场继续生存，而股改中大股市与小股东协商支付对价以赎取非流通股流通权的方式，使没有背景的中小股民破天荒地拥有了捍卫自身利益的博弈权，在一定程度上改变了中小股民在 A 股市场成立之后就被固定下来的上市公司送钱工具的身份。虽然多数中小股民所得菲薄，但这一伴随着市场公平进程的利益回归，不仅让中小股民也让所有投资者看到了 A 股市场实现公平的可能性，这是 A 股市场能够重新凝聚人气的关键。

A 股市场正在走向公平，不等于中国股市已经公平，事实是中国股市仍然很不公平。本属特权一族的非流通股股东获利畸重，每股 2 至 3 元人民币的原始股以市值出售获得了十几倍、甚至几十倍的收益。并且，在解决旧有不公平的过程中，新的更大规模的不公平现象大量发生。国有大型垄断企业在优惠政策的扶持下鱼贯上市，上市公司在回购下属上市子公司、整体上市的过程中，大股东之间达成内部协议、在会计账目上弄虚作假低估子公司资产案例层出不穷，迹近于对中小投资者公开掠夺，已引发数起股民向管理层投诉、甚至向法院上诉案件。

当初设立A股市场的目的是为了给中小国企脱困，各地区各行业分配上市企业名额，相当于坐地分钱。股改没能改变这一市场定位偏差，管理层继续使用封闭上市资源、人为造成特权市场的方式，开辟出行政调节资金的另一个战场，只不过表现方式发生了变化。如今政府介入股市的唯一正确的目的，是减轻权力对股市的影响力。

A股市场业已被央企捆绑，一旦重要央企出现大规模衰退，A股市场与H股市场都会成为炮灰。与在国际资本市场上为内地民企创造出“盛大神话”“分众传奇”的国际风投基金相比，A股市场的实质性改革之慢，就像是在牛车旁打转转。（2007年3月17日）

相信牛市？

没有人理解中国股市，这个诞生时间不长的市场经历了惊心动魄的变化，在黑色“2·27”之后势不可挡地昂头向上。

一场股市的人民战争已经到来，与美国的擦鞋童与出租车司机成为股市理论家一样，退休老人们成为股市理论的热心传播者。

2007年2月下旬，央行在全国50个城市进行了城镇储户问卷调查，回收有效问卷20000份。调查结果显示，尽管居民拥有最主要金融资产仍为储蓄存款，但持这种看法的居民比例连续三个季度下降，本季降至59.4%，为调查以来的最低点。下降主要有两个原因：一是居民认为存款利率偏低，二是股市的财富效应使储蓄存款向股市迁移。调查反映，在居民拥有最主要金融资产中，“基金”占比从上季度的10%跃升至

16.7%，刷新历史记录，分别比上季和去年同期提高 6.7 和 12.7 个百分点，“股票”占比提高 2 个百分点。另外，认为在当前的物价和利率水平下提款购买股票或基金最划算的居民占比达 30.3%，比上季度提高 11.7 个百分点，创历史新高。

每次股市创下新高，总有新的理由出现，如美国曾经出现的铁路热、电器热以及网络热，等等。总有一些经济现象让我们难以理解。劳伦斯·梅耶在任美联储理事时，恰遇美国股市大牛，而美国的各项经济指标也出奇的好，就业率低到美联储官员担心引发通货膨胀的程度，但出人意料的是通货膨胀指数很低，而 GDP 却增长强劲，没有人，包括美联储一千多位经济学家能给出恰当的理由，一切都好到不可思议。

格林斯潘第一个作出了反应，是生产率！他认为，是高科技企业提高了整个社会的劳动生产率，使得一切发生了根本变化。这一理论逐渐推广，美联储的经济学家们调整了模型参数，有了新的解释，一切顺理成章。

当时占据《纽约时报》畅销书排行榜首位的是《道琼斯 36000 点》之类的书，人们狂热地追捧这些书的作者，他们成为演讲与辩论赛上的明星。美国知名的对冲基金经理、投资策略师巴顿·比格斯在辩论中败下阵来，他不相信新经济神话，结果被听众发出的无情嘘声赶走，而他在业绩的逼迫下，最后也不得不购进一些高科技股票，成为自己理论的叛徒。

高科技股泡沫终于崩溃，但比格斯仍然是失败者，他唱空时间太早，就像半夜鸡叫，在业绩为王的基金市场，不管有什么理论，业绩不佳，一切等于零。他违背了民众对于高科技的狂热信仰，注定会在牛市踏空。

“非理性繁荣”，这是 1996 年格林斯潘的预言，这句话虽然成为名言，可格林斯潘似乎并不确信自己的判断，他很快改口，说经济股市上升是有现实理由的。连格林斯潘都不甚了了，反过来也许说明了非理性的股市才能繁荣。

美国股市大牛确实都处于经济发展的关键时期，20 世纪初人们相信，铁路运输将改变工业基础；20 世纪 20 年代的电器化使人们相信电器时代就在眼前；互联网同样如此，人们相信，宽带改变生活。

宽带确实改变了信息沟通方式，也正在改变市场运作方式，但人们忘了，并不是每家互联网公司都能赚钱，当时很多美国人给自己的公司名加上了 .com 的后缀，但这不能改变一些 .com 公司效率低下的事实。

市场是有效的，有泡沫早晚会破裂，民众是狂热的，但他们对于经济变迁的直觉把握十分准确。大量资金追逐高科技企业的结果是制造了股市的超级大泡沫，但同时也成就了美国新经济的地位，美国的工业、科技产业因此获得发展之基。

也许这就是市场必定要有的周期，无数的资金最终就是为了捧出特定时代的明星企业，比如通用汽车与微软，为新经济奠定基础，很多后知后觉的逐泡者不幸成为新经济的养料。

中国的情况有相似之处吗？股市人民战争正在兴起，现在不过是牛刀小试，半夜鸡叫式的唱空者偶有啼声，但人们嗤之以鼻，相信改革所造就的蓝筹股奇迹与中国经济的发展无可抵挡。而政府当然也乐得顺水推舟，捆绑所有的资金，共同完成最艰难的国企改革大业。

如果股市的人民战争是必然的，那就——相信牛市，这曾是美林证券最著名的口号。（2007 年 3 月 29 日）

第二章 CHAPTER 02 | 过渡时代（2008–2009 金融危机）

古老的城墙就好像
沉默的莲华绽放夕阳里
你们互相搀扶的身影
缓慢走在晚风里

秋天是因为你在身旁
这城市最美的天空
你的笑容和青山相映
让我的心感到宁静

——《四季》许巍

2008 年：信心崩溃　多事之年

【看时局】

不要被假熊市蒙蔽了双眼

如果因为股市的几天暴跌就认定中国股市已经步入熊市，是被最近市场的烟幕弹蒙蔽了双眼。

狂欢的酒盏被撤走，坏消息一桩接一桩，投资者心情与天气一样糟。

A 股市场尽墨，黑色星期一再次摧残股民的信心。与此同时，次贷压力体现在资金流向上，近期，国际资金因为基金赎回压力而离开内地市场，引人注目的是，为了应对物价上涨的紧急情况，政府继续实行紧缩政策。甚至近日雪灾导致的物价上涨也成为资本市场的重要影响因素。

越是这样的时刻，越是应该保持冷静。中国的市场从此走熊了吗？不可能。次贷危机促成亚洲货币单位浮出水面、促成人民币尽快成为自由兑换货币的目的远未达到。

1 月 24 日下午，温家宝总理在听取对《政府工作报告（征求意见稿）》的意见时说，2008 年恐怕是经济上最为困难的一年。“为什么说它困难？这种困难还不在经济本身，而在国际形势、经济环境有许多不确定的因素，国内经济发展还有许多新的困难和矛盾，所以这就需要我们政府更好地实行科学民主决策。”

困难主要在于不确定，在于无法防范。能够确定的风险不是风险，无法确定的不可知的风险才是风险。比如，次贷对中国经济影响究竟有多深？究竟会有多少资金为应付赎回压力回流到欧美？房价会有多大程度的下跌，银行系统是否能够承受？

笔者从来不认为中国股市已经进入下行通道，如果说熊，也是人造熊市，那是为了摆脱周期困扰而对市场进行的提前调节。一月份所有投资者全都看好的无风险，　场狂奔，导致股市挤泡沫阶段提前到来，以避免让所有人言中了奥运节点；二是避免资产泡沫催生通胀。

如果说中国股市受到国际影响，那么这个影响应该是正面的，绝不是比周边市场尤其是香港市场暴跌得更厉害。

原因很简单。人民币快速升值一幕正在真实上演。1 月 28 日，人民币兑美元中间价突破 7.20 关口，中间价为人民币 7.1996 元，大升 69 个基点，再度创出新高。汇改以来人民币累计升值 12.645%，2008 年以来第 11 次刷新新高，2008 年以来升值幅度已经达到 1.62%。汇率如此大幅升值，毫无疑问是政府发出的强烈测试信号。人民币汇率市场化的脚步会越来越快，以此对抗全球通胀的影响。

在众人意料之中的升值，实在是赚钱的好机会，普通投资者却无法参与其中，分享升值红利。通过资本市场分享升值红利的渠道被堵死，金融与地产等最能体现人民币升值预期的上市公司遭到刻意打压。地产股自不必说，金融股被平安再融资野心与农行上市的雄心拖入谷底。

除非政府出台疯狂的扩张政策，否则 A 股市场不至于崩溃。货币的趋势反应的是实体经济的发展，这边货币升值开始启动，那边股市已经陷入暴跌境地，无论哪国的经验都很难说得通。人民币不可能如此脆弱。在东南亚、韩国等地，人民币已经成为实际上的硬通货。在我国的台湾地区，根据台湾银行业主管估计，由于两岸商务观光、文化交流频繁，再加上人民币汇率看升，人民币在台湾地下交易猖獗，粗略估计“台湾拥有三四百亿的人民币”。地下金融业从业者认为这一数据仍然被低估。目前监管层所面临的问题是，如何让人民币稳步地成为可兑换货币。

有两个动向值得关注：第一，近期流入香港市场的国际资金大增，这是否意味着香港市场会是中国资本市场的另一个增长点呢？前几天有传说港股直通车今年 5 月开通，后被有关方面澄清，并无此事。不过资金提前在港布局说明了今年香港市场的机会，这一机会来源于人民币汇率市场化无法绕过香港市场；第二，近期机构与管理层对于大盘股产生分歧，中石油为首的大盘股被抛弃，毫无疑问，正像某些人所说的一样，平安与中石油一样，已经被看成调节股市的现成工具。

对于普通投资者而言，危险的不是 A 股市场与港股市场——A 股市场震荡缓慢上行的趋势不会改变，港股市场则是个绝佳的机会——真正的风险是，管理层掌握不住火候，硬生生将市场往熊群里赶，假熊成了真熊；投资者通过金融机构中惯于当理财二传手的一帮生手，将资金投资于自己不熟悉的香港以外的海外市场，既承受人民币上升的成本，又要替国内金融机构海外理财交学费。那才是愚不可及。（2008 年 1 月 29 日）

A 股市场化新政不应操之过急

突如其来的股灾使上证综指急挫 20%，市值蒸发了 6 万多亿，一场小规模的泡沫歼灭战圆满成功。

市场对于是否要救市爆发了激烈的争议。

到底要不要救市？要。如何救市？最好市场与经济双赢。

在股指急挫期，在中国资本市场的市场化基础尚不牢固之时，一味强调以市场手段干预市场，结局是为渊驱鱼。笔者自认为是个市场派，之所以同意有条件救市，是因为中国资本市场是个不公平的拳击台，经常把五岁孩童与体重百斤的成年拳击选手放到了一个拳击台上。

投资者没有等来救市的及时雨，反而等来一些意味深长的暗示。有篇采访华生先生的文章，提及投资者要改变单边牛市思维：虽然我国经济高速增长等因素对证券市场长期可持续发展形成了支撑，然而在高估值的市场中，“牛市是长期的，但牛熊一定是交替的”。“当市场跑得太快的时候，如果想避免泡沫破裂式的大调整，最好的方法就是消化泡沫来逐步调整，我猜想这也是决策人追求的目标”。他说，消化泡沫需要时间，“即使泡沫比较大，过一两年也会得到有效消化了”。

所以，为了防止泡沫坐大引起市场崩溃，及时地挑破小泡沫是对中小投资者的爱护。笔者对此没有疑义，事实上，此次下挫大资金也没有讨到多少便宜。而且，与事实对照，华生先生的表态应该说比较符合当前的管理逻辑。一是无论是新股改革到目前为止，尚未尘埃落定，监管层显然担心以另一个行政手段代替现行的行政手段，除了利益重新分配之外，对于制度建设不会有尺寸之进。目前的救市之争仍然如此，虽然投资者盼望救市如大旱之望虹霓，但是监管层却进入了言论静默期，除了偶有官员发表不干预股指的老调之外，再无他论。1月29日发布的《定向资产管理业务实施细则》被视为利好，其实只是理财品种扩大了，符合扩大私募及类似产品的既定方针，与以往的救市完全是两码事。

笔者对于市场泡沫大小的区分，以及不顾现实以市场说事的态度，颇不以为然。实行市场机制，需要基本的前提条件。

让我们回到根本。单边牛市是如何形成的？是因为中国资本市场缺乏做空机制，投资者只能从股价上扬中获利。这是由于技术手段缺乏所导致的，不是投资者的错。从逻辑上说，要改变单边牛市预期，应该给市场提供做空机制。如今是泡沫微涨，就及时挑破，以免中小投资者羊入虎口。什么时候该挑破呢？是6000点，是5000点，还是4000点？每个人都有不同的标准，笔者也有自己的标准，是从市值而来。不管是谁的标准，都不会与管理层完全契合，如此周期性挑泡，受伤最大的除了中小投资者，还有谁？

“后股改时代”的全流通，相比于股改之前，当然是一大进步，可也没有必要将意义拔得过高。首先的制约条件就是，我国的许多上市公司为了保证控股权，是不会抛出股票的——话说回来，那些国有股只要集体抛出10%以上，中国股市非垮了不可。而这些上市公司都是巨无霸，如果这些上市公司的控股股东想在二级市场获得高溢价，简直是方便之至。今天抛出个概念拉高股价，过两天就能在市场高位套现；今天发布个1000亿的再融资信息，明天就能让股价飞流直下三千尺。控股股东成为最大的庄家，不仅普通投资者难以承受，管理层也难免会跟在这些公司之后团团转，关键是，中国下一步核心的金融创新产品之一股指期货，会遭遇莫大的威胁。因此，全流通是利好，前提是彻底的全流通，而不是控股股东威胁下的全流通。

对目前的A股市场而言，更致命的是，这是一个流通不畅的市场，上市本质上是行政审批，退出机制迄今未曾建立，一个流通量受到控制的市场，其潜台词当然是涨跌受到控制。要打破怪圈，核心是进与退都实行市场化，在A股市场这还是个遥远的理想。

笔者十分赞赏管理层对于市场化的热心，但主张循序渐进，先建立市场化的前提条件。比如下决心建立退市机制，又比如，不为任何资金——不论是国资民资社保外资——入市人为控制市场。为了许多理由，随时挑泡，这样做的结果是市场化的动机，形成了反市场的行动。要知道，市场化的核心是明确的预期。对于任何市场来说，预期越明确，怨

言越少，市场越健康。（2008 年 1 月 30 日）

中国资本市场是货币改革闯关的铺路石

春节期间，持股还是持币？这是个问题。

以往几个长假，笔者曾非常自信地让大家安心持股过节，但这次，我无法说出这句话。因为股市会持续震荡，节后仍然如此，一直到安心过完奥运，推出种种创新举措。因此，除非你有足够的修炼，否则很难拿得住股，即便是好股也不例外。

目前中国资本市场经历的危机，是中国货币改革的代价，是整体金融改革所支付的成本。对于股市的判断，实际上是对中国金融与资本市场整体改革的判断。

改革之初，已经付出不菲的成本，尤其是中国资本市场，作为中国货币改革闯关的铺路石，已经血流成河。这是个多事之冬，雪灾与股灾齐来。

1 月的最后一天，阴霾遍地的 A 股市场迎来数条利好消息。一是胡锦涛总书记在中共中央政治局第三次集体学习时强调，科学把握宏观调控节奏和力度；二是全国人大常委会委员、财经委副主任委员周正庆日前在接受采访时表示，抓紧构建股市安全评估和应急处理机制；三是 1 月份五只基金拆分，为股市输血 410 亿元；四是基金封转开为市场输血。国投瑞银旗下基金融鑫“封转开”为成长优选股票型基金，新增限量 100 亿元集中申购，拉开了 2008 年封转开的序幕；五是全国人大副委员长成思危表示，中国股市还是牛市，只不过快牛变成慢牛。而来自次贷风暴眼美国的消息是，美联储如市场预期降息 50 个基点。

有多少利好就有多少利空。

首先是次贷深入，使得欧美无多余资金投放新兴市场，多米诺骨牌效应开始显现。美国投资者的资金 20% 投资海外股市，这些资金回抽对新兴市场会产生一定影响；二是中国国内资金受到外流的压力，从投资新加坡，到美国、英国，越来越多的投资市场向中国开放。仅仅靠这点资金流动，已经远远满足不了国际金融业调整的需求，只有金融机构与投资者资金的大批外流才能满足；第三，受次贷与雪灾影响，预计我国经济增长速度下降，而通胀率上升。诸多机构预计，我国今年 GDP 比去年下降两个百分点，到 9% 左右，而一月份的通胀将上升到可怕的 7%。这使市场猜测物价控制范围将从石油、电力、食品等扩大到煤炭、钢铁等行业。因此，煤炭股、燃煤电力股在需求旺盛时，反而股价急挫。

可怕的不止于此——价格控制是临时的，雪灾再过一个月总会过去，境内资金外流，西方资金就会相应注入——而是随着世界资金流动、货币改革而来的后遗症。

中国的实体经济可能放缓。随着房地产市场低迷，建材等需求量下降，目前各大市场的售价下降；其次，从去年 11 月起，人民币加快升值，升值幅度在汇改后首次大于美元跌幅，同期波罗的海干货轮指数由去年 10 月 29 日起回落，租金急跌，不足三个月跌幅达 47.6%。与此同时，国际市场的铜、镍、铅、锌价亦由去年 10 月 29 日起分别有不同程度的回落。相比美元下挫 1.12%，人民币升值 3.52%。与此同时，一些制造业重点区域，工厂在外迁或者大规模破产，而新的产业基础还未能跟上。

中国资本市场为什么遭到半天灾半人为的打压？为什么中国平安不顾群情激愤的舆论，坚持要进行再融资？

那是因为，中国要扶持创新的实体经济，要购买人民币汇率市场化的担保物，要通过资本市场挤泡消除部分通胀因素，要继续稀释大型企业的资产，以便国内增值后的资金流向西方企业，使西方机构参股巨无霸的中国企业。简言之，中国资本市场是中国货币改革的铺路石。货币改革是我国经济的重中之重，以往我国的市场化改革对此核心区域绕道而行，而现在，受迫于国际国内压力，必须直接面对。否则，我国的市场化改革无法深入，而以往的改革成果也难以保留，会像冰山一样在疲软美元的照耀下融化。

1 月 31 日，前美联储主席格林斯潘先生接受中国媒体采访，提出谨防贸易保护主义，对中国处理经济问题的建议就是让人民币汇率可以浮动，“这一政策将有助于各种消除不稳定的现象。上海股市出现泡沫，市场已经在走低，这些不稳定的问题，根本反映出一个问题，就是人民币汇率的问题”。

对于“中国牛”的判断非常清楚，这头牛不是不牛了，而是这头牛身上承载了太多的重负。作为投资者来说，如果你对自己的判断足够自信，那么，可以继续在股市驰骋，这个市场依然有机会。否则，就提前到香港市场与 B 股市场避险，这是最早受益于人民币汇率市场化的两个市场。如果中国的汇率改革脚步放缓，甚至倒退，那么，继续在封闭的 A 股里玩吧。（2008 年 2 月 1 日）

市场什么时候会反弹？

不想做预言家，只想借这个题目厘清中国资本市场的发展路径。

A 股市场大跌，救市呼声此起彼伏。中国资本市场未到熊市，但 A 股有可能往下再走，这不是以市盈率等指标来加以衡量，而是从影响 A 股整体市场的变量加以衡量。

市场没有走熊。从资金面上来看，资金流量净流出不过是为将来其他资金的净流入洒扫庭院。原央行副行长、现全国人大财经委副主任吴晓灵指出，在人民币升值、经济增长趋缓以及次贷危机蔓延的情况下，“会有更多的钱来中国寻求利益，但不完全是冲着中国股市而来，而是由于中国经济快速增长。”这不是臆想，有一月份外商直接投资的大幅增长作为印证。

国泰君安去年年中发表报告指出，深沪股市资金存量超过一万亿，市场存量的保证金余额将在 13-14 个月后基本耗尽，也就是今年的 3 月至 4 月。因此，所谓 2008 年股市最大的威胁就是资金流量可能会从净流入转变为净流出，并非无的放矢。但管理层手中有对付资金匮乏恐惧症的利器，除了推出基金之外，还有适当放宽外资进入内地资本市场限额、推出融资手段，利用资金杠杆成倍放大资金量。资金不是问题，只是还没有到有关方面认为可以开闸的时间。

中国股市的低迷是受到市场与人力双重打压的结果。

让我们看看，国际投资界大佬们认为 A 股市场的临界点在哪里。据邢海洋先生统计，去年 5 月 17 日，李嘉诚提醒股民内地股市市盈率已经很高，风险极大，当时上证指数在 4000 点。巴菲特 7 月开始减持中石油并提示 A 股风险，格林斯潘在 5 月中旬的提示，都在 4000 点或者略上，摩根大通、邓普顿基金、长江实业等机构集中减仓中资股。因此，4000 点成为分水岭，随着上市资源的增加，目前的临界点应该在 4500 点左右。这种一致行动绝不会是无缘无故的，而是一种集体判断。

在中国股市从 6000 点下挫 30% 以后，按 2008 年业绩计算，A 股市场蓝筹股动态市盈率只有 25 倍。那么，大佬们认为中国股市真正的价值中枢在哪里？是否还会下跌？

李嘉诚曾经说过一句话，2007 年 8 月，他从成长性的角度解释内地股市：考虑到高成长，高企的市盈率就不再显得可怕。如果业绩增长迅速赶上，甚至超过股票价格的成长，泡沫便可能不以破裂的方式终结，而是变为长期牛市中的一个回档。他说，虽然内地股市市盈率有 50 倍，但增长也很快，一年可能赚 50%–70%，第二年市盈率便可能达 30 倍，再过一年更可能只有 10 多倍。上市公司已发布的 2007 年年报也印证了业绩的增长，所以，中国资本市场的高估值并非彻底的疯狂。

那么，基于什么理由 A 股市场必须下挫，而且还将继续下挫呢？答案在资本市场之外。

还是回到吴晓灵女士的答记者问。她提出，人民币国际化还有一段路程，但中国正在行进的过程之中，周边国家提出用人民币进行交易方面的一些需求，贸易结算可由双方自主选择货币。她甚至提到了亚元的前景。

人民币国际化，资本市场是先锋。中国股市与国际市场接轨，首先 A 股要与 H 股估值体系接轨，同时在 A 股与 H 股发行或者先 A 后 H 的公司价差相对较小，而以往发行的公司价差较大。两市第一权重股中国石油 A 股 H 股的价差达 2.34 倍，价差从 4 倍以上到 1 倍以下都有。问题在于，受制于国际市场不景气，港市下挫，两地价差有从缩小到逐渐拉大的趋势。

香港市场由于港币盯住美元的政策，因此定价权被美元投资者俘获，而人民币独立性增强，购买力上升，如果 A 股与 H 股估值体系趋同，意味着港币必须与人民币挂钩，如果相反，则内地股市会被国外资金间接左右。现阶段的折衷办法是 A 股价值中枢下移、H 股价值中枢上移，从最近两地同时发行的公司估价来看，同时在 A 股与 H 股发行或者先 A 后 H 的公司价差相对较小，有关方面通过各种办法在并轨。

事实上，如果以人民币相对美元的购买力衡量，市值全球前列的我国大盘蓝筹股处于高估区域，他们的市值之高与人民币所表现出的巨大价值不一致，笔者与申草的文章中曾经指出，就市值全球领先的金融股而言，人民币是被高估了，而不是低估了，这些企业圈到了不该圈的钱。只有两个办法可以解决这一价值不匹配的问题：一是打压人民币购买力，让人民币不值钱；另一个办法是适当去除公司的估值泡沫，现在主要走的是这条路。

中国股市要反弹，必须让大盘股走到国内外主要投资者与金融决策者认可的一个区域，那就是 20 几倍略高于成熟市场的市盈率，和去年年中总市值下 4000 点的分水岭。这样的过程会反复几次，直到最终实现人民币与 A 股市场国际化。

我们要关注今天有关官员的发言。中国证监会市场监管部副主任欧阳泽华表示，目前市场的调整是各种内外因素综合作用的结果，我国没有公开的救市准则，但应有应急机制。因为中国的投资者结构和国外不一样，市场 60% 左右是个人投资者，这就决定了市场有不理性的地方，这就需要坚持中国特色的发展方略。采取合规合法的手段维护市场稳定，这既合乎情理，又合乎监管规则。

中国证监会副主席范福春今日出席全国政协经济组小组讨论，被问及 A 股大跌时表示，中国股市是发展中的新兴市场，波动难免，投资者要有心理准备，他说，证监会近年加强投资者教育，就是希望承受能力低的小投资者不要轻易入市。

做大资金池与淘汰弱小投资者，是政策的取向之一。并且，政府出手救市有前提，那就是股市信心沉沦到谷底，破坏了中国资本市场改革的大局。不到关键时刻，救市之举轻易不会出台。这进一步强化了震荡猴市长期化的判断。（2008 年 3 月 11 日）

中国股市真的崩溃了吗？

A 股市场大盘急跌七天，从最高的 6124 点到昨天收盘的 3668 点，大跌四成多。

这不是中国的创业板发生的现象，这是中国的主板市场正在上演的故事，因此这不局限于熊市或者牛市的问题，而是中国是否已经产生信用危机与市场危机的问题。这一景象所引发对政府救市的呼吁，其意义已经超出救市范围，而是关系到中国实体经济是否有一个平稳的融资渠道的战略高度。

温家宝总理在两会记者招待会上坦言，2008 年是中国经济最困难的一年，因为面临的不确定因素在增加。美国次贷危机促使中国政府将金融市场与汇率改革的时间被迫提前，这就意味着实体经济与资本市场将发生一轮巨大的转变，这个转变对中国经济而言，更多的是机会而不是危机。

目前发生的事实是，美国金融危机导致双重影响：一是美国信用导致信贷紧缩，美国政府与美联储无限量救市，这种紧缩导致全球资本市场发生痉挛，导致全球范围的资产估值缩水。一旦信用危机稍有缓解，随之而来的将是因为美国政府无限救市所产生全球性恶性通胀，美元的信用进一步下降。美元是座冰山，通过此次次贷危机使我国走向大国所应有的内需与创新发展之路，走上人民币独立自主的道路，从长远来看是件好事，是解决人民币资产随美元痉挛的唯一途径；二是由于美国次贷危机的影响，从去年开始，全球进入新一轮并购高峰，市场转折期也是并购高峰期，是通过市场条件的转换将弱势企业淘汰出局的过程。不仅中国企业在加紧走出去，海外资金也在加紧在亚洲市场布局。海外资金在我国银行、证券公司、信托公司、能源领域、消费领域等所有行业都已经深入布局，并且继续通过 H 股操纵 A 股市场的股价；另据日本共同社消息，日本企业并购专业咨询调查公司 Recof 发表调查报告称，2007 年，以投资基金为主体的投资公司对日本企业发起的并购案超过了此前的全年最高纪录，日本国内的投资公司同期发起的并购案数量则与此前持平。

在亚洲，中国、日本、印度是下一轮全球经济的增长点，也是全球市场的避风港，不管次贷危机是否转变，这点不会改变。欧洲等国家必须为他们优厚的福利政策、低效的劳动效率付出代价。当然，这绝不意味着亚洲在这场货币战争中稳操胜券，但有一点可以肯定，这场旷日持久的战争将以国际金融格局的大改变作为休止符，美元下挫，加元等跟风，但日元与人民币仍是被看涨的两大货币，现在主权基金的势头压过西方的对冲基金，种种现象已经证明了这一点。现在就大唱中国经济悲观论，显然是没有认清楚国际经济形势的变化趋势。

当此之际，政府有必要通过降低印花税等途径，坚决地向市场证明自己维护资本市场明确预期的决心，同时通过降低税费与维护内外资税费的公平，表明维护实体经济的市场化的决心。有这两大决心，加上下述几重利好，中国资本市场不仅不会崩溃，只能说是面临长期牛市中的一个小挫折。

第一重利好，几次股指急跌时期大盘股的抢眼表现说明，中石油、万科等股票已经成为调控股指的有力工具，被赋予了一定的使命。第二重利好是公司业绩。预计今年一季报出台，金融与地产股的业绩将出乎预料地好，给市场以强大的信心，如果金融股表现企稳，资本市场也就不会陷入在关键时刻定海神针一根没有的窘境。一季度银行股的表现得益于一月银行信贷的报复性反弹，银行息差继续增长，事实上，如果央行进行不对称加息，对银行而言是一大利好，他们的息差收益将因此增长。

与此同时，我国的股市估值已经回到新兴市场的正常水平。根据 Wind 数据，截至 3 月 14 日，全部 A 股 2008 年预测市盈率（整体法并剔除负值）水平为 21.73 倍，沪深 300 指数成分股整体市盈率水平为 21.27 倍。目前估值水平低于市场平均水平的一级行业包括黑色金属（14.15 倍）、化工（18.02 倍）与金融服务（17.51 倍），目前银行业的动态市盈率下降到 20 倍以下。

中国资本市场缺乏的是信心和公平，而不是实体经济的支撑。面对股改之后全民出资支持资本市场继续改革的盛况，难道有关决策层应该放任 A 股市场非理性下挫，而丧失在市场平稳期间改革市场与货币体制的良机吗？（2008 年 3 月 19 日）

A 股市场信心崩溃，谁之过？

股灾还在延续，A 股市场周一大跌，权重股领头，沪综指暴跌 4.49%。中石油跌破 20 元，中国平安离每股 50 元大关只有一线之隔，太保有可能跌破发行价——中国股市怎么了，发生次贷危机了吗？不，比次贷危机更严重，发生了集体性恐慌。这种恐慌由于没有来由，没有方向，更显得深不见底。

A 股市场的下挫是反常的，是有关方面不作为之责，而不是全球资本市场之责。目前，国际市场的风向正在发生逆转。从上周二开始，全球虚拟金融市场在商品期货的带领下全线下跌。美元在企稳反弹，相应的，大宗商品期货与黄金价格、农产品价格在下降。这说明，由日元上升与资金流动性不足赎回，导致全球市场构筑一个阶段性底部。如果市场就此基本企稳，能够说明美国的经济危机只局限在信用领域、金融领域，而没有蔓延到实体经济领域。卢卡斯等经济学家的论证已经说明了这一点。

A 股市场下挫可以达到什么目的？可以减轻通胀压力，可以挤压市场泡沫，可以让投资者知难而退。但有关方面在打着这样小算盘的时候，没有想到挑破泡沫的恶性后果，A 股市场的恐慌性下跌将造成实体经济的损伤，造成市场信心崩溃所形成的市场资金瞬间短路，可以打破资本市场改革所需要的稳健的背景，可以让 A 股市场与人民币的定价权拱手让给他人。

这次大跌，戳穿了几个神话。

首先，管理层早有预案，可以一言兴市一言衰市。事实上，在一个不成熟的市场，由于利益关系错综复杂，管理层必须在恰当的时刻才能起到一言九鼎的作用，对市场进行适当的刺激才能收效。自始至终，我们没有看到面对紧急情况的应急预案，常常在市场作出极端反应之后，才能做出一定的回馈。

其次，我国大型企业的赢利能力增强。中石油股价接连下挫，中石油当初回归 A 股市场表示要还利于民，如何则是套牢全民，而随着全球石油价格上升，中石油的前景并不乐观。这正印证了一句话，在通胀中我们需要的是石油，是石油公司的找油能力，而不是所有的大型石油公司。再大的公司，如果找油能力不行，或者定价能力受到箝制，都不值得投资。中石油领跌大盘股，显示的是油源与定价的双重缺失。

金融机构的竞争力同样经不起推敲，我们看看中国金融机构走出去的成绩，中投公司投资黑石浮亏 48%，平安投资富通至今浮亏 16%，幸亏中信证券与贝尔斯登联姻不成，否则会亏得找不到回家的路。QDII 呢？从 3 月 14 日到 3 月 20 日，5 只基金系 QDII 平均跌幅达到 6.54%。按最新净值计算，QDII 资金规模仅剩 845.57 亿元，半年前，这个数字为 1232.05 亿元。一个忠诚的 QDII 投资者将亏损 31.37%。没有哪个投资者愿意再交这样的学费，就是周小川行长大声号召也不行。

第三，机构投资者是理性的。与其说机构投资者是理性的，不如说他们大多数时候是听话的，他们可以顺从地举哑铃，但他们同样无法克服初生之犊的不成熟。他们无法拒绝成为硕鼠的诱惑。逆向的激励机制雪上加霜，因为他们凭借规模获取管理费，而不必考虑收益。当然，一个成熟的市场如收益不佳，规模自然做不大，但从前两年基金热销来看，基金管理者还处于靠天吃饭的境地。当然，机构投资者举哑铃不是毫无述求的，他们需要与政策博弈，换取足够的收益空间。并且，基金真正的主人是基民，当“杀基”事件一演再演，用脚投票就是理性选择，两者夹击，“在最困难、最黑暗的市场中，总是基金在出货”。

第四，控股股东是服从大局的。国资委曾经对于大非减持做出规定，同时表示市场高则卖之低则买之，表达了平抑股市的决心，他们忘了，这同时是在宣扬自己成为最大的 A 股市场的庄家的决心。只要有这样的庄家存在，中国的融券机制根本没有成功的可能。

股改面临真正的考验，大小非减持是无法躲避的坎。低成本获得的股权可以不计成本的减持，就是平安下挫到每股 20 元，大小非减持依然动力十足，因为成本低到等于送钱。

一个原本生机勃勃的市场沦落到如此地步，到底是谁之过？那些抱着国际资本市盈率的食洋不化者，那些为了本部门利益，而让旗下完全不具备内部完善治理结构的企业进行高溢价 IPO 者——银监会鼓励亏本的农商行上市，有部门让产权不清的传媒企业上市——那些为了股市稳定而不惜损害中小股民利益者，那些为了成就预言家的名声而不惜“万股枯”的唱空者，那些对于市场没有任何预案的管理者，应该一起为此次资本市场的暴跌负责。他们已经用国有股减持击毁了市场的信心，如今又用与国际接轨忽悠所有的市场参与者，转而将中国资本市场的主动权拱手让给国际投资者。

在此货币战争发轫之时，我们居然丧失了稳定的资本市场与明确的预期，使信用危机从虚拟经济传染到实体经济，如此下去，高科技企业无法诞生，资源性企业将被国际投资者看得一文不值，试问我们有什么武器来应对这场只许赢不能输的战争？（2008 年 3 月 25 日）

不能伤疤没好就忘了痛

在大盘蓝筹股的带领下，周一A股市场略有反弹，这似乎证实了本轮下挫由市场内生因素导致的观点。而一些人因此对于资本市场急挫期间管理层的岿然不动竟颇有几分赞赏，认为这是大将风度。这属于典型的好了伤疤忘了痛的行为，甚至伤疤没好已经忘了痛。

A股市场是国际金融大格局中的一盘棋，也是典型的政策市，这就决定了A股市场没有无缘无故的下跌，也没有无缘无故的反弹。

如果细心者详加考察，会发现市场各种微妙之处：第一，大多数投资者仍然相信有奥运行情，只不过目标价位略有下调；第二，在股市下挫至3300点左右时，有资金大举建仓；第三，以紫金矿业A股市场IPO即将启动为标志，红筹股回归持续进行。说明管理层不会因为任何原因动摇目前的市场进程；第四，在股市下挫之中，人民币升值还在继续，进一步奠定区域强势货币的地位。与此同时，欧洲货币的进一步整合也开始进入议程；第五，在股市急剧下挫，有关方面不顾强大的压力，于3月27日发布了《银行控股股东监管办法（征求意见稿）》，规范银行控股股东行为，这被视为将来外资控股国内金融机构打开了一扇窗；第六，在A股市场回暖前，国际市场已有回暖迹象。大宗商品价格不再坐上火箭，美国与周边股市走出谷底。美国上周公布的数据显示，失业率跃升至5.1%，3月份非农就业人数下降8万人，但这早在市场的预测之中，市场对此已经提前做出反应。历史经验显示，每当劳动力市场出现放松迹象，衰退就已经到来了，而每当失业率升至5%上方，投资者就已经开始预期衰退即将结束，而之后的一年标准普尔500指数得以实现15.9%的平均回报率。有分析师认为，美国股市的历史将有可能重演。

上述纷繁复杂的现象说明了以下几个问题。

首先，A 股市场是一个在管理层控制之中的调控工具，有关方面不希望过热，但下挫到打破对于大型企业精心布置的估值系统时，有关方面就会出手。这种出手不是以下调印花税等名义，而是以资金流入的方式，先是基金而后是来历可疑的大笔资金。在 5000 点时的风险提示与 3300 点时的大笔投入，已经显示了在目前这一阶段的政策指数范围。

其次，A 股市场是整体金融布局中的一枚棋子，这枚棋子的作用是进可攻退可守，要达到的目标是先做大中国的大型企业，大到成为没有谁能吞得下的巨无霸企业。银监会出台的《银行控股股东监管办法（征求意见稿）》，本意倒是让外资与民资控股更困难一些，不料被会错了意，闹出一幕关公战秦琼的大戏来。

另一个目标则是为中国的货币改革铺路，H 股回归接近完成，红筹股回归破题，我曾经说过，香港与内地市场接轨的速度会越来越快，这个判断正在得到事实的印证。最终与新台币与人民币自由兑换的同时，港币也完成了与人民币的艰难接轨，其间，政府所做的就是货币改革，产业转型，购买人民币汇率市场化的抵押产品，这是东亚地区实现主导货币的第一步。

令人悲哀的是，资本市场争论得沸沸扬扬的问题，对于中小投资者而言重于泰山的问题，有可能在某些管理层、某些建言者的眼中不过是小菜一碟。并且，随着资金托市计策的成功，股市的工具理性将得到空前的发挥，有人将得意于政策偷渡成功。股民与基民的利益遭到刻意漠视，为中国经济的未来让路，有了这面大旗，也卸下了决策者的道德重负。就像市场纯洁派强调不救市是提升市场纯洁度一样，天量融资再融资等盘剥行为，有了正义的幌子，因而拥有正义的傲慢。

但挂这样的幌子是绝对行不通的，手段的投机必然带来市场的起伏与目标的投机。恕我直言，这样的焦土政策实际上是在玩火。表面上以股市为工具可以成为中国货币改革与宏观调控的手段，但是，股市的暴涨暴跌会反过来对宏观经济产生强烈的负面影响，并使投资者失去对政策的信任，最终会导致政策彻底失灵，这在以往的股市中已经有沉痛的教训。

人们有理由发出质疑，中国的资本市场设立的目的到底是什么，是投资者财富的抽血机，抑或是权贵企业的利益输送者？渺视投资者利益的市场能够做大做强吗？难道大企业的利益与中小投资者的利益是天敌？果真如此的话，股市扶持的这些企业究竟是中国经济未来的擎天柱，还是未来的风险制造者？

好在此次救市与否之争澄清了一个问题，那就是政府“既不能用简单的救市政策去强化市场和投资人的政策依赖，又不能简单地推卸政府促进市场平稳健康转轨的责任”。减少对微观市场的干预，以完善的政策坚定地保护投资者利益，实事求是地走市场化走向，防止不负责任的崩盘论对资本市场的伤害，中国股市才有回归正途的希望。否则，大跌与大升都不过是工具的表现，不值得骄傲。（2008 年 4 月 8 日）

到底谁是中国股市的忽悠者？

忽悠人的人反而指责别人是忽悠者，世上滑稽之事莫过于此。

那些认为中国股市该跌入十八层地狱的人认为，中国估值体系过高，远远超过成熟市场水准，因此股指下跌 50% 意犹不足，还没有与成熟市场接轨。如此食洋不化者让人无话可说，听信此等言论的结果是，让国内投资者为国外投资者埋单，使中国市场丧失对中国金融资产价格的主导权。

让我们来看看具体案例。以中国银行业为例，平均市盈率要比国际市场高得多。据 Wind 数据，今天大跌，以 3 月 13 日收盘价计，目前 11 家股份制银行 2008 年的平均动态市盈率为 19 倍，3 只国有银行的动态 PE 为 15–16 倍。从市净率来看，11 只股份制银行平均 PB 仅为 4.7 倍，而 3 只国有银行的 PB 更是仅在 4 倍左右。由于此轮下跌金融机构首当其冲，交通银行、工商银行等 A、H 股价格也已经基本接轨。就是这样的市盈率，一些人还在说估值过高。

问题不在于估值高，在中国金融机构的估值体系互相矛盾。在海外上市或者引进国外战略股东时，片面强调中国金融机构估值不利的一面，以 1 到 2 元的成本吸引战略投资者。而银监会、央行在反驳非贱卖论时，同样一味强调中国金融机构低估值的客观理由，声称非如此则不能吸引国际大机构，不能受到国外估值机构的认可。但吸引战略与财务投资者时，对内市场却实行封闭政策，由此导致的结果是，中国金融机构的初始定价权从一开始就握在国际投资者手中，国内定价体系发挥不了半分作用。对于如此不市场不公平的现象，一些人居然甘之如饴，对外资低价进入鼓掌欢呼。

让人奇怪的是，同样的一批人，面对这些金融机构在国内的高估值发行，却表现得心平气和。这些金融机构之所以能在 A 股市场以高溢价发行，原因很简单，在一级市场上卡住供应量，人为制造资源稀缺现象，二是减少市场流通量，如工商银行的流通 A 股只占总股本 2.7%。中国人寿只占总股本 3.2%——在金融机构上市与流通的供应量双双遭到控制的情况下，国内急于分享中国经济成长红利的投资者只能在高位埋单。这当然是行政主导下的市场定价系统，只不过，这是在 A 股市场封闭与行政主导的情况下给出的价格。

不料，国内投资者红利尚未得到，相同的一批人又以国内估值不科学为由，要求降低估值水平了。这在逻辑上是难以自洽的。或者从始至终以国际估值水平行事，在国内上市的估值也不能例外，而不是在套住国内投资者之后再说与国际接轨的胡话；如果按照国内估值水平行事，那么，在境外招募投资者时，就必须考虑到垄断溢价、网点溢价、中国经济发展红利、中国金融机构房地产抵押品大幅升值、银行利润大幅提升——2002 年银行业的利润达到 600 亿元，2006 年全国银行总体利润达到 3321.5 亿元，2007 年 9 月上升到了 4250.3 亿元，预计全年超过 5000 亿元——等因素，给予公允估值。

笔者绝不想煽动民粹情绪，实现市场化与对外开放是必要的，只是想指出忽悠者充当“洋奴”，逻辑混乱，想指出资产价格只能用中国估值体系。如果在金融机构在 A 股上市时不提出市场化，而在市场价格高企、国内投资者业已接盘之后，提出所谓的与国际成熟市场估值接轨，就是出卖国内投资者的行为，也是将所谓市场化的有意误读之后为我所用的做法。

A 股市场的估值体系之高是制度原因造成的。世界上可有这样的市场化，在内外两个封闭的市场，对外贱卖而对内高价出售？实际上，如果大型中国金融机构市盈率低到汇丰银行 8–13 倍的市盈率，那就应该贴上非卖品的标签，这样的贱价出售，只能让国内民众来分享。

一个经常被提及的例子是，2005 年 6 月美国银行投入中国建设银行 30 亿美元，短短 2 年后的今天，美洲银行在中国建设银行的直接和潜在获利已达到 320 亿美元。国内银行几十万人、每个银行几万亿元的资金投入，承担着市场风险，每年也不过数千亿元人民币的利润。中国金融机构资本金急剧扩张，境外投资机构在中国上市金融机构身上获得了可怕的收益，埋单者到底是谁？

目前对于上市公司的定价权境内外处于激烈争夺之中，正在建构为国内利益为主、兼顾各方利益的公允估值系统，此仗不赢，满盘尽墨。此时应该想办法使 H 股与 A 股市场实现妥协之后的“无缝对接”，而不是重弹成熟市场市盈率的老调，此等老调不过是把定价权再次送到美元投资者手中，于理不合，于价值有亏，于国内投资者、经济发展有害。

刘纪鹏先生说，此次关于资本市场的争论，“是一场关乎中国资本市场路径的选择之争”，“我们能否抓住美国经济衰退的机遇，并综合化解通货膨胀、奠定未来发展的经济基础，能否开启第二个经济繁荣发展的 30 年，都要视当前的资本市场政策而定”。诚哉此言。如果不尽快扭转两套定价体系的政策，以食洋不化的方法与国际市场单向接轨，那么，中国的资本市场丧失了一次发展的机遇，而国外金融机构与投资者则拥有了一次千载难逢的机会，以中国财富消减次贷危机，缓解通胀压力，分享中国红利。

谁是中国资本市场真正的市场派，谁是忽悠者，答案不言自明。（2008 年 4 月 8 日）

熊皮牛市：政策底 3000 点，政策顶 6000 点

政府应该坚决救市、纠偏，从各方面对股市进行调整，让股市上行非常好，这反映了市场的预期。降低印花税，使广大投资者看到政府确实在关注投资者。

资本市场会及时反应实体经济模式本身发生的裂变，我们通胀的风险有很大的因素是外来影响，是人为影响。破 3000 点后下调印花税救市，对于市场的扶正作用还是有用的，大盘现在这么走，印花税是具有象征意义的调整。

次贷危机对于中国来说是一个机会，而不是一个威胁，也不是一个真正的危险。这样的情况下，放眼全球去看，中国的实体经济仍然是牛，我们的资金不成问题。

机会与风险同在，我们走了一条弯路，就是走了一条彻底打破资本市场的弯路。中国如果再这样继续走下去，中国股市可以下挫到1000点，但是中国的发展机会也就丧失了。

我们无法改变因为美元贬值所导致的输入性通胀，出现了通胀要治胀，配置的有效性、优质配置就显得尤其重要。对输入性的通胀，紧缩型的货币政策不是唯一，我们的药方必须是多元化的。

市场还远远不止于3000点，政策底3000点，政策顶6000点。政府不是太想关心牛和熊的问题，只是希望市场保持一个平稳、健康发展的态势。政府有执政能力是非常重要的，而中石油确实承担了企业社会责任。

我们对于资本市场的认识仍然有待提高，要坚定资本市场对中国经济极端的重要性，要树立一种信用的文化，资本市场的文化。我们必须尊重中国股民为中国股市的发展付出的学费和代价。

大小非和再融资两个阴影继续笼罩在A股市场，我觉得可以鼓励大小非，通过股权交易的方法，尽可能减少对二级市场的冲击。

印花税的争论还是会持续下去，政府要掌握好分寸。中国上升的势头没有变，大盘3000−6000点都是正常的。政府没有能力去预测股市的顶在哪里、底在哪里，政府必须也只能承担信托责任。（2008年4月24日）

总有一种力量在做空中国资本市场

虽然有政策托底，A股市场依然摇摇欲坠。总有一种力量在做空中国资本市场。

第一个来自于继续紧缩的经济政策。有人几乎将抑制通胀当成了一种意识形态，不管目前的紧缩政策并没有收到好的效果，使一般企业饱尝痛苦，但他们总是说，紧缩总比不紧缩好。

这不知是哪门子的逻辑！没有数据与理论表明，我国目前的通胀会因为紧缩政策而下降，相反，倒是有越来越多的迹象表明，如果继续维持目前的紧缩政策，将使中国经济陷入滞胀之忧，目前就业率仍然维持在 4% 的水平，一季度的 GDP 维持在 10.6%，同比下降 5 个百分点，而通胀延续在 8.5% 的高位，很多人归咎于翘尾因素，这是个借口，很快这个借口就不复存在。

同样没有证据表明，资本市场的下挫会使通胀压力减缓，实际上，最近大半年来股指下挫伴随着高通胀。从国际经验来看，无论是东亚金融危机还是拉美金融危机，都是经济周期因金融危机而降入谷底的结果。如巴西、俄罗斯危机导致资本市场的直线下挫，并因此连累全球资本市场，实际上，当时巴西在爆发危机时，总体经济状况不错，只能理解为受全球信用危机牵连。这种时候，人为降低资本市场水位，无异于引狼入室。资本市场下挫不能消除通胀。

因此，人为压制资本市场消除通胀在理论上无依据，在行为上不可取，在市场上会打压投资者预期，造成市场效率下降。

第二来自于对业绩增长性的担忧。当上市公司的一季度业绩显示上市公司的业绩足以支撑股价时，投资者不仅不兴奋，反而开始担忧业绩环比下降不足以支撑高成长。

事实上，一季度盈利增幅下降，但营收收入超过 30%，这说明公司主业开始发挥作用。从总量指标来看，去年全年市场盈利共 9400 多亿，而今年一季已达 2740 亿，接近去年全年的 3 成，也足以让投资者释怀。

但金岩石先生仍然对此表示担忧，他从陈东的研究数据出发，认为从今年一季度来看，上市公司的利润增速明显下降，全年净利润的增速将在 22%左右，远逊于去年 54.50%的表现。“第二季度按我们的预测这个数字要下降到21%-22%，第三季度持续下降到13%-16%，第四季度可能下降到10%以下”，但人们更担心的是税收优惠与投资收益等利好因素消失，人们应该意识到税收与投资收益总非常态，市场一季度盈利业绩已属不易。目前一级市场与风投资金的火爆，可以反证中国经济的活力。

盈利不足以令人担忧，让人担忧的是市场的自我强化功能，预期恶化会导致市场流入资金减少，市场资金减少会使A股市场中许多处于成长阶段的企业缺乏营养，由此，唱空的预言成真。

第三，更令人忐忑的是大小非解禁，有人强调大小非实际解禁规模不大，但实际上，光是大小非解禁的预期已经让投资者噤若寒蝉。大小非的估值体系只要与普通股相差数倍，那么，坏的预期就永远存在。所以，要解决A股市场的心腹大患，首先要明确大小非的预期，使大小非与普通股适用于同一种估值体系。目前的行政力量必须借助于市场与法律的手段制度化，如此对于大小非与普通股股东公平，市场阴云才能彻底散去。

至于预言家，实在是一种最危险的职业。所以预言家的概率都是50%，并且唱空的预言家无法理解目前世界金融世界正在发生的深刻变化，也无法对通胀与资本市场的关系做出量化处理，他们对于美国资本市场的极端悲观的预测没有成功，对于国内的预言也同样会以失败收场。

在资本市场亟需保持稳定时，总有一种力量在做空市场。其中一些因素是虚拟的，而另一些因素则切实存在。但我们不能把虚拟因素做实，使做空市场成为一种自我强化的金融心理暗示，金融实践过程。

以震灾为契机，逐步改变宏观经济政策，将大小非与再融资的预期明确化，辅之以全球市场的逐步回暖，中国资本市场将随着宏观经济的向上，而缓步向上、维持稳定的资本市场，是中国经济稳定的基石之一。（2008年5月23日）

“5 · 30”一周年，市场回到原点

“5 · 30”一周年，资本市场回到原点，讲政治还是讲市场，成为投资者的头等大事。

纪念日之前约一周，4 月 24 日，管理层以下调印花税的办法，向深受挫折的资本市场表达含蓄的歉意。“5 · 30”当天，《中国证券报》头版头条刊登了题为《证监会：基金公司要树立大局意识维护市场稳定》的文章，刊载证监会有关人士此前向基金公司提出要求，树立大局意识，维护市场稳定。仅此两个消息，足以证明中国的政策市远未结束。

为什么要树立大局意识？为什么要维护市场稳定？是因为有的基金不顾大局还在做空，是因为目前市场人气散淡，多空相持不下。如果不是到了稳定是压倒一切的关键时刻，动辄以市场为辞的有关人士，绝对不会出面讲出显违市场的话。

基金为股市扛鼎只能起救急之用，比如灾后一周。如果一味让基金扛鼎，则会让基金、股市发生异变。到时基民受损是找基金经理？还是找号召基金讲政治的官员？这个官员是否能够代表政府信用？如果能够代表，基民受损是否由政府包赔？

从市场的原初意义上看，政府既不应该托市，也不应该砸市，但既然政府“5 · 30”砸市在前，就意味着政府已将指数点位列入调控范围，在股市下挫时就必须托市，这是政府信托责任所系。但让人莫名其妙的事情在于，没有动用政府平准基金托市，而是让基金托市，实际上是让基民承担政策风险。政府让基民尽政府的信托责任，其间逻辑不知道如何自圆？

另外，融资依赖症使我国金融与资本市场政策也回到原点。与美国次贷危机主要危害金融衍生品不同，中国的资本市场与实体经济密切

相关。

目前紧缩导致我国资本市场流动性已经下降大半，2008 年 24 只新基金仅募集 727.7 亿元其中，11 只偏股型基金平均募集规模为 24.15 亿元，同比下降72.4%。这使依赖资金链为生的企业陷入绝境。为避免火烧连营，管理层在大量新批基金的同时，放松了再融资、公司债与企业债的审批。根据公开数据显示，进入 4 月以后，一共有 4 家房地产公司发行公司债的方案获批，8 家上市公司的增发方案获准，1 家房地产企业的 IPO 获得通过，初步计算融资规模超过 420 亿元人民币。而大秦铁路等发行的公司债等也将陆续放行。新兴市场患有融资饥渴症，我国资本市场尤甚，否则产业转型、基建项目全部会成为无源之水，绝不是上市公司投资收益下降那么简单。

下调印花税对资本市场表面上进行拨乱反正是远远不够的，我们需要切割掉资本市场制度性的贪婪之胃。

目前成为投机疯狂地的权证市场，使我国资本市场的制度性贪婪之胃彻底曝光。权证市场的表现证明，没有规则的市场，既无法讲政治也无法讲市场，只能讲投机。

创设权证规则之混乱、利益输送之明显让人瞠目。

一是在未满足存续期条件仍能创设，创设权证共用代码。根据《上海证券交易所权证管理暂行办法》第二章第四条，权证自上市之日起存续时间为 6 个月以上 24 个月以下。如南航认沽权证今年 6 月 20 日到期，而 2007 年 12 月 20 日之后券商仍在创设。经上海证券交易所的批准，广发证券和国元证券仍然分别创设南航认沽 8600 万份和 1900 万份并于 2008 年 1 月 10 日上市交易，兴业证券和宏源证券又分别创设南航认沽权证 6000 万份和 400 万份并于 2008 年 1 月 16 日上市交易。共用代码使创设期限变得毫无价值。

二是 5 月 14 日，上交所发布《证券异常交易实时监控指引》（以下简称《指引》），以“国际惯例”的名义临时修改权证交易规则，在投资者认可盘中交易价格较当日开盘价首次上涨超过 20%、累计上涨超过 50% 的停牌规则后。5 月 30 日，南航认沽证上涨至 30% 才停牌。就在《指引》发布前一天，创设券商突然买回 6.5 亿份南航认沽，当天暴涨 19.73%。规则如此忽悠人，很明显是因为券商回购注销的压力所致，《指引》无疑在尽量帮助券商减少回购成本。

截至 2007 年 12 月 31 日，南航 JTP1 的创设余额为 109.52 亿份，创设南航 JTP1 给券商们创造的利润约为 204 亿元，占券商创设权证全部利润的 79%。权证市场成为券商的血腥掠食场，所有的创新类券商都迫不及待进入这一市场分食。如此市场居然披上市场的华彩大衣逍遥而行，可见抑制某些被政策庇护的贪婪之胃任重道远。

“5·30”之后，从印花税是否应该成为调控工具之争，到救市之争，到目前的讲政治还是讲市场之争，其实质都是厘清市场规则，真正尊重市场规则与信托责任，除此之外，并无其他含义。（2008 年 5 月 30 日）

998 点三周年祭

998 点三周年之际，市场情况如何？

股市的吸引力下降，无论是从股指还是从交易量看，这个一年前受到热捧的市场，不幸成为第 N 次被抛弃的市场。

三周年之际，中国股市发生了什么？反市场行为愈演愈烈，而真正需要改进的伪市场化举措尚未得到清理，或者说处于半拒半迎的暗度陈仓状态。

被市场抛弃是因为被行政钟情，股市的心腹之患是伪市场与反市场。

大盘股特批上市是反市场化的典型。令人不安的是中铁建、中建股份等大盘公司特批上市以及对于受灾地区符合条件的企业融资和上市公司再融资特事特办，开辟“绿色通道”。

大型公司特批上市是为了做大市场容量，从长期来看，中国资本市场要容纳全球的资金，增加上市资源是必须的。但特批上市违反了两个原则，第一游戏市场规则，使规则的严肃性荡然无存；第二是资本市场成为大型国有控股企业的输血管道，无法起到市场化筛选的作用，导致国内投资者成为首当其冲的受害者。以中国铁建为例，首日收盘价每股8.09元，6月6日盘中创出6.15的新低，首日入市者已经亏损25%。

谁也不会反对出于长期战略考虑，中国资本市场的容量应该扩大，对有关方面的救灾善意，投资者也不会说半个“不”字，但市场是市场，公益是公益，两者的界限不容混淆。如果公益，可以让投资者募捐，而不是让企业上市。所谓绿色通道的确切含义是什么？不过是让有关公司拥有融资特权。

集反市场化与伪市场化之大成者是权证市场。

有关方面担心南航认沽权证的末日疯狂，开始限制交易。6月5日，国泰君安国泰君安公告：“近期南航认沽权证炒作过于严重，国泰君安客户的参与程度持续上升，市场份额占比过大。为了避免因单一席位连续大额申报严重影响交易价格，误导其他投资者，保护对于权证尚不了解的客户利益，公司应监管机关的要求，自2008年6月5日起，限制公司全部客户南航认沽权证买入业务，期限为一天。”次日，国泰君安再次公告：“为更好地维护市场秩序，防止权证价格过度波动，保护投资者利益，我公司经慎重研究后决定：自2008年6月6日（本周五）至2008年6月13日（下周五），将南航认沽权证的买入手续费率统一调整为0.3%，卖出手续费率保持不变。”

如果处理不好，权证市场将成为引爆中国股市的核弹。国泰君安此举反应出权证市场风险之大，已让有关方面十分警惕，目前采取非常举措是为了冷却市场。吊诡之处在于，守土有责的上交所没有出面，监管者没有出面，相反是券商违反合同自行停止交易、临时上调买入手续费。早知今日，何必当初？有关方面欲置法律法规于何地？所谓合同成为一纸空文。在战略布局与道德的大旗下，市场规则被撕扯得千疮百孔。

在大小非解禁上同样如此。有关方面看到大小非解禁对市场的冲击，因此采取限制性措施，且不说这样的限售措施治标不治本，有关方面可以通过大宗交易系统继续向二级市场释放压力，更重要的是，具体分析大小非的持股成本，剥离老鼠仓式的无风险收益者，限制他们以市场化为名收获暴利，却一直没有提上议事日程。

在救市与否的讨论中，在权证创设合理性的讨论中，在是否需要限制大小非解禁的争议中，有关方面与某些经济学家总是以市场化为名，为掠夺普通股东的行为辩解。他们对于伪市场化的行为视而不见，事实上，对于权证的争议绝非始于今日，有一系列的数据显示权证交易的不公平与非理性，但权证在金融创行的名义下继续大行其道。直至局面将至不可收拾，才以违法的方式取缔交易。

令人遗憾的是，目前有关方面一直疲于应付股市风险，但对于造成股市风险的权证创设、基金定位、各类股东利益分配缺乏深刻的反省——以有违法之嫌的一刀切模式降低交易规模，无疑是以毒攻毒。我们呼吁救市，呼吁限制大小非解禁，并不是给有关方面与有关权贵投资者更大的自由裁量权，而是为了提供中国股市的市场化的时间与空间。

以市场化为名，以战略发展为名，与投资者为敌，这不应是全球最有希望的新兴市场的常态。998 点三周年，我们心情沉重。（2008 年 6 月 7 日）

不要以治理菜市场的方法治理中国股市

很难安慰投资者受伤的心。

从6月16日开始的一周，成为中国股市惨痛的一页。投资者无法理解，在宏观经济面不错的经济体中，为什么会出现崩溃性下挫，上证指数从去年10月16日的历史高点6124.04点至今，下跌55%。除了极个别的幸运儿外，很少有人能在单边市中通过下跌获利。

情况将稍有缓解。发改委宣布，从6月20号开始，汽油、柴油价格每吨提高1000元，航空煤油价格每吨提高1500元，液化气、天然气价格不调整。自7月1日起，将全国销售电价平均每千瓦时提高2.5分钱。能源类股的上涨将带动股市人气。可以预料，持续时间有限。

中国股市要理顺市场功能、对股市的理念，以及以资金供需调节资本市场涨跌，却加大不确定因素的手段。

投资者最痛苦的事，莫过于没有受到公正的对待，他们认为自己一直在为中国经济输血，而所得的回报不成比例，并且被指称为非理性投资者。这一议题以学术界的语言表述，就是资本市场的功能与定位的问题。资本市场究竟是融资场所还是资源优化配置的场所？

这是缠绕中国股市的终极问题。从理论上来说，资本市场的融资功能不可或缺，与资源优化配置并不矛盾，但关键是如果资本市场只剩下融资功能，并且投资回报少到可以忽略不计时，我们只能称之为圈钱市场。圈钱市场的赢利逻辑就是博傻，找到下一个接盘者。围绕资本市场的美好蓝图只能偃旗息鼓。

做大做强资本市场，这一目标是明确的，直接融资的比例超过间接融资的结果也是确定的。但很遗憾，实现的目标的手段是投机的，社会资金在管理层的引导下，源源投向有关国民经济命脉却效率不彰的大公司。

不仅如此，资本市场事实上成为抑制通胀与挑破泡沫的工具。许多人动辄拿日本当年资产价格狂涨与东南亚金融危机前资产价格狂涨和中国股市进行对比，进而得出一个简单的逻辑结论，只要刺破资产泡沫，就不会发生危机。这种看法毫无道理，资产价格上涨是货币流动性过剩的产物，关键在于货币发行量过多。简言之，资产价格上涨是货币泛滥的结果，而不是货币泛滥的原因，抑制资产价格下降进而抑制货币流动性，是倒果为因。这种错误看法泛滥的后果是，政府屡屡主动挑泡，并且以货币手段压制股市。不确定因素的增加，使敏感的资本市场成为货币、财税等一系政策风险的集中释放地。

另一个认识上的误区在于以资金供需调节股市。比如，在市场下挫时大量放行公募基金，鼓励保险等资金入市，而在市场上升时停止审批基金。有关方面把股市当成了菜市场，认为资金量大了资产价格便宜了，投资者就会蜂拥而至。甚至在看等大小非等问题时，同样以供需关系来理解，比如有关方面常以大小非解禁数量不多为由，证明大小非并不足为惧。

这让人啼笑皆非，资本市场看的是风险与收益，而不是价格与成本，只要收益预期高于风险预期，投资者就会源源入市。

目前的资本市场受到几大不确定因素影响。

一是货币政策与税收政策的影响，印花税的下降并没有消除交易成本预期不明确的风险，有关方面从未宣布股市上涨不再上调印花税，其他政策同样如此。在这个意义上，我们可以理解印花税下调为何只有短短数天的利好效应。

其次，货币政策预期不明确。央行一直在使用紧缩手段，不排除在通胀形势恶化的非常时刻加息。在通胀后期，股市下挫是必然的，因为成本上升等因素会体现在企业赢利数据中，而货处市场的阴晴不定则使资本市场预期随之而走，试想，如果加息、紧缩等预期笼罩在资本市场头顶，那为什么投资者不投资房地产或者固定收益资产，而非要在资本市场一博呢?

最后，我国的大小非、A 股与 H 股市场并存的格局，说明我国存在着外币、人民币、普通股东与限售股股东三重估值体系，其中投资 A 股普通股股东的估值体系最高，而以权贵力量获取的限售股估值最低。从逐渐曝光的王益案件中，我们可以形象地了解这一点，如果以后以估值体系为标准进行全流通，中国股市必然崩溃，所有的资金都将成为 PE 等大小非股东的收益。正是在此预期下，资金选择观望。中国市场并不缺少资金，只是资金不愿意流入到普遍亏损的市场。

消除资本市场无边的非理性恐慌，不仅需要教育投资者，更需要教育管理者。资本市场不是抑制通胀的工具，不是上市公司圈钱的工具，也不是以供需关系决定的消费市场。如果要做大资本市场，唯一的办法是减少制度性的不确定因素，由市场决定资源配置的方向。

资本市场疲软，中国经济无法强大。(2008 年 6 月 22 日)

股市内核改变，坐庄炒作没变

股市在发生深刻变化。

从国际上来看，创业板式微，主板坚挺；全球市场下挫，处于次贷漩涡中心的美股相对坚挺。这说明，创业板科技股开始式微，目前尚未找到新一轮热点，新能源商业化前景不明，因此，并未转化成资本市场上的热点。从 2003 年开始发轫的新能源还没有形成网络股似的大泡沫。而道指的相对坚挺，则说明就全球范围而言，美国大型企业最能抵御通胀压力，一则网络等高科技已经转化为美国企业的生产力，二则美国企业有较好的风险转嫁能力。

具体数据可以看出这一点。美国纳斯达克市场 2000 年 3 月达到最高点 5132 点，而后调整至 2002 年 10 月达到最低 1108 点，期间跌幅 78.4%，相当于 2006 年 8 月的水平，2007 年 10 月，反弹到 2861 点开始回落，属弱势反弹。此间，道指创下新高。

即便全球股市大幅下挫，道指作为代表美国最能抵御通胀的集群仍然保持较为平稳的走势。道琼斯指数在 2000 年 12 月达到 11750 高点后出现回落，最低点在 2002 年 10 月的 7197 点，跌幅 39%。这个看起来巨大的跌幅，在此轮全球市场调整中的跌幅是最小的。2007 年 10 月，该指数最高 14200 点，创下新高。最近低点 11630 点，目前 11840 点。从 2007 年 10 月 11 日到 2008 年 7 月 9 日，道指从 14198 点下跌至 11147 点，下跌 21%。道指仍有可能继续下跌，但下跌幅度仍远远小于其他市场跌幅，可见，虽然美国金融危机风险巨大，并已蔓延至全球其他资本市场，但是并没有影响到美国主要的实体产业。这也是美国金融股狂跌，而诺贝尔经济学获得者卢卡斯等人坚定看好美国实体经济的理由。

从国内来看，对于资本市场的考量已经让位于热钱大战。短期内抑制通胀摧抑热钱，仍是政策的主线。我希望投资者能够看清楚这一点，把紧缩政策当作常量来看考虑，而不要抱有侥幸心理，把短期的放松当作长期的利好。看看报道，威海当地导致热钱搭乘渔船直接入境，可见目前的金融博弈已经严重到了什么程度！与此相比，让国内投资者损失一些账面财富又算得了什么。

不得不说的是，市场估值水平不断降低。不同行业的市盈率水平，无论静态还是动态，都在不断降低。如扬韬所说，市场出现了众多市盈率低于 10 倍的股票，却依然乏人问津。很多弹性差的股票，跌幅 20%、30%、40%，乃至 70% 不反弹。这说明，市场估值重心下移了，以后中国市场将出现越来越多的仙股，从仙股解套比登天还难。离开垃圾吧，那里有黄金，但更多的还是垃圾。为垃圾为伴，会让你的资产彻底垃圾化。

相比于美国道指，我国主板市场只能说是创业板，成长性高、风险极大。目前已经预告半年报的624家A股上市公司，389家预计同比增长，所占比例为62.34%，逾六成的公司业绩同比出现增长，净利润可能翻番的公司甚至占到四分之一强。全球还有其他什么成熟主板市场的上市公司能录得这样的业绩呢？只有创业板才能如此疯狂，不难理解，A股市场的走势波动更接近于纳指，还不是道指。相对于百年老店，A股市场的上市公司会有疯狂的高溢价，但更多的是泥沙俱下的新兴公司所造成的折价。

市场发生了如果深刻的变化，有没有什么没变的呢？有，A股市场唯一不变的就是炒作，就是做庄，就是疯狂炒作背后极度的恐惧与贪婪。

我对袁隆平先生保持敬意，但是，科学家的诚恳与上市公司的炒作、与上市公司的炒家无关。全球农产品价格上涨、袁隆平先生的杂水稻之父之名无不成为炒作的理由。

从4月初开始，业绩平平的隆平高科从13元起步到5月14日上摸47元，25个交易日里上涨了2.6倍。从6月25日到7月8日的10个交易日内，隆平高科股价再度飙升，复权后的最高价达到49.97元，股价再度接近翻番。7月10日再次出妖蛾子，从接近涨停到下午接近跌停，换手31%，明显有操作痕迹。市场从交易纪录猜测广州等地私募作祟，而推荐隆平高科的中信证券，其食品饮料行业首席分析师许彪，是隆平高科的独立董事。公司控股股东长沙新大新集团有限公司，久在资本市场游戏，算得上是资本老手。曾在2001年间接控股了湖南另一家上市公司亚华种业和前身为湖南证券的泰阳证券，2002年年底，长沙新大新又从亚华种业退了出来。

建议有关部门好好检查一下类似北辰实业、隆平高科这样的庄家操纵股，同时也对太平洋证券发表权威调查意见，而不要急于今天发消息、明天出利好，给投资者吃空心汤团。

这样的炒作是中国资本市场的羞耻，一个国宝级的科学家成为炒作的题材，一个经营业绩不佳的农业研究机构被炒上了天，他们对于袁隆平科技的生产力添砖加瓦了吗？庄家操纵、权钱交易与国有股减持已经摧毁了一次中国股市，难道还要让他们摧毁第二次吗？（2008年7月11日）

千变万变，圈钱不变

没有比以下数据更能证明中国股市的圈钱功能了：截至7月29日，沪深两市1587家A股上市公司，自上市以来包括首发、增发、配股、可转债在内，累计募资总额达23397亿元；同期已实行现金分红和可转债付息总额约8266.5亿元，分红回报占融资总额的35%。剔除上市不足1年的新股、次新股，有62家公司上市以来现金分红为零。上市公司拿走1元，A股市场诞生18年间对投资者加总回报只有0.35元，远不如让资金躺在银行中享受负利率。

上市公司有种种理由要求融资，融资时它们拍着胸脯说：相信我们，融资会让公司更快成长。事实是，融资之后变脸的公司比比皆是，资金使用效率之低从投资者所得回报可以窥见一斑。

让人尴尬的也包括中石油这样的公司，在海外上市时向国际投资者真金白银高额分红，务必取信于投资者，但对于国内被套在高岗上的投资者却陡然变脸。这是中国资本市场缺乏对投资者信托责任的例证。

2001年前再融资前30名的公司中，有14家净资产收益率明显下滑，在1994年到1999年间配股的公司中，有55家在2001年戴上了ST帽子。

就算不提老话，股改之后情况也没有根本性的好转。

中小投资者与上市公司的第一场再融资大战就是中国平安 1600 亿元之战，结果因为四面楚歌、市场狂泻而作罢。2007 年上市公司累计创造净利润 9400 多亿元，现金分红还不到 2800 亿元，比例不足 30%。表面上盈利回报接近 5%，可是乘以 30% 的派息率，股息回报率仅为 1.5%，仍然远远低于银行的利率。

再融资是上市公司不掏钱的盛宴。有鉴于此，6 月 21 日，中国证监会发布《关于进一步规范上市公司增发新股的通知》，大幅提高了上市公司的增发门槛。上市公司除应当符合《上市公司新股发行管理办法》规定的条件外，还须满足最近三个会计年度加权净资产收益率平均不低于 10%，且最近一年加权平均净资产收益率不低于 10%，最近一期财务报表中的资产负债率不低于同行业上市公司的平均水平。对于治理结构尚存在未完成整改事项及其他公司治理问题的不良上市公司，证监会将不再受理其股权激励及再融资申请。

我们看到了一些积极的迹象。由于再融资门槛提高，加上市场草木皆兵，增发、破发之事层出不穷。急于得到资金的上市公司在管理部门的鼓励下，更多地转向债券融资。截至 7 月底，在再融资市场上，上市公司公开增发募资 430 亿，配股募资 114 亿，非公开增发募资 366 亿（不包括资产注入），即通过股权融资合计为 910 亿；债券市场上，目前已发行公司债 211 亿，可转债 50 亿，可分离债 564 亿，债券融资合计为 826 亿。两者旗鼓相当。

公司债发行的增加是个可喜的现象，我们应当鼓励信用等级低下的市场与公司尽可能多地使用债券融资，减少股权融资与可分离债的发行，逼迫上市公司高管在利率约束下善尽管理、提高赢利水准之责。实际上，中石油在海外市场的高分红就是挽回低等级信用不得已之举，现在，这样市场化的信用约束体制该由 A 股市场投资者分享了。

一些貌似公正、貌似市场的吹鼓手，表示市场、管理层拒绝中国平安的再融资、呼吁上市公司高分红是中国股市的羞耻，因为这样做违背资本市场要义，降低了资金使用效率。但在逐步培育信用市场与任由上市公司圈钱之间，两害相权取其轻，笔者坚决赞同高分红，赞成发行公司债融资，赞同将公司对股东回报率与再融资挂钩。

以市场为幌子，对圈钱眼开眼闭，才会让市场蒙羞，让投资者蒙尘。（2008 年 8 月 10 日）

重攀 6124 点高峰还很远

10 月 16 日，沪综指登上 6124 点高位一周年。全球经济急速下落，投资者体验了一把为肥猫埋单的痛苦感觉。

实体经济与大小非难题让股市难以重攀 6124 点高位。美国与中国的市场居然有神似之处。

美国经济衰退严重到什么程度？根据官方数据，还未达到连续两个季度负增长，所以还没有进入经济学意义上的“衰退期”。但根据统计学家约翰·威廉斯的计算，美国目前的失业率是 14.7%，通货膨胀率 13.2%，实际 GDP 增长率是负数，美国经济早已进入衰退期。至于中国经济数据，建议大家看任若恩对宏观经济的数据分析，不失为提醒情况严重性的另外一个角度。

美国预支纳税人的巨资实行救市，周洛华先生认为，美国救市救的不过是美国金融机构，对金融机构的干预比 1929 年以后大萧条时期有过之而无不及。美国政府在救机构，而不是救市场，他们没有找到针对次贷病毒的抗体，而是维持金融机构的生命体征。如果找不到抗体，美国的衰退就是长期的，无法避免的。

更要命的是，美国资本市场的泡沫在培育新经济的同时，也养育了一群数量硕大的金融肥猫。这些肥猫报酬奇高，有许多道德水准低下，直接导致了次贷危机。美国救市的过程，也是清理肥猫的过程。

高盛在全盛时期的2006年，总报酬支出高达165亿美元，平均每个雇员623418美元。一旦高管豪赌失败，还有“黄金降落伞”护驾，给美林公司造成季度亏损20亿美元的前首席执行长斯坦利·奥尼尔被迫离职，却拿到“黄金降落伞”16000万美元。把雷曼公司带到破产境地的首席执行长理查·福尔德在过去八年中，拿到的薪金和奖金共计4.8亿美元。该公司在宣布破产前一个星期，还付给两名离职高级主管近2000万美元。就在美国政府以850亿美元拯救AIG以后仅仅一个星期，它的人寿保险子公司AIG General就在加州帝王滩为其高级推销员举办度假一周的活动，花费442000美元。

反观中国实体经济，毫无疑问已经处于下行通道，无论从规模以上工业产值——8月，全国规模以上工业企业增加值同比增长12.8%，比上年同期回落4.7个百分点，创下自2002年8月以来的六年新低，还是从各行业赢利、库存，都印证了这一点。工业企业增加值统计的是年销售收入在500万元以上的工业企业所完成的增加值，是工业产值的基准测量指标。由于工业是国民经济增长的主要动力，工业增加值大幅下滑显示出中国经济急速降温的风险在积累。

但中国的肥猫却没有受到清理。所谓中国式肥猫，就是在资本市场截取利益的部分大小非们，截至2008年8月末，共有196家、628只大小非解禁。从中登公司公布的大宗交易系统上的大小非减持情况来看，截至2008年8月，共有628只大小非减持，减持部分总市值合约334.43亿元，其中大非41只，小非587只。表现看来，解禁不多，但实际压力却如泰山压顶。

与美国肥猫不同的是，对于我国股市中的大小非还存在着认识上的模糊不清之处，许多人把大小非混同于投资风险收益，而我国大小非中的风投、关联资本交织的复杂情况，更让大小非问题复杂无比。

6124 点周年纪念之前一天，央行机关报《金融时报》发表《A 股为何难成为全球股市反弹先锋》，指出“由于 A 股在未来两年内存在着巨量‘大小非’有待释放的压力，而即便将我国储蓄资源全部拿来承接‘大小非’减持，也难以有效解决问题，这使得中国股市在全球金融市场动荡中变得跌易涨难”。

不解决大小非问题，就难以使中国股市回到市场正轨，不清除混迹于大小非中的肥猫，普通投资者的收入将成为替大小非埋单的牺牲品。无论中国也好，美国也好，清理市场、重塑市场信心，激活经济活力，前提是要意识到肥猫的危害。（2008 年 10 月 16 日）

再谈股市涨跌意义不大

这两年不仅是中国股市震荡筑底的关键期，更是中国经济进行结构性调整的关键期，如果这个门槛迈不过去，谈什么股市涨跌，毫无意义。

中国经济的结构性风险借美国金融危机的机会，大幅释放。从 10 月份开始的经济数据急转直下，官方公布了一个个的让人心寒的经济数据，从 CPI、PPI、发电量、政府财税收入、房地产景气指数到工业增加值，把市场信心打到了谷底。

中国经济结构一直存在问题，国企效率低、民企污染重、产品定价权丧失、资产品价格过高……种种难题，藉由美国自杀式的次贷危机点燃。美国次贷危机导致中国出口货物急剧下降，国内产能过剩、民众没钱消费这一深层次隐患很快水落石出。目前的进出口数据显示明年出口可能进一步下滑，暂时无法回暖。政府想拉动内部消费以代替出口主导政策，但短期内无法实现，消费还将衰退。资产品价格崩溃导致中产收入阶层深套于股市、楼市中，经济预期不好，许多人开始节俭度日。

由于国际国内经济结构问题叠加爆发，这两年我国经济风险将处于集中释放期。所有人都很清楚，经济结构型要转变，绝非今明两年就能完成，现在中国经济是救命经济，等经济增速平稳之后会进入长期调整，很难在短期内重回两位数以上增长的黄金年代。

中国的经济结构弊端在于，国企缺乏效率，汇率市场化转型不力，导致资源错配，价格体系扭曲。

我国的国企数量在减少，中央国资委成立以来，央企由 196 家减少至 159 家，到 2010 年，通过央企之间调整和重组，将现有的央企减少到 80 至 100 家，并培育出 30 至 50 家具有国际竞争力的大企业集团。一些国企的掌门人向来把做大和做强混为一谈，他们吸取了信贷与股权市场上最主要的资源，却以注资、重组、整体上市忽悠投资者。为了拯救国企，我们不惜扭曲资本市场的立足根本，我们宁可推出隐性的平准基金，也不动大小非盘中的大餐；我们坐看一些上市公司通过重组将土地与矿产评估出了几十倍溢价的公允值，我们依然无动于衷。

政府使用积极财政政策拉动经济，受到各界的欢迎，但无论是 4 万亿还是 18 万亿投资，人们最担心的是，这些资金的使用效率能否得到保障。如果这些珍贵的资源成为寻租来源，成为拯救低效企业的输血管道，势必使已经倾斜的经济结构与股市更加倾斜，大多数倾斜的建筑物不是幸运的比萨斜塔，他们会倒。

我们现在无法预料，这些企业还要吸纳多少珍贵的资源才能建立市场机制，从现在来看，还遥遥无期。因此，虽然国企整合能够带来短期炒作机会，但短期恶炒的代价是市场长期低迷。

我国汇率政策为出口服务，这是东亚国家的成功之路，但中国无法复制。全球金融危机明白无误地告诉我们，出口是内部消费的补充，出口增长之路已经被全球经济堵死，我们只有靠内部投资与消费才能获得新增长极。就这一点，事实上，中外已经达成共识。为此，打破原有的路径依赖，以压低居民财富为代价来增加外汇储备的做法，必须停止。

而汇率政策，也需要数年的渐进调整，无法毕其功于一役。汇率战役已经开始，国务院常务会议 12 月 24 日决定，对广东和长三角地区与港澳地区、广西和云南与东盟的货物贸易进行人民币结算试点，这意味着人民币将成为区域内的结算货币和储备货币，向市场化迈出了重要一步，只有在此基础上，港股直通车等才可能成行，否则，一切都是纸上谈兵，不过是用民间外储救香港市场的急而已。

会议还决定，健全农村流通网络，明、后两年再新建和改造一批农家店和农村商品配送中心，增加配送品种，增强综合服务功能。要进一步扩大品种，加大“家电下乡”推广力度。凡此种种，都是扩大中低收入阶层消费值得称道的努力。但笔者不得不说，如果对于低效企业的大规模输血不停止，大多数善意政策的效果将被抵销。而就业问题也难以通过民企得到有效解决。

现在不谈股市涨跌，大敌当前，不谈小事。虽然股市对投资者而言是天大的事，对急欲重组的央企而言是天大的事，但对于中国经济而言，是小事。如果结构不调整，股市反弹只是让吉林制药这样可恶的大小非们找到了逃生之门而已。（2008 年 12 月 25 日）

股市两大争论：尊重市场才能拯救股市

2008 年的股灾再次提醒我们，新股发行制度症结是纠缠在 A 股市场投资者的梦魇。用锁一爬二式的风险后置法，其结果是让梦魇的时间更长。要终结梦魇，就得改革高溢价发行的新股发行机制，以及一、二级市场不公平的落差机制。

2008 年的 A 股市场有两大争论：第一，大小非、大小限是否是 A 股市场暴跌的主因；第二，中国股市要不要救？这两个问题实质相同，就是 A 股市场是否需要二次股改，什么样的改革才能促使资本市场向市场化方向健康发展。

大小非、大小限是不是中国资本市场的主要问题，这无需争论，如果大小非、大小限都不是主要问题，如果再造两个流通市场的非流通股都不是问题，那我不知道 A 股市场还有什么更重要的问题需要解决。

大小非、大小限不过是硬币的正面，翻过硬币的背面，就是中国资本市场独特的一、二级市场巨大的价格落差、就是畸形的新股发行机制。大小非、大小限的影响深入资本市场的骨髓，不仅全面颠覆了 A 股市场的估值体系，形成了一套严密的由制度保证的资金输送机制，更形成不同估值体系培育出来的投机者。相关部门出台很多政策试图挽救股市，但股市并没有应声而起，这些隔靴挠痒式的利好政策，绕过了核心礁石，注定只能收到股市短期震荡的效果，而无法让股市真正康复。

不救市论者与大小非问题不应该解决论者，基本站在同一立场。他们认为市场不应该人为干预，但同样的一批人，却认为在股价过高时应该由政府挤泡沫，前后逻辑明显有悖谬之处。在一个人工培育的市场，我们能做的是让干预更贴近于市场效率与公平的本义，而不是自创一个不受约束的市场乌托邦。有一些不救市论者，就在自给自足的乌托邦里自娱自乐。

另一些人认为约束大小非、大小限不可取，是对股改成果与制度的亵渎，他们振振有辞地说，国外同样存在非流通股，存在风险溢价，让非流通股自由流动才是对市场的尊重。这是对市场可怕的误读。笔者曾经撰文指出，美国风险投资的长期平均溢价，美国风险投资的平均回报率为 19%，是股票投资的 2 倍，是长期债务投资的 5 倍。就是这样，也被逃脱利益输送嫌疑和肥猫之诮。因为存在充分竞争的市场，风险投资回报不可能存在厚利，而我国风险投资或者风险高到离谱，或者获利高到惊人，难逃利益输送的嫌疑。

所谓大小非、大小限减持少不可怕论，显然不理解起码的风险与收益的概念。请问，谁会猛虎在侧而无动于衷？哪怕是饲养的猛虎，哪怕饲养员一再安慰老虎不吃人，也无济于事。大小非、大小限是明确的风险，投资者估值时必然会除去这部分风险溢价，要求更低的股票价格，以对冲长期来看可能的减持行为。

股改充其量解决了股改公司的大小非解禁的合理性，并没有形成一套完备的制度，解决新股发行机制中的先天不足。在改革中改进制度不合理之处，不应该顶上违背制度建设的罪名，必须通过程序尽可能地出台。主张不限制大小非、大小限，认为这是市场化，殊不料其他政策，类似于准平准基金、神秘资金等入市，国资委持股公司、监管层鼓励回购告等措施纷纷出台，使得中国的资本市场政策市阴影更加浓重。

如果不改变现状，大小非、大小限会把中国股入拖向政策市与股指低位的双重深渊。

要解决大小非、大小限，必须首先关上大小限之闸，以解决源源不断的增量问题。目前 IPO 申请已过会但仍在等待排队上市的公司共有 33 家，这些企业必须正在等待市场回暖，他们更应该等待的是新股发行政策。

有关部门真正想救股市，有必要宣布改革新股发行机制的时间，在此之前，新股发行一律暂停，以支撑市场低迷的人气。已过会的公司可以另案处理。希望 2009 年可以解决新股发行机制，解决一、二级市场落差的问题，而不是像现在似的，“权威人士”大打迷踪拳，一会儿推出创业板、一会儿融资融券开闸在即等，给市场增添莫名其妙的惊喜和波动。

笔者建议，大小限问题不解决，不应该发新股。

什么是真正的拯救市场？不是讳疾忌医，不是以市场化的名义在政策市上越跑越远，不是把股市当作宏观调控的工具调节经济冷热，不是行政性的并购重组，而是让每个交易者都得到平等的利益博弈权。（2008年12月30日）

【大小非症结】

股民为什么害怕大小非

中国证券登记结算有限公司公布的数据证明，大小非成为本轮中国股市下跌幅度世界第一的替罪羊。这让为大小非正名者松了一口气。

从7月21日起，大小非减持情况在中国证券登记结算有限公司的网站上逐月进行披露。此举一箭数雕，既能增加信息披露透明度，又能对大小非减持公司形成潜在威慑，同时能减少二级市场对于大小非减持的恐惧心理。

大小非减持数量远少于预期，本期公布的数据显示，截至6月底，由股权分置改革累计产生的限售股份数量为4572.44亿股，已经解禁的部分为842.96亿股，占大小非总数的18.43%。在这部分股改限售股份中，其中累计减持为250.07亿股，占解禁股份的29.67%。今年6月当月解禁数为29.61亿股，其中当月减持数为4.51亿股。如果按照以10.2元/股的市场平均股价估算，减持所需资金共46亿元左右，折算成日均资金量仅为不到每日交易量的1%。

大小非可以由此正名吗？恐怕不能。

股民之所以害怕大小非，是因为大小非典型地体现了中国股市中存在同股不同价的弊端。作为原始股东、战略股东，享受一定程度的风险溢价是国际市场的常态，但如中国市场这样，流通股与限售股成本相差天悬地隔的，恐怕举世无双。金融机构限售股东成本通常在 1 元以下，通过送股、分红摊薄，成本更低，而我国公司 IPO 的发行市盈率偏高，这使上市公司的限售股东可以获得无风险收益。紫金矿业原始股东们的成本每股一毛钱，IPO 发行价为 7.13 元，宁波银行原始股每股 1 元，发行价为 9.2 元，不难想象，限售股东所获得的厚利。

就算战略投资者为了控股权，抛售意愿不强，但战略投资者难道不愿意在不丧失控股权的情况下高抛低吸，尽赚无本收益？连美国银行都这么做，你怎么能保证其他限售股东都是活雷锋？对于二级市场的投资者而言，可怕的不是限售股股东抛多少，可怕的是被限售股股东卡住了咽喉，对资产定价权没有任何置喙余地。此时，流通股股东除了指望政府出台限制性措施，还有其他什么办法吗？

对一、二级市场之间巨大的利益侵害视而不见，一味指责二级市场投资者没有市场意识，显然是只准州官放火，不准百姓点灯。

并且，以大小非为首的限售股不仅是个存量问题，更是增量问题。大小非并不仅仅指股改形成的限售股部分，还包括其他四部分：一是由 IPO 形成的，即按照相关规定，小股东锁定一年、控股股东或实际控制人、一致行动人锁定三年；二是由定向增发形成的限售三年的股份；三是高管持股的相关限售规定；四是上市公司 IPO 时战略投资者配售的限售股份。

这五部分相加，目前共有 1.4 万亿股，并且数量还在不断增加的过程中。贺宛男曾经指出，新股上市继续带来上万亿股的天量非流通股，这导致流通股与非流通股的比例非但没有减少，反而日益悬殊。

2005 年 5 月股改刚启动时，A 股市场股份共计为 6700 亿股，其中流通股 2100 亿股，非流通股 4600 亿股，流通股和非流通股之比约为 31∶69。如今股改已基本结束，从第一批开始，解禁股也解禁了两年了，可在目前约17100多亿股A股中，流通股5100亿股，非流通股12000亿股，流通股和非流通股之比竟反而为30∶70。

这样的数据对于流通股股东是个可怕的暗示，他们向一级市场投资者的利益输送将源源不断，没有穷期。所谓未来限售股份数量会越来越少，随着市场减持，规模会越来越小，不过是纸上画饼。即使拥有最粗壮的神经，对于这样的投资前景也不免战战兢兢。

可见，股民与一些学者反对、害怕大小非，并不是反对股改，反对全流通，而是反对向一级市场的投资者进行明目张胆的利益输送，反对这种输送成为中国资本市场的长期负面因素。

承接大小非减持信息公开这一利好，希望有关方面再进一步，将信息披露的范围扩大到所有限售股，以便二级市场的投资者对于上市公司的估值作出更准确的判断。

要从源头上解决投资者的恐慌心理，有关方面必须正视一级市场与二级市场的定价权割裂的现象，承认向一级市场投资进行利益输送的现象。政府已经动手限制上市公司高管无度的自我激励，对于股权激励实行了一系列限制政策，这一政策的内核是使一、二级市场、使上市公司控制人与普通股东的利益趋向于一致。这一政策同样可以适用于大小非政策，对于一级市场实行公允定价，防止一级市场的获利者成为中国资本市场的掘堤者。公平的市场建设要抓核心问题，一、二级市场的定价的不公允就是要害之一。（2008年7月23日）

股市下挫主因是大小非

股市下跌引发众怒之际，热钱阴谋论沉渣泛起。这种危急时刻寻找替罪羊的做法，是无能与弱智的表现。

热钱确实在南美、东南亚等发展中国家兴风作浪，但这不等于说，热钱就是此轮 A 股下挫的根本原因。我们既有 QFII 席位净卖出的数据，也有买入的数据。据《21 世纪经济报道》转引 8 月 11 日理柏中国基金市场透视报告，7 月份 9 只已公布资产数据的 QFII 之 A 股基金当中，共有 6 只资产规模逆势增加，其中 2 只被动式管理的 QFII 基金增幅最大，标智沪深 300 中国指数基金增幅最大达 46.44%，iShare 新华富时 A50 中国基金则增加 12.63%。可见，不同的外资金融机构根据不同的判断进行操作，而不会协同作战，在中国市场上共同进退，成本高到不可操作，与我国国有期货操盘手暴露在国际巨鳄的眼皮子底下不可同日而语。

从 2007 年的高点以来，A 股市场一路下挫，一些人以为这是针对外资一次成功的关门打狗战术。难道外资是猪头，放着 H 股与在美国的存托凭证不买，偏偏要来 A 股兴风作浪？高盛在西部矿业、美国银行在建行获得数倍投资收入，不是因为在 A 股市场高抛低吸，而是因为他们作为战略投资者，得到购买 1 元股的权利。说到底，和大小非一样，外资有通过一级市场盘剥二级市场的权利，而不是外资直接干预二级市场。中国经济目前虽然处于震荡期，但仍然是全球经济的避风港之一，外资正忙不迭地收购股权，钻头觅缝地寻找投资项目，到处找厂商谈判、签订对赌协议，有什么理由现在全部撤走。

有什么确切的数据证明外资是 A 股市场的罪魁？就因为美元暂时上涨、油价暂时下跌？就因为 A 股市场超跌影响到上市公司的内在价值？目前一切都不确定，没有明显的标志证明全球经济趋势已经明确，道指、标普走一步退三步，期货市场跌一天涨一天——请恕我直言，把 A 股市场的下挫一股脑儿地推到外资头上，这种言论是虚弱与缺乏反省的标志。

要不要救市已经无需讨论，只有认为中国经济可以无需资本市场的无知无畏者，才会说出这样的话。

中国股市变成植物人，对于外界的刺激已经没有任何反应。之所以如此惨痛，主因在内部。一是理念错误，本轮股市上涨之时，股市大幅上涨会诱发严重通胀、股市大幅上涨会引来外资高位出货等等怕涨不怕跌的言论比比皆是。现在股市市盈率下跌，低于 2005 年 6 月 6 日 1000 点时的水平，结果 PPI 没有降，通胀风险仍然存在；所谓关门打狗，结果堵住部分外资，打死了自己的股市，让外资低价购买股权。

错误的理论必须摆脱，股市下挫无法换来宏观经济的健康，两者并不存在相关关系。那些对中国股市动辄挥动调控、挤泡大棍的人士，应该为目前的局面承担部分责任，勇于承认自己的错误。

在技术操作层面上，真正的风险在于大小非，笔者一再强调这是中国资本市场中破坏力最大的核弹。有关方面目前对于大小非的认识非常模糊，他们释放出两颗烟幕弹，一是强调目前大小非不正常的溢价是机会成本与风险成本的正常收益。这种说法把一级市场的利益输送与正常的股权投资收益混为一谈，有助于那些一级市场的“老鼠仓”们浑水摸鱼。

第二颗烟幕弹是大小非实际减持不多，大小非不可怕，可怕的是投资者对于大小非的臆测。根据中证登的数据，到 2008 年 7 月底，累计减持只占解禁量的 29.78%。并且，大非为保证控股权，不可能大规模减持。

引用扬韬先生的一组数据。深市小非解禁 105 亿股，迄今已经卖出 60 亿股，减持占解禁量的 59%。7 月，深市小非接近 0.95 亿股，当月卖出 1.16 亿股，超过解禁量，显示为前期的解禁股选择在 7 月继续卖出。沪市好不到哪儿去。截至 7 月底，沪市小非累计解禁 313 亿股，累计减持 120 亿股，占解禁量的 38%。7 月解禁小非 2.7 亿股，当月减持 4.4 亿股，同样大于解禁量。

按照当前均价计算，未来一年多，小非的卖压约 1300 亿元。大非同样有套现冲动，深市大非解禁 120 亿股，卖出 29 亿股，占比为 24%，远高于此前预测的 10%。沪市大非解禁 330 亿股，卖出 49 亿股，占比 15%。两市大非合计卖出 78 亿股，占全部解禁量的 17%。按照目前市价，大小非潜在套现压力将达到近 3000 亿元。试问，无论是机构投资者还是个人投资者，有哪个冤大头愿意为大小非接盘埋单？

一个新兴市场，一个利润增长全球最高的市场，居然成为全球熊首——一句外资阴谋，一句全流通代价，岂能搪塞得过去？有关方面有必要认真对待大小非，像对待正常的市场一样对待股市，而不是骨子里把股市当赌场、把可怜的股民当赌徒看待，必欲打之压之而后快。（2008 年 8 月 14 日）

解决大小非就这么难？

上周美股的一根阳线，让所有以全球金融危机为借口遮掩 A 股下挫主因的人闭上了嘴。令人绝望的资本市场黑色十月，最后一周有了生气：道琼斯指数上涨 11.3%，创下 1974 年 10 月以来的最大单周涨幅，标准普尔 500 指数上涨 10.5%，是 1980 年 1 月以来上涨幅度最大的一周。

中国股市虽然难免受到全球金融危机的冲击，但我们无法忽视这样的事实，A 股市场跌在国际市场下挫之前，没有随国际市场有所起色，人气低迷到极点，深市周一成交量可悲地停留在 100 亿人民币以下；我们也无法忽视这样的事实，去年股市开始下挫时，中国实体经济花团锦簇，沿海少数中小企业关闭、破产难以引起关注，今年的两税合一大利好还没有释放，可见，本轮股市下挫是因为实体经济下挫的理由同样站不住脚。实体经济、全球金融危机都对中国股市造成了巨大的冲击，但他们只是雪上加霜，而不是制造雪的罪魁。中国资本市场下挫的主因在内部。

市场低迷，各种论调泛起，救市无用论、不该救市论、救市不到位论等。救市无用论是可笑的，如果政府不以股改救市，中国股市现在还停留在 998 点难以翻身；不该救市更是胡言，去问问快要丧失蒙牛控制权的牛根生，股市该不该救，乳业该不该救，如果不救，就等着大型民族企业倒闭吧。A 股市场救而不起，是因为救市不到位，因为有关方面没有勇气直面股改后遗症，没有决心改变中国股票市场的大小非问题，以及附着于大小非问题上的新股高溢价发行难题。

各项救市政策着眼于实体经济，而没有针对资本市场，即便针对实体经济，也没有起到预定的效果。实行相对宽松的货币政策已是定局，两个月内三次降息，并且，最近央行发言人李超表示，央行目前已不再对商业银行信贷规划加以硬约束，此言暗示信贷窗口指导确实存在，但于近期收敛。有迹象表明，商业银行继续惜贷，贷款增长幅度从去年的逾 17% 降低到最近几个月的近 14%，银行担心未来中小企业的风险，没有动力帮助中小企业渡过难关，而积极财政政策动辄上千亿元资金必然主要流向国企。我们没有动用政府信用为市场实体企业增加信用，而是将政府信用作用于金融机构，而对金融机构出于商业目的的惜贷行为无能为力。虽然政府出台了很多扶持中小企业的基金，但真正受惠的中小企业却为数很少。

针对资本市场的举措大多小修小补，没有直击新股发行溢价与大小非这两大核心——增持与回购取决于上市公司的自觉，一些企业暗渡陈仓，表面增持暗地通过大宗交易平台减持，或者再融资规模比增持大得多；减少印花税现投资者所受到的剥夺相比，不过是毛毛雨，无法打消投资者的戒惧之心；熊市推出融资融券（融券何时推出、如何推出尚待观察）不过是奖励给大券商的开胃菜。

在笔者眼里，真正起到基础制度纠偏作用的是把现金分红与再融资金挂钩，以及赋予类别股东表决机制，但据计算，我国三年现金分红平均 30% 正是政策出台以前的平均水准，目前的分红比例是对上市公司的绥靖政策。当然，对于 A 股“忘性大、要求不高”的投资者来说，分红总比不分好。没有什么可以解救被大小非魔咒困扰的市场，一个小非解禁就能让融资融券热门券商海通证券大跌，目前，除了大小非外尤其是小非之外，没有任何市场参与者得利。

不管是实体经济，还是资本市场，问题的症结就在于资源的倾向性配置。实体经济表现为较短周期内的过冷与过热连续发作，直到 2003 年，我国才进入 GDP 连续增长的平稳周期，而那主要是因为加入 WTO 之后，外贸出口的大幅上升，目前的外贸依存度已超过 1998 年到 2002 年时期的一倍。资本市场则表现为，不顾实体经济与世界经济的表现，“长熊病”痉挛性发作，这只能说明大多数投资者对于股市收益预期周期性地发生怀疑，他们很难相信这个市场能够善待投资者。不幸的是，多年的收益数据印证了投资者的直觉。

11 月 2 日在西安资本市场论坛上，刘纪鹏说，大小非是中国股市的牛鼻子，抓住牛鼻子就能解决核心矛盾。这其实就是毛泽东所说的“纲举目张”之意。如果再深入一步，我们就会发现大小非是我国资本市场资源倾向性分配的表象，让特定企业圈钱是因，有了这个因，才有了新股的高溢价发行，才有了全流通时代的大部分不流通现象，大小非成为必然之果。

必须进行二次股改，这不是否定第一次股改，而是资本市场改革的继续深化。有人说改变大小非违反契约精神，笔者认为，只有在全流通时代继续大半股票不流通发行、制造大小限、人为设定高溢价才是违背契约精神的产物，从来没有显失公平的交易可以称为契约精神。

解决大小非问题很难吗？刘纪鹏认为不难，在多方皆输的前提下，有许多上市公司自愿锁定。笔者想说的是，如此一来，就打通了股权市场与债权市场，实际上上市公司锁定了股价位置，以特定价格向投资者融资。这违背股市通常规律，但与强制性现金分红一样，却是显失公平的股市保护投资者的利器，让投资者起码可以享受债权人的收益。在中国资本市场环境中，这样的制度，才算是真正为市场着想、为交易者着想的金融创新制度。

中国股市打通债权市场，让投资者与债权人享受同等地位，是符合目前中国信用发展阶段的务实之举。（2008 年 11 月 4 日）

【股改策】

二次股改路在何方

中国资本市场深幅下挫幅度之大摘得全球股市之首，这使得中国高经济增长与健康股市的美梦破碎。中国不仅需要一次股改，更需要完善资本市场基础制度的第二次股改。

中国资本市场的问题，从表面上看是估值体系重心下移，本质上是中国资本市场从来没有把优化资源配置的重要性置于融资功能之上，不同利益群体的投资者市场博弈能力完全不同。

从中国证券市场的发展历史来看，经济增长与健康股市并存只存在于理论家的想象中。中国股市一直在犯幼稚病——投资者觉得管理层在犯幼稚病，政府某些官员把教育投资者摆在第一位，可见他们认为投资者的幼稚才是市场大敌。

中国股市动辄出现恐慌性暴跌，原因究竟何在？股改之前，各方将病因归咎于市场割裂，即中国股市被人为割裂成流通市场和非流通市场，导致中国股市估值体系封闭，与全球市场完全不接轨，而股改的目的就是通过对价方式，非流通股股东获得了分步流通的权利，从理论上说，市场已经成为全流通市场。这样，“大小股东”的利益趋于一致。但今年以来 A 股市场下跌近 60%的现实，提醒我们股改没有消除病源。

我国股市全流通还是仅仅存在于理论中，据统计，尚未解禁的限售股高达 13 万亿元，其中，意欲出售的限售股市值为 4.3 万亿元，占当前国内市场总流通市值（7.65 万亿元）的 56%左右。问题变得越来越严重，随着大盘股上市，限售股比股改之前不降反增。而大小股东利益一致并不容易，从最近曝光的案例来看，一些公司的大小股东之间人为刀俎我为鱼肉，限售股股东以低价取得原始股，通过在二级市场套现取得暴利。

另一种被忽略的顽疾是，中国资本市场从来是为患有资金饥渴症的特殊企业服务的。具体数据可以证实这一点，中国金融机构上市前数万亿元的坏账通过剥离、注资、上市的办法，不仅使银行坏账率达标，还通过资本市场使金融机构成为全球市值最高的造富机器。这些财富不会凭空而来，如果有人非要说是中国金融机构引入外资战略投资者、内部市场化改造的成果，恭喜，他们可以成为童话作家。有关方面最好对中小投资者有忏悔之心，在中国金融股上高位被套的普通投资者绝不比在中石油等能源股上套牢的投资者数量少，境内投资者投资中国金融与能源股所付代价远超境外投资者。

被媒体吹捧为股神的某投资者认为中国只有几十家上市公司有投资价值，此言过激，但反映了在严格的核准制下，中国企业没有实现让优秀企业上市的目标，资本市场一度成为内幕交易、无良公司横行的垃圾市场。高管也罢，机构投资者也罢，很少有人对投资者尽到信托责任。相反，通过融资与再融资，成为吸血的牛虻。

即便市场低迷期同样如此，大型企业 IPO 的脚步并未停止，中国建筑、光大证券、南车股份等大盘股不断过会，预测今年全年内地和香港的新股融资额将达到 2500 亿元人民币和 1300 亿元港币。虽然中国平安受到投资者的讨伐，再融资脚步放缓，但公司债券发行井喷：Wind 数据统计表明，2008 年以来，企业通过发行债券方式再融资规模达 3504.6 亿元，已远远超过新股发行、增发（含定向增发）、配股等股本融资方式。其中，10 家上市公司发行了 564.85 亿分离交易可转换债，38 家企业发行了 1160 亿企业债。股权融资包括 78 家上市公司进行了增发（含定向增发），募集资金总额为 1226.4 亿元，7 家企业配股募集资金 113.9 亿。

二度股改需要刮骨疗毒，一是去除资本市场盘剥中小投资者的上市公司融资饥渴症，使资本市场回归优化资源配置的本源。此症不除，中国资本市场永无宁日。二要使大小股东的利益真正一致。在大小股东博弈能力完全不对等的情况下，最好的办法就是赋予小股东股改时期的真正的投票权，同时让普通投资者有畅通的法律救济渠道。（2008 年 7 月 11 日）

庄股时代终结？别开玩笑了

庄股时代终结了吗？听起来像个童话，也是昏话。

要知道，庄家不仅有常用的“建仓、拉抬、出货”模式，还有反技术杀跌出货模式。以宏达股份为例，停牌 4 个月，4 月 21 日复牌以来连续 7 个交易日跌停，股价缩水近 50%，18.58 元成为出货价。4 月 24 日盘中突放“天量”，成交超过 2360 万股，换手率高达 8.47%，成交额超过 12.4 亿元。当日上交所的交易公开信息显示，卖出宏达股份金额前五名的均为机构专用席位，5 家机构席位累计卖出 7.97 亿元，合计超过 1515 万股，占当日总成交量的 64%以上；而买入金额前五名的席位显示，除买入金额第一位为一家机构席位外，其余均为营业部席位，该机构席位共买入 6313.2 万元，合计约 120 万股。基金接盘是否成为慷基民之慨的利益输送行为，值得深究。

再如隆平高科，从 4 月初开始，业绩平平的隆平高科从 13 元起步到 5 月 14 日上摸 47 元，25 个交易日里上涨了 2.6 倍。从 6 月 25 日到 7 月 8 日的 10 个交易日内，隆平高科股价再度飙升，复权后的最高价达到 49.97 元，股价再度接近翻番。7 月 10 日，其股价从接近涨停到下午接近跌停，有明显操作痕迹，并且研究报告与股价走势相得益彰。不仅如此，财务专家公开指出，隆平高科近些年利润构成不实，从 2005 年至今，一直凭借股票、基金等投资收益以及股权转让等所带来的非经常性损益粉饰公司的业绩，而公司目前扣除非经常性损益后已经出现了严重的亏损。

另一些显而易见的疑似内幕交易者，如任淮秀教授夫妇，借着 ST 盐湖并购重组之机，轻松获取 3000 万，有关方面至今没有明确说法，成为卡在 A 股市场与中小投资者咽喉中的大鱼刺。

庄股不是市场中的傻瓜，他们有足够的智慧与经验，随着股改前后市场状况的不同变换操作手段。对于庄家而言，最主要看持股成本高低，只要持股成本低于出货成本有利可图，或者对于争夺未来控制权有利，就能诱使庄家出动。只有两种情况能够迫使庄家挥泪大甩卖：一是资金链断裂，为了救火不得不出货；或者基本面有重大利空消息，不出货将导致风险成本增加到无可承受的程度。

由于目前市场低迷，诱惑小散难度增加，在市场中持股机会成本增加，庄家在市场中趴窝不动，导致大量资金闲置，这笔钱如果投资于打新债，年化收益率将远高于一年期定期存款利率；如果这笔钱进入民间融资领域，月息将达到 4 分以上。

笔者无意否认股改之后监管层对于内幕交易、利益输送等查处极严，这是良好的开端。据报道，今年上半年证监会稽查系统共完成调查 42 件，其中移交行政处罚委员会 31 件，移交公安机关追究刑事责任 11 件。证券执法系统还进行了非正式调查 83 件，从专业认定角度配合公安部门查办非法期货案件 6 件，审结案件 27 件，作出行政处罚和市场禁入决定 47 项。这些战果当然值得夸奖，以往证监会处理证券市场的案件数量之低，使 A 股市场成为令人难堪的“全球最干净市场”。

良好的开端不应成为歌功颂德的开始，目前庄家蛰伏是市道低迷的反应，过早开始歌功颂德，会让监管层与投资者沉醉于假象中，自以为大功基本告成，庄家已被驱逐。一旦市场行情启动，内幕交易案件与庄家操纵事件陡然增加，有关部门将措手不及，遭到市场的报复。

相比于 A 股市场内幕交易的泛滥程度，目前的监管人数、处置数量与处置力度远远不够。应对之法是提高已查实案件的犯罪成本，增加所有违规者的风险成本，让他们付出高额民事赔偿，甚至赔到接近破产的程度，让他们懂得尊重规则。（2008 年 8 月 17 日）

2009 年：无惊无喜　难熬的一年

【小趋势】

股市前景：只有反弹，没有反转

2009 年中国股市还将是比较难熬的一年，原因是，金融危机没有彻底结束，经济惯性下挫，大小非难题没有破解。

与 2008 年相比，2009 年最大的亮点在积极的财政政策，这可以使中国经济部分摆脱紧缩梦魇。企业因为全球消费需求下降而主动紧缩，央行还在防过热推波助澜的情况，如此反常而滞后的情景，如此前后折腾的状况，希望不再出现。

影响 2009 年股市的两大主要因素，一是上市公司赢利预期继续下挫，将在 15% 以上，二是大小非减持是 2008 年的 4 倍，负面预期超过 2008 年。

2008 年上市公司业绩下降，第四季度刚刚结束，就有多家上市公司发布业绩修正预告，其中多数公司将原预测的业绩增长幅度大幅向下修正。作为中国经济顶梁柱的央企业绩同样不佳，国资委副主任黄淑和表示，2008 年预计中央企业累计实现营业收入 11.5 万亿元，同比增长 20%；实现利润 7000 亿元左右，同比下降 30% 左右，如果剔除两次自然灾害的影响及石化、发电企业等政策性亏损减利因素，实现利润总额在 1 万亿元左右，与 2007 年基本持平。2009 年积极财政政策会对央企有提振作用，但业绩下滑趋势不会改变。

至于大小非、大小限，恐怕会成为中国股市永远的痛。李稻葵先生提出，将大小非出售给社保基金，可以一劳永逸地解决大小非问题。这是经济学家美好的一厢情愿。大小非、大小限的首要问题是解决新增部分，而不是股改有限的存量大小非，那不是真问题，真问题是源源不断的大小限污水没法处理。如果股市稍有反弹，恢复新股发行，不断制造新增大小限，试问，有多少资金可以承接和稀释这样的“污水”？投资者的信心底线如何支撑？

再说，大小非凭什么与社保基金交易？社保基金也是特殊投资者，不会像二级市场的普通投资者，用市场价为大小非接盘。并且，大非的绝大部分资源掌握在国资委手中，既然国资委一直对国有股划拨社保不情不愿，现在同样没有理由把大非交给社保。不仅不情愿，国资委已经明示自己将操办资产管理公司，自己的事情自己办。笔者预计国资委是中国股市最大的庄家，如果没有对大非的控制权，国资如何在并购重组中掌握主动？利益所在，国资委长远的地位所系，他们绝对不会轻易放弃。

中国社保基金理事会会长戴相龙 2008 年 10 月底曾表示，国有股减持充实社保基金的办法正在制订，目前境内各个部门的认识已经一致，“相信不久会公布”。戴相龙先生呼吁、期盼不止一次，但每次都是雷声大雨点小，这次也不会例外。大非、大限是制度性缺陷，换个角度说，对国资而言，是制度性活眼，可进可退，可以凭空变现，可以为国企重组服务，牵一发而动全身，中国股市的特权不会轻易消除。

全球金融危机将使全球化更加深化，中国资本市场价格将更多地受到国际市场的牵制。由于全球金融危机紧缩仍在持续，世界各大金融机构想方设法变现缓解困局，先卖好资产，逆淘汰规则屡见不鲜。2008 年即将结束的时候，瑞银（UBS）这家瑞士银行出售了自己所持的 1.33%、共计 33.78 亿股的 H 股中国银行股份，得到 8.08 亿美元的资本增值，扣除 2005 年 4.916 亿美元的持股成本，瑞银获得超过 60% 的回报率。在目前的金融市场是个奇迹。

中国金融机构的其他财务投资银行，如苏格兰皇家银行（Royal Bank of Scotland）和美国银行（Bank of America），也虎视眈眈准备出售其在中国各银行所持股份，以充实自己的资产负债表。随着中国金融机构高增长阶段逐渐失落，股价随同国际市场的定价而走，是不可抗拒的现实。

有人说，2009 年央行将释放出更多的货币，双率还将下调，即便上万亿元增加的人民币属实，这些货币不会转化为资本市场的投资，而会弥补企业与个人投资者 2008 年形成的不良资产负债表，只有填平窟窿之后，投资才有魅力。没有一个财富缩水者会哭着喊着地把钱投入股市与楼市。

与 2008 年的雪崩式下跌不同，2009 年将是阴跌震荡的年份，不会在 1664 点的底部大跌，也不会跟着忽悠者的吆喝大涨。随着政策出台，一些板块会出现结构性反弹机会。仅此而已。（2009 年 1 月 6 日）

【看时局】

股市是重症病人，但希望尚存

形势很严峻，但是希望尚存！以下是《证券市场红周刊》记者李航在第一届中国资本成长论坛上对笔者的专访（节选）。

2009 年股市会更困难，解决大小非是关键

问：很多人认为 2009 年的第二、三季度将是中国经济最困难的时期，股市也面临 18 年来最严峻的形势。您是否认同这个观点？当前中国股票

市场的症结何在？

答：我只想说，没有最困难，只有更困难！2009年一年恐怕都要做好这样的准备。如果严冬有“三九”的话，那么现在A股就处于严冬“三九”的后半期，是最冷的时刻。

之前的全流通大小非解禁到期，使得市场无法承受，整个股市估值体系扭曲，这只能算是股市的一个症结，到目前为止，A股则是多重病症纠缠在一起：投资者预期上市公司业绩严重下滑、新股发行体系扭曲以及让人棘手的大小非问题。

从现在情况看，1800点恐怕不是底部，无论是从基本面还是从技术面上看，我个人对2009年股市持悲观预期。因为到目前为止，包括4万亿积极财政政策、央行大幅降息在内的一系列强刺激政策出台后，股市略有起伏，股市趋势没变，仍然是震荡、盘整，大致在2000点以下做“俯卧撑”，并有掉头向下的趋势。当前A股又处在不利的国际市场大环境中，因此，2009年A股还会有一个震荡向下的局面。我认为，直到2010年，股市才可能有大的行情出现。当然，如果政策决心调整大小非、大小限以及与之相伴的新股发行制度，股市行情可能提前出现。

问：您怎样看待国家出台的救市政策？

答：我不得不说现在救市实在太晚了，何况还是间接救市举措，对资本市场效果不会太大，因为股市现在已经像一个病入膏肓的重症病人。现在很多人呼吁推出平准基金救市，我认为这并不是一个正确的救市举措，不能解决制度性问题，只会增加政策市阴影。平准基金用处不大，事实上是除了我国香港地区之外，其他国家、地区推出的平准基金很难说达到了稳定的效果。要出台多大的平准基金才能使市场回暖？平准基金合法性的依据何在？平准基金是接大非还是接小非？如果接大非的话，为什么不直接让国资委把央企持有的大非暂停解禁？对于汇金增持，我认为也只具有短期效应、并且边际效应会越来越小。

怎样救股市？现在唯一的办法就是解决大小非、大小限。而大小限，我认为，应该先解决新股发行制度，解决大小限的增量问题，新股发行如果能够降低市盈率，调节好一、二级市场之间的价格落差，不再出现以往的那种情况——即表面上是全流通，实际上还是不流通——市场预期才能真正好转。然后再解决大小非其他的问题，如大小非怎样解禁、解禁的程序等等。另外，国资委要有一个制度性规定规范国资大小非解禁。

问：2008 年 12 月 1 日十位教授联手呼吁启动股市来拉动内需，您认为当前应该先救股市还是先救实体经济？

答：股市与实体经济是绑在同一辆战车上的。如果实体经济不好，上市公司的业绩预期就会很差，导致市盈率继续提高，股价将继续维持低位。

现在需要给市场一个宽松的环境。由于楼市牵连的产业太多，占固定资产投资比例过大，因此我认为，通过救楼市稳定市场、拉动投资、促进消费是当前最主要的任务；至于股市，只有解决大小非、大小限这一股市根本性问题，才是股市的出路。此外无论出台什么政策，股市都很难回暖，很可惜，对于大小非、大小限，我至今尚未看到有任何触动的迹象。

问：近期会不会继续出台财政货币政策遏制股市下行？

答：我认为没有更好的政策出台了，货币政策还有些空间，不过作用不会大，财政政策已经到了扩张极限。即使现在出台创业板，推出融资融券，也不会有太好的效果。

目前不是推出创业板的好时机

问：2009 年融资融券有望推出，对我国资本市场有何影响？

答：从出台的相关规则来看，对于融券控制得非常严，比如高额的担保金与折算率、强行平仓制度，在融入证券进入信用账户后，融券卖出的申报价格不得低于该证券的最新成交价；当天没有产生成交的，申报价格不得低于之前收盘价。这些措施说明，融资融券推出之后，融券虽然说是做空，其实是假做空，投资者几乎没有做空的可能。

问：证监会近日表示随时推出创业板，怎么看这一举措？

答：股市又多了一个炒作空间，现在推出创业板，肯定不是一个好时机。在主板这样低迷的情况下推出创业板，能够拯救市场吗？监管能够跟上吗？如果推出创业板对股市有效的话，我们可以推出无数个“板”，之前深圳就有中小企业板，也没有起到多大的效果。

弹得越高，跌得越狠

此轮由货币与政策推动的市场行情，已经狂热到了忘乎所以的地步，人们不顾一些基础经济数据的下滑，不顾信贷增长中的结构性偏差，不顾某些行业产能数据再次预警的事实，沉醉在盛宴之中不能自拔。甚至国家发改委宏观经济研究院副院长陈东琪也对股指发表高论，保守估计2009年的第一波反弹高点将在3410点。

不过，有明显的迹象显示有关部门已经对资金入市保持警惕，央行开始摸底万亿信贷资金去向，项目贷款、票据融资成为重点。监管信贷资金入市是挤泡沫之前的明确信号。

虽然我们推测有部分资金流入股市，主要方式有个人消费信贷、企业信贷、一些银行与企业联手挪用资金进入股市等。但信贷资金入市绝大部分是暗箱操作，向来是监察难点，除了少量的券商股票质押贷款有据可查外，没有人能确切知道流入股市的信贷资金数量。有人估计，2000 年流入股市的银行贷款就达 1000 亿元左右，目前流入规模不应该在此以下。

另一个更明显的风险信号是大小非减持。根据 Wind 数据，截至 2 月 6 日，2009 年披露的沪深两市 A 股股东共减持了 7.1 亿股。截至 2 月 12 日，“大小非”日均减持股份数量和减持市值为近一年以来的新高，环比增长高达 63.40%。根据自 2008 年 2 月以来的减持数据统计，这样的日均减持股份数量和减持市值均为阶段内新高。

大小非越减，股市越高。所谓大小非对中国资本市场负面作用有限，大小非出逃有利于为前期踏空资金和新入资金腾出空间进场，类似怪论层出不穷。看来我们得感谢大小非在股市上涨之时如此高风亮节，但令人担心的是，政府的信贷资金与普通投资者的保命钱是否就此轻轻松松地转手，从这个口袋转到了另一个口袋。央行所谓的降低居民储蓄率提振内需，很可能成为降低储蓄率到股市接盘。

如果一个月之内大小非减持到达 100 亿以上，我们对于这样的利益转移，就得保持充分的警惕。在资金充裕中大小非不是问题，一旦出现国家队资金离场的信号，大小非马上成为压垮骆驼的最后一根稻草。

另外一个需要关注的信号是，前期沸沸扬扬进场的国家队到底动向如何。如果大小非减持，社保、保险、汇金等国家队暗中离场，而眼看着普通投资者接盘，并且发出股市才是中国经济振兴的动力之类的口号，无异于为虎作伥。

我们暂且把永远难解融资之渴的民营制造企业放到一边，看看资源性企业产能过剩的情况是否缓解。以钢铁行业为例，去年 6 月底 7 月初，钢材价格见顶，到 9 月底前缓慢下跌 15% 左右，国庆节后暴跌 30%。宝山钢市指数去年 12 月初达到 868 点后，逐渐反弹到 933 点，目前已经开始下滑。虽然经过政策强心针的刺激，全国钢铁企业状况有所改善——企业复工情况良好，河北省12月钢产量创下历史新高，但钢铁大省如山东、湖北和上海市的产量都萎缩了2–3成。中国积极财政政策、“铁（路）公（路）机（场）”们要消化掉全球铁矿石产能，只能收短期之效。继续下去，全球的大宗商品都会倾泄到中国市场，中国市场能够独力承担吗？

笔者不是证券分析师，无意于吸引一批拥趸在股市中吆五喝六，指出风险越来越大，也并不是说股市明天就要下跌，熊市摊薄持券成本，牛市回收现金，是技术操作规则。有一点可以肯定，目前我国股市的估值在全球市场中绝对偏高，即便以较为乐观的经济复苏估计，我们对市场的判断也已经“危乎高哉”。

笔者担心的是，就像普通投资者在1600点按捺不住，交出了带血的筹码一样，在3000点左右按捺不住，再次接住带腥的筹码；笔者更担心的是，目前股市高悬于上，将会对实体经济造成危害，人为延缓经济结构性调整的时机。

看看世界经济，美国在释放有毒债券之后，现在又在传染印钞机病毒，正如此前一再分析的那样，美国只能稀释美元价值让自己摆脱重负，长期的信用不敌短期的危机。我们可以痛斥美国可恶，但我们无力改变目前的现实。

改革开放三十年，享受WTO红利五六年，目前正处于中国经济结构转型的关键时刻，经济结构转型除了要建立相对完善的分配体制和保障体制之外，更要建立高效的资金融配置体系，与高效的具有创新力的企业，以及能够成纸面落到实处的合法产权保护机制。

如果我们悖离提振股市的信心在于发展实体经济，为结构改革留出时间空间，而沉醉在短期的政策市与资金市中，那么股市有可能成为实体经济的阻碍，而不是助推剂。（2009年2月14日）

股市上涨的原因

资本市场的这轮反弹方兴未艾，从政策市角度解读，资本市场逆势上涨，一是发挥股市对于实体经济的支撑作用，二是防止资金抽逃，防止资金空心化。

央行的报告提供了佐证。5 月 4 日，央行发布《2008 年中国金融市场发展报告》，指出当前国际金融危机仍未结束，还在对中国金融市场产生冲击，其直接影响主要表现在期货市场和股市等方面；间接影响则主要体现在两方面：改变资金供求关系和可能的资本外逃。“若在中国的各种境外资金由流入转为流出，有可能导致我国股票市场和债券市场出现较大幅度的调整”，保持中国资产品价格的稳定性起到了吸引资金的功效。

外资是我们不得不考虑的重要因素。此轮经济下行迹象初显，有朋友就以预言家的姿态指出，虽然大家还在为物价上涨担忧，不到半年，我们就会为外资抽逃操心，最后不得不以零地价等残酷的优惠方式重新吸引大型资金。这不是虚言，虽然现在巴菲特、罗杰斯等人纷纷表示看好中国市场，但在美债成为全球避风港、日韩外资成片撤出、一片风声鹤唳之时，地方政府所能想的就是如何留住外资。此时，还有比稳定人民币资产品价格、稳定人民币汇率更好的办法吗？

宏观经济很难解释中国股市，有两个方面可以解释，一是政府希望股市发挥的作用，二是资本市场的安全性。对外资去向的解读，就象社保基金的进退一样，是直观指标。

很多投资者大约难以忘怀让人失望的奥运行情。所有的投资者都在憧憬奥运行情时，资本市场却低迷以对，此后传出成功击退股市热钱的消息。

当时流传甚广的阴谋论逻辑有两套逻辑。

一是外资在奥运前一年就大举布局，希望趁政府拉高股价时出货，留给善良的国内投资者一地鸡毛。由此，政府应对的方法就是到 7 月就将股市维持在狭窄的区间内，让外资无处可去。2008 年 6 月，央行旗下《金融时报》发表题为《30 年经济增长成果反映在股市上正好在 2800 至 2900 之间》的文章，以金融管理者的角度给市场定出政策底，在人们熟知的 3000 点以下。这篇文章指向如此明确，像极了一篇股托文章，却是给广大投资者一个明确的提醒。

当时市场热议的话题是外资热钱到底是 1.75 万亿美元、8000 亿美元还是 4000 亿美元？绝大多数人都对近在鼻尖的影子银行危机不知不觉。有一点可以肯定，外资热钱数量庞大，与实体领域外资投资数额不匹配，在资本市场逐利是可能的选择。笔者朋友告知，有台湾游客在上海旅游三天，飞机落地的第一件事就是开设 A 股账户。

而第二套阴谋论版本却截然不同。2008 年 8 月 8 日至 13 日，上证指数跌去 300 点，上证 B 股暴跌 18.38%；8 月以来，香港中资股同样陷入暴跌“怪圈”。这被认为是一次“有组织、有预谋”的做空奥运行情。外资机构投资者在 8 月初就买入国企指数、H 股指数的空头合约，而后打压现货获利，在现货低迷时逢低吸纳，获得多空双重收益。

其实，上述两个版本可以合为一体，外资通过各种方法进入中国资本市场，利用多空双重手段获利。与去年年中利用资本市场阻截热钱不同，现在我们在利用资本市场引住外资不要离开。所以，为中国资本市场唱多的摩根大通等公司客观上帮了中国政府的忙，甚至可以把政府的积极财政政策规模猜个八九不离十，还发给每个客户，怎么想都不可思议。

从目前市场的情况看，政府似乎认可了两种理论，第一，资本市场降温不利于实体经济转暖，第二，通过 A 股市场拉动 H 股市场，防止外资在 H 股市场搅局。面对资本市场大战，QFII 短期赢利多少实在不必过于挂怀。

我国台湾地区股市近来上涨，与大陆资金进入台湾市场的概念炒作有关，外资进入也起到了助燃作用。另外据路透社 5 月 4 日报道，希望利用全球经济复苏机会赚取红利的投资者主要通过买入中国和其他新兴市场股票达到目标，日本与欧洲市场则遭到抛弃。自去年 7 月以来，外资连续九个月超卖日股，创超卖最长纪录，沉重打击了日本资本市场，间接连累到日本实体经济。

在资本市场耽于幻想不是一件好事，外资不会笨到在 A 股市场与国内游资进行肉博战，他们既能进行股权投资，也能通过 H 股市场掌握部分定价权。就像罗杰斯说的，他能买到价格更低的 H 股股票，为什么要购买 A 股股票。引申一步，国际资金趁全球资金扩张之际，博取全球政策救市红利，如果没有真正复苏，又怎么能够吸引外资长期驻守？（2009 年 5 月 6 日）

市场在刀锋上行走

市场中的人都感到刀锋正在逼近。

虽然沪综指不断向上窜升，A 股市场融资额创十几个月以来的新高，但有一些迹象却让人不寒而栗。

第一个迹象是市场轮涨速度加快，从每月热点板块、每周热点板块、每日热点板块，发展到疯狂的一个交易日数个热点板块轮动。以 7 月 23 日为例，早盘由石化双雄、化工和有色金属板块回补去年的跳空缺口，大盘回落靠地产、金融板块护盘，下午资源类股上攻，为了维护人气与股指已经陷入疯狂状态。

第二个迹象是人为推高股指迹象严重。管理层大量批准指数行基金，今年获批指数基金达 9 只,7 月份获得发行批文的指数基金就已达到 4 只。此前，基金行业 7 年推出了 19 只指数基金。另据《上海证券报》报道，目前仅排队等候中国证监会发行批文的指数基金就已超过 20 只。

基金发行获得了市场的追捧，所筹集的钱买入沪深 300 等大盘指标股，导致大盘股上升呈现波浪态势，指数基金账面赢利越丰厚——根据银河证券基金研究中心的统计数据显示，截至 7 月 15 日，纳入统计的 11 只标准指数型基金今年来的平均净值增长率为 83.03%；6 只增强指数型基金的平均净值增长率为 83.13%——市场也就越疯狂，最后资金、指数基金与指标股之间形成泡沫急剧扩大的正循环。

第三个迹象是机构投资散户化，多数投资者都在运用趋势交易法则来搏取短线收益。根据基金二季报，截至 6 月 30 日，60 家基金公司旗下的偏股型基金，平均仓位达到了 83.46%，相比上一个季度末大涨 8.02 个百分点。而股票型基金的平均仓位更是达到 86.01%，距离 2007 年的最高水平仅差 1 个百分点多一点。其中，近百只股票基金的仓位超过九成，已经超越了牛市巅峰。基金押上了全部身家，而私募正在不断通过联手高抛低吸套现或者换取筹码，一些拥有大额资金的投资者甚至通过交易所与指数型基金联手，进行 T+0 的套利交易。一日数次进出，与权证相同。

第四个迹象，散户因为解套成为跟风者。虽然去年大跌的阴影还没有过去，但今年以来的财富效应让多数投资者重新进入股市。

一份由 7000 多位投资者参与的网络调查显示，24% 的散户表示手中的股票已经全部解套，26% 的散户表示部分股票已经解套，两部分投资者合计占到调查对象总数的一半；另外 50% 的散户表示手中股票仍然套牢，不过这一比例较年初已经有了明显的下降。调查显示，今年以来跑赢大盘的散户仅占 25%，另外 75% 的散户不同程度跑输了指数，这一比例较两个月前上升了 5 个百分点。目前股指的大涨与板块、个股的轮动，让越来越多的散户抱有全面解套、进入赢利区域的幻想，按照以往的经验，当公募基金与散户成为市场主力时，市场离下跌也就不远了。

在恐惧时贪婪，在贪婪时恐惧，好说不好做。现在的人为拉抬现象在引诱投资者，在贪婪时更加贪婪，在恐惧时则看不到任何希望。只有经历过数个市场周期的投资者，才能洞察市场，时刻保持警惕。（2009 年 7 月 25 日）

货币政策被绑架，股市上演最后的疯狂

7 月 29 日的股市大震荡是一场预演，多头逼出了宽松货币政策将持续的承诺后，继续高歌猛进。

路透社最新月度基金经理调查显示，中国基金经理对未来三个月股票持仓建议配比大升至 84.4%，为自 2007 年 6 月该调查开始以来最高。

笔者认为，由于本轮经济调整的特殊性，货币政策已经是资本市场的风向标。上半年处于宽松状态，下半年略紧，但不可能发生大变化，一切视 GDP 与 CPI 而定，因为决策者现在无暇顾及资产泡沫。从 2008 年 6 月到 2009 年 6 月这 12 个月中，广义货币（M2）增长速度从 17.4% 同比上升到 28.5%（加速超过 11 个百分点），贷款增幅则从 14.1% 上升到 34.4%（加速超过 20 个百分点），这些贷款没有拉动 GDP 同步增长，最好的解释是进入了以股市、楼市为代表的资本市场。

目前货币政策已经被绑架，人民币将在微调过程中继续处于宽松状态。

绑架的第一条绳索来自于美元，由于出口陡然下降，人民币汇率业已终止了上升的步幅，而与美元的关系更加密切，今年上半年人民币对美元汇率一直在 6.82-6.84 的区间范围内，上下差距只有 200 个基点。令人关注的是，中美首轮战略与经济对话人民币汇率不再是关注的焦点，美国财长盖特纳表示双方多次商谈，已经达成了谅解，而双方同意经济复苏没有企稳前，不急于退出宽松的货币政策。

美国嘴上强调适时考虑政策退出，行动上一如既往地激进。美国今年已发行 1.02 万亿美元国债，第三季将发行 4，460 亿美元国债，较第二季增加 30%。高盛预估，至 2010 年 9 月止的两年内，美国将发行约 2.9 万亿美元债券。这意味着美国宽松的货币政策与低利率政策不会变，跟随美国的脚步，中国的宽松政策同样不会产生大的变动。否则，企业结汇与热钱流入会更加汹涌。

第二条绳索来自后续信贷需求，大规模铺开的基础建设，没有信贷增长，将出现烂尾工程。没有人希望看到这一现象，如果说 20 世纪 90 年代初抑制资产泡沫产生的海南烂尾现象还可以承受，没有人能够承受全中国遍地出现海南烂尾现象。在中国上一刺激周期建成了高速公路网络之后，目前的高铁网络与地铁网络是这一轮刺激的重要目标。并且，大型企业通过持股、定向增发等获得收益，根据以往经验，他们可以从上涨的点位中获得一半收益。

第三条绳索，通过扩张政策部分完成资源储备。

这一点在疯狂的期货市场上得到了最好的体现。信奉成本与价值投资的人在上半年屡屡踏空。他们按照供需规律计算成本价，不料国家物资储备局上半年大量收储，共收储 23.5 万吨精炼铜、15.9 万吨精炼锌和 59 万吨原铝，后因价格高企而暂停，但对资源的渴求不会变化。

为了应对未来的通胀预期，被收储与价格吸引，社会资金蜂拥入市，市场人士估计，除政府储备之外，私人投资者、生产商、制造商及贸易商所持有的金属库存可能共计逾 50 万吨精炼铜、10 万吨镍、10 万吨铅、50 万吨锌及 70 万吨原铝。今年上半年精炼铜进口为 180 万吨，同比增长了 160%，原铝进口猛增 16 倍。导致的结果是期货价格猛涨，今年上海及伦敦金属交易市场（LME）的金属价格——LME 期铜及上海期铜价格上涨了约 80%，LME 铅价、锌价及铝价亦分别上扬 75%、40% 和近 20%；上海期货交易所铜库存今年已增长了近两倍。正如一个朋友所说，如果你不在这个绝对产能过剩的行业（铝业），也许会对政策而不是市场供需数据更敏感一些。

由于房地产与基建，铁矿石、钢铁、水泥、建材等价格处于不断上升的过程中，由于资源品价格的上升倒过来促进了货币贬值的预期，导致市场火里烹油，越烧越旺。

下半年股市将在最后的疯狂之后陷入技术性下调，鉴于股市在 7 月 29 日之后的大震荡后走出强势上扬行情，预计股市还会出现一波急涨，而后陷入下调之中，酝酿下一波行情。关键时机是普通投资者何时好了伤疤忘了痛，不仅开户创新高，还拿出真金白银杀入股市。

这一轮泡沫没有类似于科网这样的附着物，只有在基建、有色金属、消费等板块之间来回游曳，直到泡沫破裂，酒宴散去。（2009 年 8 月 1 日）

推出股指期货不能挽救股市

在股市连续破位下跌之际，推出股指期货论甚嚣尘上。

股指期货的传闻并非空穴来风。7 月 30 日，中国证监会有关部门负责人介绍，期货监管部分为期货一部和期货二部，期货一部主要监管交易所及市场，期货二部履行监管期货机构的职能，股指期货由期货一部负责。日前，芝加哥期权交易所董事总经理郑学勤接受记者采访，表示目前是中国推出股指期货最佳时机，同时中国应该吸取发达国家的经验，大力发展场内衍生品市场，健全金融体系。

股指期货不是特效药，不能承担熨平市场波动的特殊使命。在市场泡沫时，期货从业者就会表示，只要有股指期货有做空功能，市场就会恢复理性；在市场下行时，他们会声称，如果推出股指期货，市场就会恢复上涨动力，投资者有了避险工具，涨跌均能获益。果真如此，世界上拥有股指期货的市场就不会暴涨暴跌了，事实如何呢？看看美国、日本市场，日本股市自飞流直下之后至今没有回到高位。

股指期货有两方面的功能。

第一种功能立竿见影，每次推出股指期货传言乍起，都会引发对大盘蓝筹股的抢筹行情。2008 年 12 月，受券商准备股指期货工作倒计时消息影响，股指期货概念股尾盘逆市逞强。中国中期、美尔雅、弘业股份涨停，中大股份、新黄浦、西北化工、厦门国贸、江苏舜天大涨，除了得消息之先的交易者之外，很少有人从传闻中获利。事实上，这样的传闻恶劣性相当于庄家炒作概念，除了套住跟风盘之外，没有其他好处。

第二种功能则是通过金融衍生品，使中国资本市场更加理性，使投资者拥有避险工具。

股指期货既无法让国际市场更加理性，当然也不会让中国市场更加理性。我国早期的金融衍生品都以失败告终，20 世纪 90 年代初期，当时的海南证券交易中心推出了深圳股票指数期货，上海证交所也推出了国债期货，深圳股票指数期货半年消失，国债期货因为发生震惊中外的"3・27 国债"事件而被迫关闭。当时操纵市场的力量，今天还在，只要这股力量存在，所谓的金融衍生品市场就是强权者的夺利市场。看看中国的权证市场，深度价外权证遭到爆炒，中远权证 5000 万资金灰飞烟灭。

令人担心的是，权力与虚拟经济的结合，将使中国资本市场走向深渊。谁能保证，“3·27 国债”事件中的中经开这样的特殊公司不再卷土重来？期货市场讲的是资金实力与背景，技术层面倒在其次。以美国芝加哥商业交易所，参与股指期货交易的机构投资者占 90%左右。近年来，我国社保基金、证券投资基金、券商保险基金、QFII、信托等机构资金日益壮大，股指期货推出后机构投资者互搏，谁能保证没有象万国管金生这样的搏命者？到时候，是否让普通投资者占大多数的草根公募基金成为接盘者？

股指期货是哈哈镜，让美好的更加美好，丑陋的更加丑陋。虽然我国资本市场监管有所改善，但股指期货将放大我国资本市场公司治理结构不严、对投资者回报吝啬、内幕交易横行的弊端。试想，如果有机构利用媒体发布虚假消息打压股价，如果有机构提前了解货币政策、国资重组动向，必定上演“3·27国债”事件的惨烈一幕，股指期货如何成立？根治内幕交易，是推出股指期货的前提条件。

此次金融危机暴露出虚拟经济的毁灭性力量。正因为如此，美国试图提高对冲基金的透明度，收回金融创新的步伐，禁止裸卖空。所谓“裸卖空”，是指投资者没有借入股票而直接在市场上卖出根本不存在的股票，在股价进一步下跌时再买回股票获得利润。机构通过散布恐慌性消息打压股价，利用金融危机兴风作浪。有鉴于此，2008 年 9 月，美国证交会临时出台“裸卖空”禁令，为防止投机商恶意做空，券商在卖空股票后，必须立刻购买或借得相关股票以备交割，如果在交割期限内未筹得股票，券商将面临处罚。同时，证交会还将与交易所合作，通过交易所网站公布卖空交易数据。该禁令原本在 2009 年 7 月 31 日到期。但 2009 年 7 月 27 日，美国证交会宣布这一禁令永久有效，意味着“裸卖空”操作将同美国股市永久告别。

推出股指期货真正的压力来自于国外，新加坡与芝加哥市场都推出了针对中国的股指期货，这让人担心中国股市的定价权旁落，但从目前的交易量和中国市场的特殊性来看，想借助迷你股指期货左右中国市场还有一定的难度。关键是香港市场的国企大盘股价格，如果由内地决定，就掀不起大浪。（2009 年 8 月 20 日）

恐慌性下跌

股市下跌给 A 股市场非资金市、大小非不可怕论以有力打击。股市下跌并不出乎意料，但周一下跌幅度之大，显示市场恐慌加剧、政策博弈激烈。

资金拉动型的市场恐慌的原因不外乎资金外撤。老生常谈的理由是 8 月份信贷规模下降；融资再融资增加，发审委加班干活；民间资金并未跟进。

早在一个月前，许多私募基金与券商就对市场风险达成共识，下半年信贷必然遭遇市场与政策等等瓶颈，而上市公司赢利质量不佳的问题也会通过半年报暴露出来，在市场恐惧之时，恰恰是上市公司最需要从市场抽血之际。所以，市场下挫有什么奇怪的呢？

看看两组数据。根据花旗银行的数据，亚洲各股市（不包括日本）股票的市净率已达到了以往经济复苏进入第三、四年后的水平。自 1975 年以来，亚洲股票的复合年收益一直在 11% 左右；而今年迄今为止，投资者已获得了 46% 的收益，折合成年率高达 81%。

从 A 股与 H 股的溢价比来看，虽然 A 股急挫使两市价差收窄，恒生 AH 股溢价指数续跌 6.45 点至 116.01 点，创下自 2007 年来两市平均溢价率最低记录，但是前期炒作急先锋中国石化最新 AH 股溢价率在缩小之后仍然有 95%；中国石油 AH 股跌 6.7% 及 2.8%，两市价差率不到七成；中海油服两市也跌 6.18% 及 2.17%，A 股现比 H 股仍溢价近 1.3 倍。如此高估的市场下挫不足为奇。

问题在于，这些恐慌之源并非今日才有，市场暴跌的原因显然在经济复苏不如预期等种种理由之外。了解 A 股市场的人都清楚，当有主的大资金保持收益开始撤离市场、而市场前景不清负面因素重重，为了砸出下一个可以收获羊毛的大坑，市场的下挫就会成为大资金之间的默契行动。

首先是社保基金逃顶。深交所网站 8 月 14 日披露的数据显示，今年 7 月，社保基金从深市共买入 50.7 亿元，卖出 57.4 亿元，净流出 6.7 亿元，创 2009 年最大月度净流出数额。作为政策性基金只许增值的风向标，社保基金撤退对市场的心理打击不容忽视。

其次是大小非减持。统计数据显示，今年 1 至 6 月沪深两市大小非减持合计约 47.42 亿股，减持套现金额约 480 亿元，大小非的增持行为却寥寥无几。7 月份，“大小非”减持 13.63 亿股，环比增长近一成，创 1 年来新高，新发行股份在不断创造大小限。与今年上半年限售解禁份额 1118 亿股相比，下半年高达 5558 亿股的解禁量是上半年的 5 倍之多。从 8 月 1 日到 8 月 12 日，沪深交易所大宗交易市场共计出现 37 笔跌停价格甩卖现象，牵涉到 10 家公司，交易金额总计 3.45 亿元。大小非再次显示出其追高杀跌，在高位贪婪持股在低位恐惧出货的本质。

第三，先知先觉的私募基金先行撤退，而为普通民众理财的公募基金则后知后觉，有进有退。数据显示，公募基金为主的机构在 8 月 20 日至 24 日增仓了 50 亿元，与此相对的是，在内部存在较多分歧的私募界，从 8 月 20 日至 24 日的市场反弹期间，还是在 8 月 25 日至 26 日的震荡期间，私募大幅减仓 67 亿元。

但公募基金操作发生分化，仓位有减有增，追随今年上半年趋势性投资的风潮，换手率创出新高，使监管层机构成为定海神针的承诺转眼成空。天相统计显示，今年上半年公募基金业盈利 6425 亿元，超过 2007 年上半年 4900 亿元的盈利规模，和 2007 年下半年历史高点的 6800 亿元盈利相差不到 6%。通过对各类基金的统计显示，2009 年上半年，各类基金总体换手率达到 1.5667 倍，和去年下半年的交易换手水平更是增长了近一倍，甚至超过了 2007 年牛市的状况，可谓空前。机构投资者是定海神针吗？明明是投机者，这倒无可厚非，市场本性如此，基金不是活雷锋。

现在所有的机构都在等待政府出台托市政策，主要博弈战场是，央行减少票据回购力度，证监会不再加班加点进行 IPO 扩容，招行等金融机构、万科等房地产公司不再到股市圈钱补充资本金。如果扩容政策与货币紧缩政策继续出台，股市会继续直线下跌，直到管理层无法承受，不得不暂停融资功能，或者回到上半年的货币宽松环境中。如果两个目标无法达成，那么就砸出一个低位，让普通股民割肉，从低谷里捡起带血腥味的下一轮赢利空间。（2009 年 9 月 1 日）

警惕创业板成为圈钱高地

设立创业板的目的，是让中国的创业企业、创新企业找到一条融资发展之路。虽然上百家创业板企业无法解决几十万家创业企业的融资难题，但一个有章可循的活跃的创业板，却能让创业企业看到未来的希望，让更多的风险投资挖掘出有潜力的企业、负责任的企业家。这才是中国创业企业活力所在，希望所在。

为了达到这个目标，创业板上市企业必须建立市场权威，以取代行政威权，必须以市场导向取代行政导向，创业板的激励机制必须是市场机制，而不能单纯依靠行政权力的筛选。

从第一批发行的创业板企业来看，某些上市公司带有强烈的行政主导与可疑的利益输送色彩。

地方政府沿袭将上市企业多少当作地方政绩的标志，对于本地企业进行拉网式筛选。北京的中关村、上海的张江高新技术园区，各地有高科技园区、有重点培养的创新企业、有背景雄厚的创投公司作后盾，事实上，目前在许多城市，地方政府主导的风险投资基金、其他重点扶植的基金可以起到一言九鼎的作用，深度介入从风险投资到推荐上市的全过程。

2008 年 3 月 23 日，四川省经委“上市办”透露，四川已启动建立上市后备资源库，初步确定的首批入库企业“大概有 60 家，成都居多”。而成都高新区金融办副主任黄光耀则表示，成都高新区内 11 家企业计划通过创业板上市，“目前正积极准备材料”。创业板是各地创新热下的新政绩工程的标志，并非四川一地积极备战，各省市基本如此。如深圳市上市培育办亦加强了创业板上市资源梳理工作，经初步摸底，深圳市有 1100 家企业基本达到创业板上市财务指标，其中 100 家企业已开始改制上市的实质性操作，35 家企业将作为首批拟在创业板上市的重点培育企业。

创业板可以让资本市场向市场化迈进一步，也可以在市场化的幌子下向行政经济、诸侯经济迈进一大步。最可怕的前景是，创业板上市公司以市场化之名行权贵化之实。在创业板上市的企业既占据了创业板三个字的市场舆论优势，暗中拥有地方市场的小型垄断优势，所谓“四美俱，二难并”，优势都占全了。因此，创业板一旦扭曲，对资本市场的杀伤力将比主板更强。

从创业板首批发行企业看，离创业二字相距甚远，与其说是创业企业，不如说是成熟企业。因此，这些企业获得双重好处，以创业企业为名，得到成熟企业的估价，获得未来成长溢价的红利，不仅发行市盈率高、发行价格高，而且超募现象严重——说得好听点，这叫市场“热烈追捧”，说得不好听，叫“风险后移”，混淆了企业板与中小板的区别。试想，一家完全可以在中小板上市的企业挤入创业板，唯一的原因就是挤占资源，获取高额溢价。如此一来，那些真正的草根创业企业只好勒紧裤带过日子。

不仅如此，证券公司的直投业务带有利益输送嫌疑。据统计，在首批 10 家创业板企业中，以战略投资者或财务投资者身份进入的机构共有 13 家，其中境内企业 11 家，境外企业 2 家。那些伸手摘桃子的企业拥有的强势背景，令人侧目。以神州泰岳为例，今年 5 月 18 日给两家法人股东汇金利方和金石投资增资，后者是中信证券全资子公司，持有神州泰岳 210 万股股份，占发行前总股本的 2.2152%。公司在创业板上市在即，券商临时直投，券商自己直投、自己保荐，如此一条龙利益生成，难逃利益输送指责。

为了严控风险，创业板监督与审批规则一点也不比主板市场差，中介机构与保荐人的责任更重。我们缺乏的不是好的规则文本，而是高效的执行机制。徒有其法，是对法律的蔑视，还不如无法，起码让人们对法律心存敬畏。媒体披露，首批上市企业乐普医疗发行涉嫌违规，监管部门如何处置创业板曝出的第一例涉嫌违规案，将直接决定创业板的市场游戏规则是否公平。

让同行推荐大于地方政府推荐，让市场风投机构取代有背景的风投机构筛选创业企业，让创业企业取代成熟企业成为创业板主体，方能正本清源，让创业板回归帮助市场型创业企业舒经活血的宗旨。主板成为大型垄断企业专板，中小板与创业板成为地方权势企业的专板，将是中国资本市场的悲哀。

爱之深而责之切，对于创业板这一新生事物，在市场化的前提下，我们乐观其成。（2009 年 9 月 29 日）

一记重拳激起大盘泡沫

部分机构投资者赢了，他们可以举杯欢庆在 2009 年最后的胜利。

2009 年 12 月 30 日，所有财经媒体的头版头条都是同一个内容，国务院批准股指期货。这条消息没有来源，缺乏实质内容，却足以令市场疯狂，相关概念股大幅上涨。2009 年股指被刻意压制在一个狭窄的区间，近期的大盘股上涨，似乎可以从反面给股指期货的推出做个暧昧的注脚。

如果明年政府推出股指期货可以确定，可以说明，中国股市的大市场时代已经到来，大型企业上市工作基本完成，未来将通过并购重组的办法做大做强，而创业板与中小板上市会继续紧锣密鼓；其次，政府还会进一步做大市场容量，以吸纳更多的资金，容纳更多的企业上市，以免股指期货被人为左右；第三，由于有了杠杆作用，中国证券市场规模将会成倍放大。

中国证券市场将因此发生本质变化，最大的变化是市场投资者将拥有合法的金融杠杆。自 1949 年后中国重新拥有资本市场以来，杠杆从来都是在暗中鬼鬼祟祟地使用，与非法划上了等号。而市场的操作手法将发生极大的变化，在期货与现货之间的对冲交易将成主流。

笔者对这条消息的真实性没有疑义，但对可操作性存疑，股指期货究竟何时推出并没有时间表，就算国务院批准了规划，到底何时推出仍在未定之天，是明年上半年，还是下半年，甚至要到 2011 年？上述时间节点对市场的含义截然不同。2007 年市场类似的忽悠犹在眼前，结果不过是一轮又一轮的洗牌发牌。但是，不管怎么说，提前布局的机构赢定了，他们在本轮上涨中得到丰硕的成果。

关于股指期货还有几个技术细节有待证实，之所以要考证这些细节，就是为了弄清楚有了杠杆之后的市场究竟会操纵在谁的手里，股指期货是否会重蹈权证的覆辙。

第一个问题，融资融券是否会与股指期货同步推出甚至提前推出？推出股指期货意味着有了资金杠杆，有了做空的手段，保证金交易可以不必过多借助于融资，但是，不融券如何做空？难道说中国的股指期货只允许看空期货看多现货，而不允许看空现货看多期货？这不成了大笑话了吗？

如果要融资的话，是从券商融还是从银行融？从金融危机之后，银监会一直在收紧金融衍生品交易，2009 年 7 月份下发了《中国银监会关于进一步规范商业银行个人理财业务投资管理有关问题的通知》《中国银监会关于进一步加强银行业金融机构与机构客户交易衍生产品风险管理的通知》等一系列文件。文件规定，今后和企业客户开展衍生品交易时，境内银行需更深入了解企业需求，要求客户详细说明所面临风险及其具体形成机制，据此设计产品且不得超过对冲风险的范围。简言之，境内银行向企业客户提供的衍生品不得用于投机，仅能用于规避风险。按此推论，股指期货是投机还是规避风险，银行是否能够参与其中，恐怕还是未知数。

目前的规则是由中国期货保证金监控中心建立和维护期货市场客户统一开户系统，为每一个客户设立统一开户编码，并建立统一开户编码与客户在各期货交易所交易编码的对应关系，貌似完备、独立的第三方账户存管、监控仍存在缺失。

第二个问题，融券的券从何而来？从国有控股上市企业而来吗？

2007 年 7 月 6 日，国资委发布《国有股东转让所持上市公司股份管理暂行办法》规定，今后，国有控股股东在连续三个会计年度内通过证券交易系统累计净转让股份的比例未达到上市公司总股本的 5% 且不涉及上市公司控制权转移的，可由企业按内部决策程序自主决定；超过 5%或者虽然不超过 5%但会造成上市公司控制权转移的，需报经国有资产监督管理机构审核批准后实施。那是否意味着，所有国企 5% 以下的券都可以出借，让国资委成为股市最大的庄家？

或者说，融券的来源还是券商，如此一来，券商岂不是成为通吃上下游的大鳄？如果这条大鳄还做自营，普通投资者恐怕就难有活路了。

不管是支持股指期货，还是反对股指期货，都不能否认股指期货的核心并非平抑市场价格，而是流动性泛滥之后金融杠杆的产物，也曾有过助涨助跌的劣迹。如果制度能够确保金融杠杆得到公平使用，融资融券与股指期货尽可推出，如果金融杠杆最终竟然捏在几个金融寡头、几家大券商手中，这样的创新不要也罢。（2009 年 12 月 31 日）

【创业板】

为非开创业板找 N 条理由

创业板是十年磨一剑，千年的媳妇还未熬成婆。

日前召开的全国证券期货监管工作会议，再次提出推出创业板的计划，让创投概念股火了一天。去年同样在全国证券期货监管工作会方外，相关领导表示创业板争取在上半年推出，创投概念火了一把后偃旗息鼓，创业板如此折腾下去，恐怕会成为周期性的短期炒作题材。创业板开还是不开，相关方面必须拿出明确的预期。

创业板为什么非开不可？

第一个理由是，推出创业板与实施税收、信贷等优惠政策，将从长短效机制上构成一套完整的扶持中小企业的政策体系。此话的含义是，创业板是高成长的中小企业解决融资服务的，同时为投资者提供分享创新型企业高速成长的机遇。

这与当初股市为国有股解困是一个说法，不由让人惊人一身冷汗，所有抱着解困目的上市的公司，其最终结构恐怕都不会太好。国际上能够为创业板张目的只有纳斯达克市场，从科网泡沫破灭后，萎靡至今。可见，高科技产业的兴盛是纳斯达克市场兴盛的前提，而不是结果，我们不能因果倒置，认为高科技企业不发达是因为缺乏创业板。

第二，推出创业板为风险投资机构退出服务。

无数职业金融家依托创业基金等培育能够上市的中小企业，风险投资以培育、他人接盘、溢价退出的形式牟利，砸入巨资而无退出途径，风险投资只有高高挂起，很多职业金融家低价兜售项目，穷得要饿肚子。这就意味着风投机构以及围绕在风投公司周边的大量参股公司、中介机构会大面积萎缩，高成长高科技小企业可能得不到培育，而背后的实质是，中国资本市场重要的资本杠杆手段，将付之阙如。

风险投资、创业板一条龙，风险投资家通过成功上市鲤鱼跃龙门，听起来很美，关键要看市场接不接受。鉴于A股短炒风盛行，在推出之前、之初会有一波炒作浪潮，2004年推出中小板就是前鉴，但现在中小板与主板界线混淆，泯然一体，只不过让市场多了一个题材。现在风投机构有短期化、赢利预期过高、压榨被投资企业的倾向，如此危险的杠杆值得警惕。

第三，解决流动性危机。

这个理由不足以服人。让我们看看持此理论的人如何前后矛盾。2006年、2007年股市大牛时主张必须推出创业板，因为让资金分流到创业板市场，可以化解货币流动性过剩的危机；2008 年下半年主张必须及时推出，一则可以吸引足够的资金入场，化解资金紧张的矛盾，二则可以避免中小板上市之初的狂炒，总之，正说也有理，反说也有理，理由成为必须推出创出板的号角而已。

第四，建立多层次的中国资本市场，为深交所准确定位。

建立多层次的中国资本市场的前提，不能得出必须推出创业板的结论，只有适合本土的货币与资本市场才是好的市场，资本市场不是争面子，而是建立正确的资源配置机制，除此以外的理由都不成立。至于急深交所之所急的说法，答案是，只要做好中小板市场，只要盘活机制，深交所前途光明，与主攻大蓝筹、大国企的上交所根本没有重叠之处。

第五，创业板可以试行与现行不同的体制，为中国资本市场纯洁的市场化探路。

这是唯一能打动人的理由。主板是政策市，中小板不能独立，创业板作为独立的板块，可以在新股发行制度、发行审核上实行改革，进行创新。这需要监管部门与深交所大胆探讨，为中国资本市场脱离政策市窠臼走出一条更新之路。

《首次公开发行股票并在创业板上市管理办法》以及相关的创业板上市招股说明书、审批流程还有保荐人制度这些配套文件都已经基本成型，相对于创业板的 IPO 管理办法，配套文件的制定其实更为复杂，不难看出，有关方面在降风险与创新之间左右为难，创业板上市的门槛并不低。

有一定可以肯定，如果创业板还采用主板一样表面严格、实际漏洞百出的审批制，和有悖于公平保护所有投资者利益的新股发行制度，创业板推出之时，就是主板增强之日，十年磨一剑的创业板可能直接从摇篮进入坟墓。（2009 年 1 月 16 日）

创业板不妨一步到位实行注册制

如何拯救资本市场？我们寄希望于新股发行机制改革，笔者认为，用提高门槛和加强审批的方式无法给我们带来健康的资本市场，只有严厉的处罚与高效的资金配置才是王道。

创业板开闸在即，管理层给创业板制订了入门门槛，即便设置了高高在上的门槛，等待上市的企业也如过江之鲫。在企业满足了进门条件的情况下，管理层如何确定什么公司有发展潜力应该上市，而哪些企业应该排队五年苦苦等待？

我不认为世界上存在一双慧眼，可以未卜先知。创业板本来说是风险集聚的市场，大约只有 20% 左右的公司能够经历大浪淘沙的历炼，大多数企业最后会无影无踪。政府试图改变创业板的这一规律，只有一个办法，那就是在创业板的额头再插上一面“主板”的大旗，不仅把创业板的门槛抬高到主板的一半位置，还给创业板上市公司退市设置重重障碍。

这样一来，如果投资者在创业板亏钱，肯定还得哭着闹着找管理层，谁让你们用设置门槛的形式，给创业板的未来发展背书了呢？这样一来，管理层煞费苦心想要培育的成熟的投资者也就成为泡影。

如果说在中国目前的市场，给创业板设置一定的门槛是不可避免的，在设定了门槛之后管理层就没有必要事事审批，而是要简化审批制度，让符合条件的企业一步到位实行从核准制过度到注册制度。

说实话，我国创业板存在先天不足的毛病。创业板目标是为高成长性的中小企业融资，培育中国的高科技企业。由于我国缺乏硅谷那样的高科技企业生成链条，自主技术十分匮乏，多数好的成长型企业如阿里巴巴、无锡尚德、比亚迪等已经在境外上市。正因为如此，我国尤其需要打通创业板与成长型企业之间的封锁线，让符合条件的企业上市，由市场来筛选出未来中国高科技企业的佼佼者。

也许有人会说市场不理性，我承认，市场有时会左右飘移，在科网泡沫期让那些沾上“.com”的公司大行其道。但我认为，市场最终还是会回归理性，铁路泡沫、科网泡沫一一破灭，留下来的不是一地鸡毛，而是低价高效的物流网，是提高全球生产效率的互联网，是电子商务。这些良性泡沫不仅让美国经受住多次经济紧缩周期的冲击，还让美国的科技生产力无可匹敌。为什么美国的纳斯达克硕果仅存，而其他创业板市场不是倒闭就是奄奄一息，纳斯达克的高效与低成本起到了至关重要的作用。如果说未来世界的竞争就是人才的竞争，创业板就是一块最好的筛选地。

我并不是说管理层应该彻底退出市场，相反，管理层应该发挥更大的作用，对于虚假陈述、内幕交易者严惩不贷，进行严厉的处罚，直至终身禁入，让资本市场的内幕交易者知其所止。温家宝总理近日撰文指出，要加强对企业兼并重组过程的监督。今年企业兼并重组的力度明显加大，要依法规范操作，切实防止国有资产流失，维护职工合法权益。要严厉打击操纵股市、官商勾结、内幕交易等行为，加强股市监管，提振市场信心。

应该承认，股改之后管理层对于内幕交易、虚假陈述、保荐责任有了越来越严格的规定，从纸面的严格程度而言，在中介机构对于上市公司的连带责任方面，甚至在欧美市场之上。但内幕交易之所以泛滥成灾，祁连山和海螺水泥的高管之所以涉嫌违规炒股，就是因为以往的经验让他们相信，付出远远比不上获得的收益。

所谓严厉打击，最重要的是去除对上市公司、中介机构的父爱主义，转而实行严格的准司法的行政处罚制，并且以民事经济赔偿取代现在刑事为主的惩罚举措，通过经济赔偿让作假者倾家荡产，看看还有谁敢明目张胆从事内幕交易。我国的信息资源十分丰富，法律、券商各方面中介资料一应俱全，有关方面完全可以一竿子查到底。只要有严厉的、高成本的处罚措施，只要有通畅的退出机制，只要有一定的门槛，为什么要自以为聪明地审来审去，承担管理层根本承担不了的上市公司信用背书呢？

现在创业板实行上市准入，实行投资者准入，据说还有临时停牌机制，务求避免狂炒滥炒，让市场恢复理性。看看主板和权证市场吧，红黄牌乱飞，这样就恢复理性了吗？（2009 年 4 月 10 日）

走好，创业板

创业板公司上市是个里程碑式的事件，加上未来的国际板，中国多层次的资本市场大功告成。

28 家创业板上市公司依次敲锣，庆祝创业板诞生之时，我们不应该忘记中小板。一个快速发展的经济体，里程碑事件特别多，中小板上市也是一个里程碑事件。

让我们来回忆中小板企业上市之时的盛况，为今天的创业板里程碑作注脚，以铭记历史。2004 年 5 月，中小板开市，深交所用一年时间使公司数达到 50 家，建立该板块的目的是“拓展中小企业融资渠道、推进自主创新、解决劳动就业、促进产业转型、提升产业竞争力”，某些上市公司也具有创新能力，如海翔药业多个产品产量居国内第一，天康生物则是农业产业化龙头企业，但现在还有多少人记得海翔药业的创新能力，还有多少人记得天康生物的龙头地位？

创业板让人看到了中国资本市场发展的希望，但我们不能忘记中小企业与投资者的痛楚，中小板概念炒作与做庄投机，中小板建立的诚信板、创新板的宗旨，还遥不可及，绝大多数民营中小企业还在民间高利率的泥潭中挣扎。我们不能忽视这些企业对于中小板的旁观的冷眼，更不能对国有控股企业源源不断在中小板市场上市的现实。

创业板体现了资本市场所有的希望和矛盾，正如当初的中小板集中了所有的希望与矛盾。

创投行业得感谢创业板，因为创业板的设立为创投的退出提供了更加广阔的渠道。本土创投在中小板推出后，成长速度和募资规模都呈跳跃式发展，创业板的推出为风险投资与股权投资添加了又一轮成长的动力。如果说在中小板推出以前，中国的创投由外资主导、两头在外，中小板的推出则为国内的创投企业提供了发展的空间；而创业板的推出，将确立国内创投公司的主导地位，更会确立各地的创投公司的发展则由地方政府资金主导的格局。借助多层次的资本市场，政府拥有了更多的调控工具，各个部门拥有了更多的生财之道。

创业板所受到的质疑正是中国资本市场走向透明的必经过程。事实上，到目前为止，创业板的问题一一暴露于聚光灯下，吉峰农机让人蹊跷的利润增长，让财务专家质疑的特锐德的身份背景、自主创新能力——特锐德和私营跨国公司 TEL 及其子公司的关系真是剪不断、理还乱！其技术则严重依赖 TEL 及其子公司，自己只是披了自主创新的皮毛而已——神州泰岳则有让人难以信服的财富增长上百倍的大股东、公司上市前半年突击进入的股权投资者。过于成熟的依赖于公关能力的企业与高科技风马牛不相及，扭曲的一级市场定价机制与控制二级市场炒作，将风险扔给了二级市场的普通投资者。正是因为对于中国经济未来高效与公平发展的期待，才让无数人关注创业板，希望创业板不要发展为另一个权贵市场。

发展中的市场存在种种钱权交易，存在种种寻租规则，并不足怪，解决问题的前提是正视问题。为什么会出现蹊跷的大股东，为什么要更换会计师事务所，公司的赢利能力为何出现异变，上市的公众公司必须坦诚地回答上述疑问，进而树立企业的信用，而监管者则必须以严厉的监管树立自己的诚信，以“真枪实弹”的惩罚建立投资市场的尊严。

一个有志于长远发展的市场，总是欢迎来自各界的批评，并且意识到成为百年老店的关键在于产品的竞争力和信用。上市公司是中国资本市场的产品，而信用是市场得以成立的根基。从主板、中小板到创业板，资本市场发展的每一步都应该让我们离市场更近，设立资本市场的目的并不在填国企融资的无底洞，而是建立资本市场的文化，建立各类市场化的中介机构，建立行业信得过的具有火眼金睛的股权投资机构。

市场是有灵魂的，有灵魂的创业板会吸引真正具有创新能力并试图建立百年基业的公司，丧失灵魂的市场会吸引一桌赌徒，并因为赌徒的存在败坏所有投资者与上市企业的道德观与财富观。

对于创业板的质疑并非为了摧毁创业板，而是为了摘除卡在创业板喉咙里的刺。

10 月 30 日，创业板开市，记下这个时间，并以对历史负责的态度，记下日后的交易纪录，看看这究竟是吃人的市场，还是养人的市场。（2009 年 10 月 30 日）

创业板上市一周，留下三根鸡毛

创业板非市场化的躯体上硬被贴上了市场化的标签。11 月 8 日，中国证监会副主席姚刚表示，证监会不会通过行政手段干预创业板的发行价格，不会再回到行政干预价格的时代，但将加强对超募资金的监管，并防范创业板股票的过度炒作。

笔者非常支持市场化的做法，同样认为市场化应该坚持到底，而不是坚持半吊子的市场化，给某些人输送利益。如果市场给予高价，管理层要做的是增加市场供应，使真正的创业板能够上市，由于资金充盈而上市公司少，创业板首批上市企业就有食利企业的嫌疑。另外，对于摘桃子的所谓“风投”长沙鑫奥和深圳杭福创投、九鼎投资、达晨风投、金石投资，难道也是市场行为吗？

我们要追问的是，市场行为与利益输送之间的界限到底在哪里？

纳斯达克的市场波动很大，但并不妨碍其成为成功的市场。但我国创业板现有股票基本是处于行业成熟期的个股，许多股票和中小板股没什么区别，但估值已远远高于中小板，从这方面来讲，股价已没有任何吸引力。因此，我国创业板价格震荡恐怕主要不是成长型企业高风险的反应，而是估值体系错乱、操作资金疯狂的典型现象。我们在主板市场之初、中小板上市之初，都已经看到疯狂的炒作。创业板的价格并不新鲜。

创业板一周，给市场留下的是以下几根需要收拾的鸡毛。

第一根鸡毛，暴涨暴跌。以收盘价计，上市第一周，套牢近 300 亿的资金，总市值蒸发 160 亿。如果以上市首日最高价计算，创业板上市首日最高市值为 1942.35 亿元，6 天下来，总市值最多蒸发了 702.76 亿元。10 月 9 日，创业板延续跌势，共计 6 只股上涨，22 只股下跌。如果创业板延袭中小板的传统，情况就会变得相当可怕。统计数据显示，中小板的 8 只新股平均耗时 569 个交易日才解套，解套时间最长的达 707 个交易日，最短的也要 431 个交易日。

第二根鸡毛，庄家操作手法凶猛。上市首日价格直接打至一倍左右，诱使散户高位接盘。据《北京商报》披露，创业板一周的交易信息显示，多数股票的大卖盘背后，都隐藏着一个大买盘。以特锐德为例，主力追踪信息显示，11 月 3 日进入该股卖单前五的营业部中，有 4 家同时伴有大埋单，这 4 家营业部虽然当日合计卖出约 1800 万元，但同时也合计买入了约 647 万元。而特锐德的这种情况仅仅只是创业板 28 只股票中的一例，其他的股票也大都存在这种现象。这种手法是主力在对倒拉高出货的典型手法。创业板股票在面临着大额抛单的情况下，之所以没有出现像人们事先预料中的大幅下跌，很可能和主力的这种出货手法有关。

第三根鸡毛，创业板给拥有原始股权与市场操纵者造成了暴发的机会。现在排名亿万富翁意义不大，谁也不知道半年、一年后退市之时创业板市场究竟如何。

创业板上市之初的一周，是疯狂的一周，是博傻的一周，是血腥的一周。令人高兴的是，多数二级市场的投资者保持了足够的理性，这从以下数据就可见一斑：创业板上市首日，共有 25.26 万个人投资者账户买入了创业板新股，占当天创业板股票交易量的比例达到 97.37%。但笔者认为，除了个别追高者之外，大部分属于嗞血游资，绝大部分中小投资者保持着足够的理性。大概有 960 万户投资者开立了创业板账户，而实际参加创业板二级市场交易的有 92 万户，约占开户数的一成。首日直接拉涨停，这种手法绝不是分散的中小投资者能够做得到的。创业板市场机构主攻的是一级市场，绝大多数中小投资者冷眼观望，根本不参予。真正深入其中的是凶悍的游资，以及不谙世事或风险偏好较高的少数股民。不要把游资的操作栽赃到中小投资者的头上。

没有人反对中国创业板走市场化，事实上，包括笔者在内的人反对的是，披着市场化的外衣作践市场，让市场化成为权贵的乐园。现在整个市场似乎是鸡同鸭讲，投资者认为市盈率过高，实际上是反对市场化定价机制的扭曲，但监管层却以市场化定价机制相对应；投资者质疑权贵市场利益输送，证监会副主席姚刚先生却回应，创业板上市后的大幅增值并非“一夜暴富”，这种激励机制鼓励人们努力创业。对不起，监管层真的以为所有的人都有红眼病吗？请问他们怎么解释创业板中的异常红利，这种解释他们自己相信吗？能够问心无愧吗？就不怕搞臭了真正的市场吗？

为了解决超募问题，有人甚至建议像国外可以通过存量发行，就是发行一部分新股筹一部分钱，同时卖掉一部分老股。这实在是一个馊到不能再馊的主意，那些股权投资者上市就能获得真金白银的收益，还可以打法律擦边球自然人股东一分钱不纳税。世界上没有比这更快的暴富途径了，希望管理层能够保持最后的清醒，坚定地拒绝利益阶层的游说。（2009 年 11 月 10 日）

【大盘股】

为何急于先发大盘股?

一片花团锦簇的 A 股市场突然受到重磅负面消息打压：银监会主席刘明康提醒要警惕资产泡沫；证监会发行部副主任王林表示，主板 IPO 重启会先于创业板股票上市，市场风传中国建筑与成渝高速最快将于本周末拿到上市批文；曾被吹嘘为对市场毫无负面影响的大小非凶猛减持让，普通投资者惶惶不可终日。

与此形成鲜明对比的是，国际投资者对于新兴市场尤其是中国股市的吹捧达到声嘶力竭的程度。其中以摩根大通为代表，旗下经济学家龚方雄称，与有些国家股市上涨 50% 相比，“A 股已经远远跑输了”。旗下亚洲和新兴市场首席分析师阿德利安·莫爱德（Adrian Mowat）声称，摩根士丹利资本国际（MSCI）新兴市场指数在以后将牛气冲天，“在未来4–5年中有望较去年10月的低点上涨400%”。新兴市场之父墨比尔斯表示，最遗憾是没有更早投资新兴市场。

为什么要提醒资本市场泡沫？为什么要新股IPO先于创业板？为什么要先发大盘股？只有从战略高度才能看清楚。

国际资金大量聚集，新兴市场资产泡沫初起。上周花旗发表研究报告，称“以每周平均资金流入（新兴市场）对比资产规模而言，现在强劲的程度与2006年期间相同”，这次泡沫比2006年更严重，因为目前亚洲等新兴市场GDP增长远低于2006年。

由于A股市场相对封闭，香港成为热钱丛集地，通过香港市场叩开中国资本市场大门是首选。法国巴黎资产管理亚洲董事总经理林忠汉表示，在过去6至9个月期间，录得数十亿美元资金流入旗下的亚洲区货币市场基金，当中至少有20%至30%资金流入香港。5月，港股市值暴涨2万亿港元，平摊到全港约200万股民身上，账面上每人净赚100万港元，A股与H股溢价创年来最低，香港分析师称钱浸脚面。

中国继续推高资产泡沫会危及自身利益。已经有学者提醒决策者注意历史，20世纪90年代初国际资金热炒新兴市场，最后美国靠网络生产力提振美元，国际资金得利后掉头而去，造成东亚金融危机，给亚洲留下一地鸡毛。

资产泡沫的负面影响从中铝并购失败可以看出来，中国需求开始反噬自己利益，当中国投资、收储推高全球固定资产价格时，中国低价出海并购的战略受到严重挑战。资产泡沫一方面支撑了投资者虚高的信心，另一方面让中国成为泡沫埋单者。

资产泡沫过大，又要维持中美之间的汇率平衡，中国政府就必须降息，或者加大对通胀的容忍度，对于已经受到通胀预期煎熬、为高房价所苦的中国经济、中国消费者绝对不是什么好事。痛定思痛，政府通过加快大盘股 IPO 的方式，改弦更张。

此时要去除泡沫，最好的办法不是人为刺破，而是发行大盘股，吸引更多的资金为我所用，通过扩大市场容易降低市盈率水位。一来满足国内融资资金需求，二来做大市场容量，以便将来可以吸纳更多的资金，三来不会影响投资者信心。

目前估值已经高高在上的中小盘股与容量不大的创业板不可能起到消除泡沫的作用。从估值结构看，当前大盘股 PE 在 20 倍左右，低于历史中值 25.84 倍；中盘股的 PE 在 39.15 倍，接近历史中值 40.76 倍的水平——未来市场成长空间在哪里一目了然。事实上，从 5 月份开始，大盘股的表现就好于中小盘股，大盘股将被人为保持在历史中值位置，以维持市场的稳定，保证泡沫在可接受的范围之内。

发行中国建筑与成渝高速，还能起到间接刺激投资、拉动 GDP 的效果。中国建筑主营业务主要包括房屋建筑工程、房地产开发与投资、基础设施建设与投资和设计勘察等四大部分，这两个上市公司可以保障中国大面积的保障房建设，为四川经济恢复添砖加瓦。

值得关注的是，中国建筑与成渝高速都有红筹股回归的概念，决策层希望达到通过红筹股沟通香港与内地资本市场，既能够让国际资金为我所用，又能够通过相对封闭的 A 股市场充分消化国际资金。

投资者必须注意，目前市场目标与博弈对象已经改变，如果说从去年 11 月份开始主要经济任务是防紧缩、保增长的话，那现在就是在保增长与控制泡沫之间取得均衡；从去年 11 月份开始向国内投资者的信心喊话，目前转移到国际投资者身上。

市场并不是毫无运作空间，鉴于机构投资者重仓在某些上市公司，没有来得及撤退，机构投资者必须通过震荡上升保全收益，机构投资者的利多报告将层出不穷。战略上做多蓝筹股，个别股票的上涨还在资金流向上。（2009 年 6 月 13 日）

大盘股“准破发”是好事

2009年以来发行的市值超过80亿元的4只大盘股，全部在破发边缘徘徊。打新成功的招商证券投资者，恐怕会感觉鸡肋在口。

这似乎给管理层所说的市场化发行可以消灭一级市场溢价增加了强有力的理由。看看，只有按照步骤逐渐发行，一、二级市场差价缩小，打新者就会尝到苦头，股市一级市场的高额溢价也就不存在了。

这个推断刚好给我们的非市场化发行做了注脚。如果股市进行市场化发行，那么所谓的一级市场红利就是无本之木，打新者与保荐商都会面临上市公司破发风险，如此一来，投行与投资者对上市公司的鉴别能力才能水落石出。想想看，在目前行政主导的发行体制下，大盘股都面临着破发的风险，一旦进行市场化发行，那破发的风险会有多高？有关方面应该更市场化一些。

一级市场是可以人为制造溢价的，即便目前四只大盘股面临破发，仍然不足以说明一级市场不存在人为溢价。

制造溢价的手段很简单，就是在货币宽松时期有意减少发行量，造成市场恐慌性抢购，如此一来，所有的投资品不管是垃圾还是黄金都能卖出黄金价。这些上市之初雄心万丈、上市之后半死不活的大盘股，就是遇上了货币发行大量增加的好时候。现在投资者耳熟能详的M1、M2金叉，就是投资者常用的货币泡沫化指标，只要M1上升穿过M2，大部分投资者就会放心大胆地买入房产、股票等种种资产。

德国股神安德烈·科斯托拉尼屡次提到过法郎危机，就是货币贬值预期下投资者的疯狂举动。1924年在银行家的带领下，整个欧洲投资者对巨额赤字、经济下行的法郎发起猛攻，从一战前的5法郎兑1美元，下降到1926年的28法郎兑1美元。在货币购买力下降之时，除了做空法郎外，另一宗大投机就是将法郎兑现为一切商品，葡萄酒、豪车到瓷器，总而言之，人们不愿意握有现金。最终，纽约的摩根银行为法兰西银行托了底，贷款 1 亿美元，让很多做空法郎的投资者倾家荡产。这与中国香港 1998 年的金融战争有得一比。

看看中国的地方债发行就可以看得出人为制造溢价的可能性。谁也不会认为，中国一些贫穷省份的地方债是高信用等级的资产，但其票面利率只有 1.6%–1.8%，这就是人为制造的结果。

为了应对泛滥的流动性，监管层加大了融资与再融资的审批速度。

据证监会发布的最新数据显示，前 10 个月 A 股的首发（IPO）融资规模为 1118.23 亿元，再融资规模为 1933 亿元。从 IPO 融资规模看，今年前 10 个月的规模已经超过 2008 年全年的规模，而再融资规模则暂时略逊于去年全年规模。值得注意的是，由于暂停发行新股，2008 年 8 月底到 2009 年 7 月底之间 A 股市场没有任何 IPO 融资行为。截至 10 月底，今年 A 股的 IPO 融资实际上只进行了 4 个月，4 个月的 IPO 就超过了去年 8 个月之和，居全球首位。A 股的再融资规模增长更为迅速。前 10 个月 A 股再融资规模达到 1933 亿元，其中通过增发的再融资规模是 1863.36 亿元，配股融资 23.09 亿元，可转债融资 46.61 亿元。

想想看，为什么货币发行量如此之高，但上综指还在狭小区间内摆动？答案是融资、再融资功不可没。

硬币的另一面是，中国货币发行量大增，下半年货币发行量下降但货币乘数上升，导致基础货币发行量居高不下。

原国家统计局局长李德水表示，三季度中国外汇储备增加了 1410 亿美元，而外贸顺差加上 FDI 仅仅 600 亿，还有 810 亿美元跟外贸和外商直接投资毫无关系。他认为："这 810 亿是要由央行发行基础货币的，初步测算 810 亿相当于增强货币供应量 27000 亿左右。而中国 4 到 10 月贷款才增长 15500 亿，这些热钱主要进入资产领域，必须警惕热钱大量流入中国推高资产价格。”而央行行长周小川在“2009 全球 CEO 年会”上表示，如果利率尤其是存款利率压得过低，就会减少金融机构向实体经济进行服务的压力。

股市连续上涨主要是资金。另一个数据可以显示市场炒作之疯狂，以小盘股为主的深证综指挑战 1200 点，并以连续 14 个交易日上涨创下新的连涨记录。而创业板板块则全面上涨，8 月以来，小盘股跑赢大盘股 27%！小盘股乱炒而大蓝筹不动，只能说明市场进入博傻期，资金无法支撑大盘股向上，这也是大盘股准破发的一大原因。

招商证券等大盘股接近破发是好事，只要上市能够市场化，那些进行 PE 式利益输送的人也就失去了容身之地。（2009 年 11 月 21 日）

第三章 CHAPTER 03 | 煎熬时代（2010–2011 漫长滞涨）

岁月你别催
该来的我不推
该还的还 该给的我给

岁月你别催
走远的我不追
我不过是想弄清原委

——《给自己的歌》李宗盛

2010 年：另类牛市　IPO 大潮之年

【看时局】

A 股下挫不可怕

根据彭博社的统计，从年初到 5 月 19 日，沪综指以跌幅 22.7%，排名倒数第九位。在其追踪的全球 93 个主要市场中，A 股表现不尽如人意，一度与最差的雅典证券交易所综合指数为伍。

看上去不可思议，中国作为复苏较快的全球最大新兴市场经济体，居然与主权债务缠身的希腊跌幅相近。如果按照目前动辄 3% 以上的股市单日跌幅，或者将所有的非流通股部分全都计算在内，A 股立马会成为全球最熊股市。

A 股成为全球最熊股市并不可怕，只是一个正常的价值回归过程。今年 A 股下跌有两大因素，一是填补去年的金融、地产等股留下的泡沫，二是挤掉去年下半年以来的中小板、创业板估值泡沫。

前者是中国经济转型必须付出的代价，中国经济结构转型将从外需经济转向内需经济、从高碳经济转向低碳经济、从低端制造业转向高端制造业、从传统产业转向传统与新兴产业全面、均衡发展。翻译成股市的语言，就是以往享受高估值的传统产业将走向价值回归之路，这些产业的低估将是长期态势，将股市未来的希望寄托于高碳、高污染等领域，将是中国投资者的悲哀。事实上，这些行业的低估值，正是中国经济的未来希望，正因为这些产业比重逐渐下降，中国低碳经济、新兴制造业的比重才能相对上升。

而一些所谓被低估的行业是假象。以银行股为例，现在便宜到一斤大蒜就能够买一股中国银行股龙头工行股，让人匪夷所思。但仔细想来未必如此。表面看来，银行股估值过低，据 Wind 数据显示，银行类个股一季度整体加权市盈率为 11.04 倍，处于申万二级行业市盈率排名的第一位。从历史的角度看，以 2009 年年报为基准计算银行类最新静态市盈率为 11.92 倍，与 2006 与 2007 年的 21.51 倍和 33.12 倍不可同日而语，较 2008 年市场大跌后年底 10.05 倍的市盈率也仅有 1.87 的微弱差距，可以看出银行类个股目前处于估值的历史低位区间。

但是，上市银行存在天然缺陷：一是股本过大，缺乏成长与想象的空间；二是分红等受到严格限制；三是去年信贷过量今年必须补充资本金；四是去年贷款需要拆包见解，重新鉴定风险，有可能要增加拨备。以工行为例，就有几重折价。工行有 3340 多亿股，绝大部分已经流通。从绝大部分不流通到绝大部分流通，就需要一重折价；从去年的信贷激增到今年的信贷受控是双重折价；消化再融资的恐惧是三重折价。5 月 18 日召开的中国工商银行 2009 年度股东大会上，股东通过了董事会提交的关于发行 H 股股份和 A 股可转债一般性授权的议案。该行 A 股再融资方案确定为发行不超过 250 亿元可转债，而 H 股融资方案尚未确定，此方案试图将市场的负面影响控制在最低限度，但风险还没有过去，更不必说，箭在弦上的农行上市对于所有的银行类股都是一重折价因素。

另一方面，低碳经济与高科技、成长性企业虽然受到热捧，但去年上市的中小板、创业板企业发行市盈率过高，透支了公司的未来成长空间，不能想象如海普瑞等企业需要 70 多年才能收回成本，目前还能有继续推高的可能。因此，前期被高估的成长性企业在大盘的拖累下，走上价值回归之旅，这是市场理性复苏的表现，只有腾出空间，才能有更好的发展，才能给无数成长性企业带个好头。

成长性企业价值回归是短期之事，未来仍有广阔的前景，而传统高碳产业价格下挫，则是长期的，是中国经济结构转型的表现。

无论如何，中国经济结构在深入调整，目前市场的理性是为未来的经济发展、股市发展积蓄能量。投资者不必在意股指，中国经济能量仍在，选择被低估的有价值的个股，才是王道。（2010 年 5 月 21 日）

股市大震荡，经济转型漫长而痛苦

对于中国经济结构调整持过于乐观的态度，将受到市场的打击。

中国经济结构正处于深度调整期，地产、银行板块下挫，而新兴行业尚未跟上，商业伦理并未建立。

以银行板块而论，上市银行估值低到不可思议，仿佛一夜之间，银行股成为市场弃儿。为什么投资者集体抛弃银行股？根据 Wind 统计，目前 A 股银行股的加权平均市盈率为 9 倍，处于 1996 年以来的最低位，低于次贷危机发生后市场最悲观时的水平。A 股银行股加权平均 PB 为 1.86 倍，为 1996 年以来最次低位，略高于 2008 年最悲观时的 1.85 倍。截至 5 月末，由于金融、地产等权重板块的持续下滑，两大指数成分股整体静态市盈率均低于 1664 点，分别仅为 18.83 倍和 17.63 倍，沪深 300 成分股整体估值甚至同比整体下降超过 13%。

从资本市场的表现来看，中国金融机构、地产公司正在经历危机。绝不仅仅因为市场对于再融资、对于房地产新政的恐慌，而是因为，信贷将继续紧缩，这两年银行将处于下行周期，赢利下降、不良贷款上升、为了补充资本会源源不断地向资本市场索取资金。虽然现实情况是，A 股市场银行股赢利上升，现金分红收益率达到较高水平，工建中交四大银行 2010 年预期现金分红收益率达到或接近历史最高值。

银行股的投资窗口在刚在 A 股市场上市之时，他们被剥离了不良贷款，一身轻松地到市场圈钱，但现在他们由于过度信贷需要再融资，显示出这些金融机构疲弱的竞争力，对政策百依百顺之后无所适从。鉴于中国大型企业非流通股居多、成本畸低的股权结构，这些公司的分红不会给普通投资者带来多大好处，而再融资则会造成实实在在的财富剥夺。

中国证券投资者集体抛弃银行股反映了市场对于未来货币流动性的悲观情绪。

面对如惊弓之鸟的证券市场，银行还是毫不犹豫地宣布再融资，而监管层为了尽快化解银行风险，批准了银行的再融资计划。5 月 27 日，中国证监会批准交通银行再融资申请，允许交行在上海和香港通过配股筹资不超过人民币 420 亿元。而在 5 天前，证监会批准中国银行发行 400 亿元 A 股可转债。

今年全国两会期间，民生银行董事长董文标表示："再融资的事现在想都不要想，想都丢人，我们怎么张得开口。"只要有人接盘，融资再融资就说不上是丢脸还是光荣。董文标先生说的丢人是指银行的赢利模式丢人，基本上走的是赢利靠信贷扩张、存贷差，增长靠规模扩张、风险靠资本市场与政府救助的路子。

地产股同样如此，有人认为地产股已到底部，地产股不是到底部的问题，而是面临从此重新估值的问题，以土地与高房价换高估值一去不复返。

房地产改革是中国经济改革的主战场，笔者说过，房地产改革不成功便成仁。在房地产市场起码体现了三大改革方向，第一，中国 GDP、内需与政府财力的增长不再依靠房地产，而是靠转型的工业；第二，伴随上述改革，房地产税费改革成为中国税费改革的重要组成部分，房产税尽早会出台，迟出不如早出；第三，未来中国经济走出砖头水泥城堡之后，房地产的估值将从投资品转向投资与消费品估值体系，从市梦率的概念估值走向收入、性价比估值。

令人失望的是，似乎新经济并不能担纲证券市场主角，少数的几家优质创业板上市公司股价被炒上天，估值需要随着紧缩的货币找到自己的底部。而一些新能源、高科技企业的丑闻蠢蠢欲动，如重新 IPO 的某 IT 公司，在第一次上市前夕，公司发布公告，披露公司自查发现，已经失效的专利多达 12 个，其中有 6 个专利经国家知识产权局网站检索，其法律状态已处于终止状态，另外 6 个专利尽管检索结果仍为授权，但已分别自 2008 年和 2009 年开始不再进行后续的缴费维护，应已失效。此外，还有 6 个在审的发明专利申请发生变化，其中 2 个已取得授权，另外 4 个受理阶段为实审，但招股意向书却分别披露为实审和受理。如此大的差错，该公司上市之后是否在 IT 方面具有核心竞争力？

制造业转型是中国经济所亟需，但美的紫砂锅事件暴露出某些大型制造企业为争夺市场份额不择手段，他们的商业信用与商业伦理观念脆如薄纸。

证券市场的震荡是中国经济结构转型的预演，应该对转型的漫长与痛苦有充分的心理准备，短暂的反弹无法将虚幻的市梦率、中国经济未来三十年的增长注入实体经济。虽然痛苦，但国人有必要密切关注、迎接这次转型，这是中国未来三十年改革、发展的根基。（2010 年 6 月 3 日）

3000 点争夺战

2010 年 6 月 29 日，证券市场大跌。

证券市场长期胶着反应了实体经济转型的无力。

美国证券市场完整地诠释了股市是经济晴雨表的含义。道琼斯指数围绕 1000 点争夺了 17 年。1966 年 1 月 18 日，道指盘中最高触及 1000.50 点，直到 1982 年 12 月，才成功翻越 1000 点一直保持。其中 1972 年和 1976 年，道指突破千点全部回落。

另一场惨烈的道指万点争夺战从 1999 年延续至今。自 1999 年 3 月 16 日首次盘中触及 10000 点以来，道指先后 63 次突破然后跌破这一关口。6 月 29 日，道指报收于 10138.52 点，仍在万点之间打转。道琼斯指数万点争夺战远未结束。

证券市场的点位争夺战是实体经济与货币找不到方向的标志。道指千点徘徊的期间内，面临一系列严峻的经济与货币转型挑战：布雷顿森林体系崩溃，脱离黄金锚的美元开始寻找新的方向；金融生产力尚未发端，实体经济处于滞胀期，卡特总统离任时，美国 CPI 增长率是 13%，失业率将近 8%，利息率超过 20%，美国数位总统不得不用行政手段控制物价，却一直无法收效。与此同时，几次石油金融战争与军事战争开始，油价扶摇直上，加剧了全球企业的成本压力，让美国这个车轮上的国家摇摇欲坠。

万点争夺战的背景则是，美国科网泡沫崩溃，找不到新的经济增长点，原有的强生、可口可乐等大笨象股守成有余，成长性不足，依靠金融股最终被证明依靠了冰山。到现在为止，美国依然没有找到新的经济增长点，IT 生产力与金融生产力逐渐消失，而绿色生产力远未跟上。因此，股市有时看似找到了突破口，但很快被证明是概念炒作。

中国围绕 3000 点的争夺战将维持数年，因为中国经济结构的转型将十分困难，维持数年。

与美国不同的是，中国与东亚、拉美一样是政府主导型经济，投资率极高，以出口完成工业化的过程，也即我们熟悉的倾全民之力的经济发展模式。这一模式并没有特殊之处，各欠发达经济体如苏联、20 世纪的巴西、阿根廷等无不采用这一模式。这一模式的转折的标志是，出口空间急剧缩减，投资边际效率递减，政府财政负担增加。

中国尚未完成工业化与城市化，目前的投资与出口主导型经济已经遭遇前所未有的挑战。出口成本增加、各国针对中国产品的壁垒有增无减。与此同时，我国的投资效率急剧下降，单位 GDP 资金需求量达到开放初期的 5 倍左右，由此造成的后果是，财政收入上升，而政府的财政平衡越来越差。

从 1950 年到 2010 年，我国财政收入 60 年间增长接近 1000 倍。2002 年我们还是 1.9 万亿，去年达到 6 万多亿，今年又有望超过 8 万亿，今年前五个月的财政收入已达到 35470 亿，比去年同期增加了 8362 亿，增长幅度高达 30.8%，这一数字比去年前 6 个月的收入还要多两千亿。此时有必要实行国民收入倍增计划，给实体企业减负，以鼓励民间投资。两难的是，政府既不敢减息也不敢给企业减负，以往投资项目与急剧扩张的企业需要大量资金，地方债务与社会保障所需的资金缺口动辄以万亿计。

中国的生产率增长下降，改革三十年我国的 GDP 实际增长年均在 9.8%，全要素生产率一度在 2.5%，但据张军等人的测算，在世纪之交为负值，此后上升乏力。无论是物联网、IT 产业还是结构改进都促进了中国生产率的提高，但问题在于，中国的大型企业的生产率上升有限，而对资金的渴求无限。

在资本市场上，地方财政、国企解困、权贵获利等目标遮蔽了市场的成长前景。创业板中的中小企业被作为高科技与成长型企业的代表，获得了高额溢价，但资本市场无法筛选出具有长期增长潜力的企业，也无法抵御类似于中石油、农行等巨无霸公司上市的冲击，导致整体估值重心下移。赢利公司的利好被庞大的融资需求稀释，财富转移到了特定的投资者手中。所谓利好、新经济增长点，硬生生被从上到下的投机者炒作成了一日游的热点板块。

整个证券市场评价体系混乱不堪，成长型企业与高科技成为炒作的概念，昙花一现即告湮灭。据朋友告知，一些鱼目混珠的企业在获准上市后高管坐地相拥喜极而泣，他们终于获得了一张圈钱的专业牌照。

伴随着经济结构的调整，中国经济需要一场市场化的深入洗礼，目前能够做的是发布文件显示对于市场主体的尊重，却未真正落实到激励机制的改进上。

对于 A 股市场未来，不需要过分悲观，但中国经济这辆马车的转型将非常缓慢，如果三年能够转型成功、大型企业的融资需求被消化，已经是上上大吉。

从 6000 点下来后，中国证券市场进入回归之旅，将在 2000 点到 3000 点之间徘徊。（2010 年 6 月 30 日）

股市下挫有意为之

中国股市到目前为止的走势超出绝大多数预言家的预料。

截至 7 月 6 日，沪综指收报 2363.948 点，跌 18.953 点，下跌 0.8%；沪市 A 股成交额为 428.7 亿元人民币，创下一年半来新低。

好吧，股市上充斥了失败的预言家，他们根据以往的股市推断出未来的股市。实证研究已经证明，所谓的预言，不过是以往股市的镜像，意义不大。

我们可以举出无数的看空理由，如资金紧缩；如人民币重启汇率改革后，贬值预期冲销了升值预期；如采购经理人指数出现环比下降，我国6月PMI指数为52.1%，连续两月下降，环比降幅创历史新高；订单指数和生产指数双双下滑，这说明，终端需求的萎缩已传导至生产。另外，就是监管层不识时务地推出了股指期货，让做空获利者在市场兴风作浪。

上述分析只不过是寻找心理安慰，对看清日后的市场走向毫无用处。到目前为止，股市下挫基本属于有意为之，是为了在通胀、通缩、人民币升值与贬值之间寻找平衡。

人民币重启汇率改革后，人民币大幅下挫了吗？刚好相反。从6月21日至7月2日，10个交易日上涨了0.824%，创出历史新高，快于上一轮。吊诡的是，我们没有看到随人民币升值而来的资产价格上升，无论是股市还是楼市，并且，人民币远期汇率成交价格并未走高，似乎国际投资者突然对中国经济失去了兴趣。7月5日，美元兑人民币一年期远期汇率为6.6735，此前最高为6月21日的6.5922；而在6月7日，还在6.8138的低位徘徊。可见，人民币升值受到了经济基本面与政策的抑制。

为了对冲通胀预期与升值预期，楼市受到较为严厉的调控，而股市则受到源源不断的融资再融资压力的稀释。决策者用资产在市场大量兑现的办法，换取了CPI与人民币汇率的平稳。

2010年再融资和解禁再创高峰，中行、汇金等再融资方案亦将陆续出台。本周有包括农行在内的9只新股密集发行，合计冻结资金将价超过1万亿。

谁说中国股市缺钱，从中国证券市场的融资能力就可以看出，虽然与2009年的信贷量无法相比，但中国证券市场的资金并不算过于紧张。今年上半年股市、债市直接融资总额达1.18万亿元，与去年同期相比增加3372亿元，增幅逾40%。尤其是证券市场，今年上半年IPO共募集资金 2132.28 亿元，超过去年重启 IPO 后 2021.96 亿元的规模；相比而言，债市相对平稳，半年实际融资金额 8603.05 亿元，与去年同期持平。

在 2010 年上半年发行的新股中，主板有 11 只，中小板 113 只，创业板 52 只。新股发行共募集资金 2132.28 亿元。募集资金超过百亿的仅有中国一重、中国西电、华泰证券，而 2009 年下半年仅有 6 只大盘股募资超过百亿。据香港普华永道预测，全年沪深股市 IPO 集资额或将达到 5000 亿元，位居全球第一。

再融资也不落后，除 IPO 之外，上半年共有 71 家上市公司选择通过增发新股的方式进行融资。其中，卧龙电器、华东数控、万向钱潮和赤天化四家公司公开发行，合计募集资金 43.78 亿元。其余 67 家公司则通过定向增发方式进行融资，增发合计募集资金 503.45 亿元。上半年配股实际融资的金额与增发基本相当，达 545.57 亿元。其中，交通银行、兴业银行和招商银行是配股大户，3 家公司实际融资金额均在 170 亿元以上。

这还不算完，三大行纷纷推出再融资计划，中行 6 月完成发行 A 股 400 亿元的可转债，暂时没有在 A 股再融资计划的承诺言犹在耳，就抛出了配股融资总额不超过 600 亿元的方案，引得工行等纷纷步其后尘。

就算央行发行的货币规模与去年一样庞大，如此的融资规模也只能保证市场紧平衡，更何况，今年货币发行量明显少于去年，市场下行在情理之中。

外资做空者与股指期货做空者乐得趁机渔利。由于不看好中国去年的货币泡沫，不看好投资性增长，类似于休·亨德利（Hugh Hendry）这样的对冲基金管理公司掌门人，开始以低价购入中国企业的信用违约互换合约，这种 CDS 产品押注中国经济下行，甚至崩溃。外资手上有的是子弹，因为他们借入的美元与日元都处于有始以来最低的利率水平。

几股力量在联合做空中国证券市场，圈钱者、投机者、害怕通胀者与试图维持资产价格平稳的中国调整经济结构者。（2010 年 7 月 8 日）

中级反弹难掩股市大风险

证券市场连涨两天，从技术上来说确实处于反弹区间，但以为中国股市就此进入牛市，实在是痴人说梦。

几大风险没有去除。

大企业资产兑现方兴未艾，圈钱加圈钱没完没了。从大局上来说，是做大资产池与市场容量迎接人民币资产项目的到来，从市场角度说，要在做大资产池之时通过蓝筹股获得厚利，难度等同于拔着头发离开地球。

农行刚上市，光大银行接踵而至。证监会发审委定于 7 月 26 日召开 2010 年第 112 次工作会议，审核中国光大银行股份有限公司的首发申请。据披露，光大银行计划先 A 后 H，通过 A 股市场筹资 200 亿元人民币。光大银行的上市说明大型企业资产兑现紧锣密鼓，无数排列等待上市兑现的企业，一眼望不到尽头。以今年的货币发行量，无法支持证券市场如此急速的融资速度。

企业资金渴求症没有缓解，光大银行上市补充资本金，希望补充的岂止光大一家，几乎所有的城商行都虎视眈眈。所有的地方国资委都在盘算着自己旗下企业的上市注资重组，与中国证券市场创设之初小国企上市圈钱相比，如同经历了规模更大的一个轮回。

值得担忧的并非大大小小的国企与戴着高科技帽子的企业想上市、想重组，而是这些企业能够获得积极的回应，显然证券市场的基本作用没有改变。在中小板与创业板中找到中国新经济、新管理机制的印迹，湮没在主板市场所谓蓝筹股的汪洋大海当中。

最近股市反弹，不仅因为吃饭行情恰好找到了低估值的技术理由，更因为市场资金略有宽松，一是因为社保与保险资金入市，二是因为进行了两个月的净投放。7 月 22 日，央行发行了 800 亿的 3 月期央票，并进行了 500 亿的正回购操作，再加上 7 月 20 日发行的 450 亿 1 年期央票，累计回笼资金 1750 亿元。本周的公开市场资金到期量为 740 亿元，所以实现资金净回笼 1010 亿元。但在之前八周，央行累计净投放 9570 亿元，充当了一回为农行上市保驾护航的无名英雄。

货币略有放松的短暂欢乐之后，市场必须面对滞胀的可能风险。

上海银行间同业拆借利率，3 个月及以下的短期拆借都处于下降通道，6 个月以上徘徊在高位。短拆利率下降说明近期资金宽松，但 6 个月以上处于高位说明市场有加息预期，未来的通胀预期不容小视。

在农产品价格上升之后，近期铁矿石、钢材价格回暖，7 月 21 日一天，50 多家钢企一天涨价百余次，在稳定货币与市场的呼声得到政策应和之后，似乎产能过剩一夜之间就消失了。房产税 2012 年征收的传闻，给市场打了另一针鸡血，有色金属、地产股上升。综上所述，这并不是个好兆头，说明市场在憧憬回到宽货币、高投资、高增长的时代。事实上，下半年中国的出口订单与投资令人担忧，根据调查，沿海地区的出口订单下降较快。

如果中国的经济结构不在这两年发生深刻变革，未来中国经济将陷入失去的三十年。毫无疑问，如果中国放松货币刺激经济，而不对暴利者征收利得税，坐视贫富差距继续扩张，未来两三年楼市与股市不是泡沫高涨的问题，而是哪一天崩盘的问题。

地方债务危机将在项目建成后营运之后的亏损中爆发。近日，深圳地铁集团董事长黄瑞向来视察的市人大代表抛出了一个令人震惊的数据：按照目前的运营情况，2012 年到 2016 年间深圳地铁折旧和利息将亏损 220 亿元。经济发达的深圳尚且如此，那些获批得到地铁建设权的 28 个城市又将如何？银行与城投公司亏损，现在可以在证券市场套现融资，如果民资虚弱不堪，由政府或者央行接盘，那就是不折不扣的通胀。中国的高铁技术与建设能力全球领先，但高铁的管理却行政色彩十足，形成了鲜明的对比。

证券市场进入痛苦的蛰伏期，等到失信者受到惩处，无处存身，而高效而诚信的市场化企业成为证券市场主导，那时再说大牛市不迟。无论是从市场角度，还是从基础看，中国的证券市场未来将大有希望，将不再让低效率企业横行。（2010 年 7 月 24 日）

股市如疯牛狂奔

疯狂的想象力赶不上疯狂的货币。

股市缺乏基本面支撑，听到宽松的货币政策就如吃了兴奋剂般不停上涨，这是一场地道的悲剧，但我们却在为这场悲剧欢欣鼓舞。周洛华先生最近在文章中严肃地发表自己的定论，这轮股市上涨抛弃了一切既有的成见，与基本面无关，也就不适用通胀无牛市。只要人民币兑美元汇率继续大幅上涨，中国就能够迎来因为疯狂而导致、因为全球货币秩序未能有效建构而导致的大牛市。

而笔者相信通胀无牛市，是基于对股市基本面分析的认可，如果抛弃基本面，市场就成为无根浮萍。

目前股市上涨是泛滥的纸币与不负责任的货币政策共同作用的结果。这再次印证了一点，股市的短期涨跌因素取决于流动性与短期业绩等因素，股市的长期波动与实体经济大周期密切相关。从短期看，疯狂的股市不可能成为经济的准确衡量指标，但从长期看，股市一定是先行指标。

从美国到日本无不如此。日经指数在 1990 年达到最高点 40000 点，随着日本泡沫经济的破灭，日经指数一路下跌到 2003 年最低的 7067 点，到 2010 年 10 月 15 日，收盘于 9500.25 点。在日本经济找到新的经济增长点之前，日经指数不可能收回失地。再看看 9 月 15 日日本政府与央行干预汇市之后的市场，从 9 月 15 日市场应声向上，但到 9 月 21 日就开始掉头向下，而后横盘整理。市场对于货币的刺激已经麻木了，就像一个深度吸毒者，无法对高强度毒品作出反应。

再来看道琼斯指数，根据可以查验得到的彭博社数据，20 世纪 70 年代，全球经济最糟糕，经历两次石油战争，美国高失业、高通胀，道琼斯指数基本不动，从 1975 年开始，美股逐渐恢复生气。但真正进入牛市的指数其实只有纳斯达克一家，标普 500 指数和道琼斯指数在此后长达 4 年的时间内，都是宽幅震荡的横盘走势。只有到 1982 年才开始发力向上，一发而不可收拾，突破 10000 点，到现在道琼斯还在 10000 点关口上下徘徊。到 10 月 14 日，道琼斯指数报收于 11096 点。资源股以埃克森美孚为例，处于一路上升阶段，但在 2002 年 10 月之前是小幅上升，只有到科网泡沫崩溃、格林斯潘玩弄利率于股掌之中，股价才大幅上升。可以看得出来，道琼斯指数基本是美国总体经济的忠实影像，而石油股与期货产品一样，金融属性更强，会随着金融杠杆的拉长而大幅上升。

只有高通胀，资产品价格上升还不至于疯狂；高通胀加上极度宽松的流动性与无限度的金融衍生品，资产品价格才会如疯牛狂奔。现在是货币驱动的价格上升期，但没有金融衍生品与杠杆助力，本轮股市上升与金融危机之前的疯狂无法相比。

全球货币疯狂的尽头是什么？或者是现有货币体系崩溃，如 1971 年布雷顿森林体系崩溃，或者是各方坐到谈判桌前，商量平衡共处的办法。

华盛顿的国际金融研究所预测，2010 和 2011 年期间，新兴经济体的资本净流入将超过 8000 亿美元，这些资本的流入国将大举进行干预，只是力度会日趋减弱。10 月 14 日凌晨，美联储公布了 9 月 21 日货币政策会议纪要，纪要显示，政策制定者认为“不久后”进一步放松政策可能是合适的；此外，美联储在 9 月的政策会议上连续第三次下调了美国经济的增长预期。

我们大致可以预测，只要中国拥有大把外汇储备，只要人民币还有上升的区间，对人民币汇率的压力将优先于货币制度的调整，只有等到中国货币彻底放松管制之后，欧美的压力才会下降。由此，资源类股有小幅上升的空间，为了缓解压力，中国政府会不断进行融资再融资。

另一个推测是，日元等货币兑美元汇率可能突破历史高位，印证这轮危机的烈度比广场协议之后更高，经济比当时更加动荡，市场更需要定海神针。（2010 年 10 月 15 日）

为什么此轮牛市不是真正的大牛市？

笔者认为此轮并非真正的大牛市，有人表示不认可，认为此轮疯牛为货币疯狂的结果，不可以按常理论。笔者认为常理是一切的指针，理由如下。

第一，任何一轮大牛市的到来都意味着实体经济效率的大提升与经济发展模式的转型，正如 19 世纪美国成为铁轨上的国家，而 20 世纪初美国成为轮子上的国家，到 20 世纪末美国成为互联网的发源地，改变了全球人的生活。

货币从来都是实体经济的弹药，而非实体经济本身。要论货币的发行量，近二十年来日本可谓独树一帜，但日本的资本市场并未因此而起步。中国的货币发行量多到如下山猛虎，如今已成尾大不掉之势。M2 占 GDP 的比例高达 200%，按照 17% 的规模，未来十年中国的 M2 将达到 400 万亿人民币以上，但此前中国证券市场的资金主要输血给了国有企业，使国有资产在市场兑现获得了高额溢价。

美国由于构成不同，M2 占 GDP 比例并不高，但衍生品市场却隐藏着疯狂的制泡机。到 2008 年底，美国仅衍生金融品的市值就高达 416 万亿美元，还有分别达几十万亿美元的贷款和债券。通过统一的清算行动化解，2008 年初曾组织了美国的几十家大银行联合清算 CDS（信用违约互换），结果是在总计 62 万亿美元的该类金融产品中仅清算了 12 万亿美元就搞不下去了，因为所需的代价与成本远远超过预测数据。这也是笔者根本不相信欧洲与中国的银行压力测试的原因之一，金融杠杆、信用体系崩溃之后的压力很难得到准确衡量，就像 CDS 一样。

日本在资产泡沫破灭后的 15 年中，总计处理掉了约 1.5 万亿美元的坏账，约占当时股市与地产总值的 10%。如果在总计 500 万亿美元左右的美国金融商品中有 5% 是坏账，达到 5 万亿美元，是目前美国广义货币 M2 的 2.8 倍。

货币的疯狂会导致市场的短期疯狂，但一个市场不可能长期靠吃兴奋剂为生。

第二，目前的货币激励机制是错误的。

一连串的错误激励机制酿就了今天的金融惨祸。此前美国通过国债贩卖与扩大信贷抵押消费取得资产负债表的平衡，房地产市场成为财富与消费之源，一些终日无所事事者借着美国房产梦的机会寅吃卯粮。

我们本来希望金融危机爆发后可以让全球贪婪的资本之胃警醒，但伯南克与奥巴马为了政治正确，却在错误的激励机制上越走越远。他们为降低房屋止赎率以庇护低收入阶层与负利率的方式，惩罚诚实的借贷者，惩罚真正的企业家。在目前的货币体制下，只有投机者才能如鱼得水，所有的人都会希望成为金融资本家。创造财富的人、具有创新能力的人固然可以在市场获得高额溢价，但是不守信用的、不思进取的、守着金矿的人却获利最多。

经常听到一个问题，为什么紫金矿业这样的企业可以大涨不止？难道他们无需为失信、对环境的破坏、对外无效投资付出代价？我只能遗憾地说，目前的激励机制就是错误的，这些企业只要想尽办法获得资源，就能够日进斗金。类似的还有铜业企业，他们的内部治理结构存在问题，却能够受到市场追捧。这不是投资者疯狂，而是市场激励机制发生了逆淘汰。

北京时间 11 月 9 日凌晨，黄金期货收盘突破每盎司 1400 美元大关，再创历史新高。这是个历史性时刻，说明黄金已经成为民众最大的避风港，说明全球投资者对于通货膨胀的预期已呈涛涛江水之势，不可遏止。显然这是因为市场的疯狂，也是纸币信用严重透支的反映。

笔者关注中国创业板，正是因为这个承载着创新梦想的板块正在逐步被异化成腐败者的乐园，一些公司顶着高科技的帽子其实在行商业地产获利之实。那些具有创新能力、产品质量与营销能力远远好于同侪者当然应该获得高溢价，但一年不到的风险投资与一年不到就辞职的高管鱼目混珠，这样的情况如果不能够通过制度得到及时纠正，创业板的前景就岌岌可危。

第三，中国证券市场的支柱是大型国企。大盘股面临多空双重力量的拉锯，偏多的因素是，有了三十年的改革财富打底，目前在资源、电信等行业的国企财大气粗，在高铁技术、新能源技术等方面有了赶超的能力，一些掌门人有远见有财力可以一掷千金发展高技术。但最大的利空因素是，国企的内部治理结构以及企业的制度架构仍然未能跟上市场的步伐。笔者对于央企的公司治理结构、对于国企体制抱有深刻的不信任，仅大型国企掌门人随时能够转身变成官员这一点，就可以说明国企内部职业经理阶层的匮乏。

全球经济处于前所未有的错误激励机制中，除非能够转变，否则必撞南墙。

既然是朋友，就意味着要捍卫对方说话的权利，和他心平气和探讨自己的观点。笔者的观点很明确，疯狂的市场可能促进市场如同牛市般大升，但没有实体经济做后盾，最终会徘徊不前。（2010 年 11 月 10 日）

通胀无牛市还是紧缩无牛市？

目前市场处于大震荡阶段。

笔者再提通胀无牛市后，接连看到两篇文章，一篇是高善文先生的《紧缩无牛市》，另一篇是金岩石先生的《通胀助燃牛市激情》。

通胀无牛市是从宏观经济角度着眼，有历史数据作为支撑。

无论是成本推动型还是消费推动型通胀，通胀的本质是货币发行量过高，企业无法消化成本上升的压力，只有加价把成本转嫁给消费者，企业不能全部转嫁成本，将导致赢利能力的下降。经济增速下降而通胀风险上升，说明“高增长、低通胀”的黄金时代即将过去，无法维持扩张性财政政策与宽松的货币政策。

日本、美国等嫁祸他国的量化宽松货币政策例外，日元与美国已经成为全球最主要的套利货币，日、美在经济不振期的宽松货币政策不可能提升经济，而只能促成全球资本与货币市场的局部泡沫，从长期来看，不可能让证券市场回到高位。虽然证券市场短期会大幅偏离实体经济，但从长期来看是实体经济的忠实拥趸。

美国、日本的股市就是实体经济的镜像。

从1896年5月26日，道琼斯工业指数被公布时的40.94点到1972年首破1000点，期间增长25倍。但围绕千点的争夺战长达17年，1966年1月18日，道指盘中最高触及1000.50点，直到1982年12月，才成功翻越1000点，并一直保持。其中1972年和1976年，道指突破千点全部回落。卡特总统离任时，美国CPI增长率是13%，失业率将近8%，利息率超过20%，美国数位总统不得不用行政手段控制物价，却一直无法收效。直到里根就任总统，进行全面改革——稳定货币供应、减轻税赋、缩减开支、改革国企——经济恰好告一段落，道指才开始进入新一轮波澜壮阔的大牛市阶段。

这轮牛市一直上升到10000点，互联网泡沫即将崩溃之前，1999年3月16日首次盘中触及10000点，此后道指将近70次突破然后跌破这一关口，目前在11187点，但我们绝对不能认定美国经济复苏、创新成功，一轮新的大牛市近在眼前。事实上，我们既没有看到新的货币体制，也没有看到新的足以成为经济发展引擎的创新行业。

日本同样如此。日本经济高速成长期酝酿了一轮前所未有的大牛市，从1970年到1989年，日经指数从1987点上升到38957点，但日本经济下挫、实行宽松的货币政策，日经指数没有随着货币的宽松而大幅上升，到目前为止，在10039点。

中国的证券市场同样是实体经济的反映。在改革开放的前三十年红利体现在股市之中，虽然股指处于轮回之中，十年一个周期，大致只上升700点，但规模不可同日而语，从20年前的老八股到目前A股市场将近 2000 家上市公司，从几亿市值到超过 GDP 的市值，我们不能抱怨股市，而只能抱怨分配制度，没有让大多数普通投资者享受到上涨的红利。我国市场规模扩张、不断套现、大小非等体制，注定普通投资者成为规模扩张的成本支付者。创业板推出未能改变大局，高高在上的市盈率、以及 PE 为首的利益链条的藏污纳垢，同样会让普通投资者支付成本。

通胀前期，货币宽松后遗症未显现、投资与消费节节上升，市场会有小幅上升，但这轮小幅并非大牛市的开端，而是前胀前期的幻影。而到通胀中后期，企业成本上升赢利下降，物价上升导致消费能力下降，政府不得不采取紧缩政策，痛苦阶段来临。

影响证券市场有几个重要变量，实体经济、货币政策、公司估值等。

高善文先生列举了几个变量：货币紧缩、信贷下降、投资与外需下降，他预计高通胀与低增长至少将延续至明年二季度。这恰恰说明了通胀中后期市场不会出现大牛市的理由，随着热钱与央行的政策，市场草木皆兵，处于不断洗牌震荡的过程中。除了没有提到市场估值之外，其他方面并无本质区别。

金岩石先生则认为，通胀本身不会制造牛市，但散户对通货膨胀的恐惧心理如火上浇油，会在已经点燃的牛市情绪上再加一把火，助燃牛市激情。前提是，已经是牛市。当前市场从 3000 点以下一路下滑、实体经济出现的通胀显示经济结构调整任重道远，不知牛市理由何在？如果说美国的消费略有上升，那也是美国也进入牛市，更何况美国的经济要短期脱困，恐怕只有上天才能拯救。

去年年初，2008 年最早宣布美国已陷入衰退的美联储官员、里奇蒙德联邦储备银行行长杰弗里·拉克尔（Jeffrey Lacker）表示，美国当前的经济衰退类似于 20 世纪 70 年代和 80 年代初的严重衰退，他相信美国 2009 年会出现小复苏与小反弹。

笔者相信中国经济仍有未来，但同样坚信结构转型与利益重组将十分艰辛，相信货币不是实体经济之母。

为此，笔者维持年中 A 股市场“3000 点争夺战”的观点：从 6000 点下来后，中国证券市场进入回归之旅，今年将在 2000 点到 3000 点之间徘徊，明年可能到达将近 4000 点，但大震荡格局不变。（2010 年 11 月 27 日）

中国证券市场二十年的奇迹是什么？

二十年来中国证券市场的奇迹是外延式增长极快、规模巨大，成为全球市场不可忽视的力量。奇迹存在软肋，制度积累的匮乏与信用体制、法律体制的滞后，使“证券巨人”大而不强。

中国证券市场的诞生是个奇迹。

20 世纪 90 年代初，建立证券市场的前提条件并不具备，市场信用匮乏、证券市场被消灭近半个世纪、发行证券的主体是效率令人怀疑的国有企业，债券市场未发展而先发证券。所有这一切，脱离了正常经济发展逻辑能够理解的范围。

证券市场挣脱一切枷锁脱颖而出，只有一个理由，经济改革遇到瓶颈，不得不改革融资体制。证券市场再次印证了中国改革的特色，任何重大改革都是形势倒逼的结果。在此，我们必须为改革者的勇气鼓掌，没有三十年前的经济改革，绝对不可能诞生中国的证券市场。

外延式增长奇迹可以通过数据得到印证。

据证监会披露的近十年的数据统计，从 2002 年到 2010 年 8 月，中国证券市场境内融资额达 2.7 万亿，其中 2007 年境内融资额近 8000 亿，创造了近十年的峰值。截至 2010 年 8 月，此数据已达 5735 亿元，比 2009 年全年的 4561 亿元高出 25.7%。截至 2009 年年底，沪深 A 股市场总市值为 24.27 万亿元人民币，超过日本，成为仅次于美国的全球第二大市值市场。

虽然与银行间接融资相比，我国的直接融资比例仍然较低，但发展速度并不慢。考虑到中国的货币发行规模，可以说我国的证券市场已经是超水准发挥。截至 2010 年 10 月中旬，A 股总市值占 GDP（2010 年预计）的比重约为 64%，在 2007 年 8 月超过了 GDP，证券化率在百分百以上。

二十年间，我国证券市场主板、中小板、创业板各色俱全，B 股、H 股、QFII、QDII 等基本俱备，未来推出国际板是大概率事件、加上正在主推的 OTC 市场，以及近年推出的股指期货等衍生品，我国证券市场各板块布局已经大致形成。

证券市场印证了中国速度。今后我国银行贷款下降，在证券市场、债券市场的衍生品增加，金融杠杆拉长，直接融资超过间接融资并不遥远。目前，我国房地产加证券市场的总市值已经超过了 GDP 总量，住宅类房地产的总市值已经接近于 GDP 的 3 倍，美国在次贷危机前这一比值为 2.69 倍，考虑到我国的广义货币发行量占 GDP 的比重已处于全球第一的位置，如果中国证券市场以及衍生品市场向美国看齐，则账面财富会膨胀到疯狂的地步。

就我国经济、通胀能够承受的程度而言，股市总市值与 GDP 相当，证券化率如此之高，说是奇迹毫不为过。此时要考虑的是制度的改革与经济结构的调整，一味追求数量并不可取。

外延式增长的奇迹，是总量增长的结果，并不意味着证券市场的制度建设、公司治理结构以及对中小投资者的公平保护与数量同步增长。正如实体经济，经济数量增长优先于质量，证券市场表现得十分充分。

证券市场立足根基还不够正。既然推出市场是倒逼的结果，就意味着在出生时市场就存在先天不足的缺陷，市场的定位充斥着为国企脱困、为政府减负服务的投机色彩。

作市场主体的企业必须为成本、收益负责，为改变计划体制由行政权分配资金、包揽市场的做法，从20世纪70年代末开始的拨改贷试点虽然是财政资金，但企业必须支付银行本息，如此一来银行的市场化才有了基础。但改革的巨大成本使企业、银行与政府不堪重负，20世纪80年代中期集体企业的公司债与股票成为拿来主义的最好样本。

证券市场的上市资源一旦可以变现，在促进经济发展的同时，很快成为一轮瓜分上市资源的盛宴，各个部委、各地方政府、各个行业的企业，纷纷使出浑身解数。一些劣质企业在剥离债务、优质资产集聚在一起，摇身变为上市公司，然后利用上市公司与母公司之间的脐带不断输血。脐带血如今还在发酵，表现形式主要是第N次的资产重组。虽然我国培育出了众多的市场中介机构，但市场企业主动结欢权力，说明市场的独立性非常欠缺。

制度软肋是各方不可承受之痛，正因为有制度软肋，我国第一代证券市场从业人士善始善终者极少，如尉文渊、阚治东等人，均成为建立制度根基的垫脚石，这何尝不是中国经济效率总体下降的重要原因？

到现在为止，上市资源仍然受到严格的行政控制，交易所的上市权被收归到统一的监管部门；缺乏退市机制，使上市资源成为永远可以被炒作的壳资源。连高成长、高风险的创业板退市机制都雷声大雨点小，遑论其他？并且，我国对于中小投资者的法律救济远远落后于数量的发展，无论是对境内投资者放开B股还是国有股减持，沉重地打击了普通投资者的信心，近几年制订一系列的法律、严查内幕交易将投资者利益放到了核心位置，令人遗憾的是，司法救济成本高昂，渠道并不通畅。

要上演中国未来三十年的证券市场奇迹，提高优胜劣汰的市场效率、执行一视同仁地保护投资者的规则、以债券品种为主建立基本的市场收益分析，是未来三大重点。（2010 年 11 月 5 日）

谁说 2010 年股市不牛？

2010 年，中国是另类牛市，牛气冲天主要表现在融资上。

根据 PE 与 VC 知名研究机构清科的最新统计数据，中国今年前 11 个月的 IPO 家数与融资额均占据全球半壁江山。1–11 月，共有 416 家中国企业在境内外上市，占全球总数的 61.4%；总融资额达 913.36 亿美元，占全球总融资额的 55.4%。

这并不是融资高峰的开始。2009 年 IPO 二季度末开闸后，企业上市回升势头明显，当年共有 176 家中国企业在境内外资本市场上市，合计融资额 546.50 亿美元，平均每家企业融资 3.11 亿美元，与 2008 年同期相比，上市数量增加 63 家，融资额则增加了 1.50 倍。

另据 Wind 数据显示，截至 12 月 16 日，A 股市场募集资金规模为 9346.44 亿元，除去募资费用，实际募资规模达到 9105.71 亿元。据统计，总募集资金的构成包括首发募资、增发募资和配股募资。由于 12 月底的两个星期中，A 股市场还有新股发行，据此估计，2010 年 A 股市场总募资规模约达 9400 亿元。此前最火爆的 2007 年的募资规模达到 7985.82 亿元，其次是 2009 年，募资规模为 5115.48 亿元，现在统统靠后。证监会的数据显示，从 2002 年到 2010 年 8 月，中国证券市场境内融资额达 2.7 万亿，2007 与 2010 年两年时间就占据了融资额的

58% 左右。

2007 年 10 月 16 日，沪指到达 6124 点，成为投资者心中甜蜜而惨痛的回忆。三年中，沪指经历了从 6124 点跌至 1664 点的痛苦，又在低位徘徊不前，2010 年 12 月 20 日，沪指收盘于 2852.92 点，指数被腰斩，大蓝筹股成为笼罩在市场顶部的阴云。

不仅融资，这两年的大小非与限售股解禁压力也非股改前可比，2010 年"大小非"解禁压力较 2009 年大为减弱，2907 亿股"大小限"股份取而代之。市场的流动性与投资者的真金白银使过渡期有惊无险。

换个角度看，上市企业与融资额居全球半壁江山，还抱怨什么沪综指指数低？事实上，融资额分散了股指的上升动力，如果今年没有增加如此多的融资数量，A 股必然突破 6124 点的高位。

指数会骗人。我国的上市公司越来越多，蓄水池越来越大，这些都无法反映在股市中，结构性投资机会同样没有反映在股市中。根据 Wind 数据，剔除 2007 年 10 月 16 日后上市新股，过去 3 年里上证指数尽管遭遇腰斩，但沪深两市有 669 只股票价格超越了 6124 点位，更有多达 141 只个股在此期间涨幅超过 1 倍。过去 3 年，A 股市场孕育了很多通过内生性增长方式发展起来的牛股。

我们不应苛责市场不反映蓝筹佳绩，而应醒悟目前的市场的低股指是人为调控的结果。

做大蓄水池，源源不断的上市压力将股指压在低位，信用泡沫只能在局部市场显形，这两年的情况不会有太大的变化。只不过随着中小板、创业板公司大规模上市，溢价可能略有走低。不过，这并不意味着流动性在减少，笔者早已说过，在信贷受到控制的时候，我们需要关注的是信托、银行间债券市场与企业债等数据，这意味着信贷之外的资金的活跃程度。

"末日博士"麦嘉华（Marc Faber）曾在年初预测中国经济将在 9–12

个月内崩溃，他的主要理由是通胀不可遏制，“通胀在全球各个地方的境况都非常危险，我和很多中国人交谈过。我的观点是中国的通胀每年都在 10% 左右”。而美国对冲基金经理吉姆·查诺斯（James Chanos）也是唱空中国的“领军人物”，他在年初曾经大声疾呼，中国房地产泡沫等于一千个迪拜，房地产如果下挫，银行业难以幸免。不过，唱空者最近向宽松的流动性投降，认为中国市场仍然会维持在高位，还没有到泡沫破灭之时。

中央经济工作会议明确提出，“要健全多层次资本市场体系，提高直接融资比重”。而央行行长周小川在莫名其妙地声称池子是指外汇储备之后，再次提到货币政策包含有资本市场的变量。

未来两年的另类牛市都会体现在流动性宽松下的融资量增长上，这是大势所趋。看清形势的投资者，需要做的是守住估值相对较低的、符合产业调整前景的高效企业，而对于决策层而言，公司从市场拿走如此多的真金白银，发行成本如此之高——首次发行费用高达 194.794 亿元，较 2007 年的 88.925 亿元暴增 120%——是否应该把“尊重普通投资者”的铭文，镌刻在证监会的墙上？（2010 年 12 月 21 日）

【创业板】

创业板疯涨不停

创业板疯涨不停是货币政策与金融衍生品共同推动的结果。

创业板疯狂。截至 4 月 1 日，主板 A 股、中小板动态市盈率分别为 26.62 倍、50.08 倍、84.90 倍。在现在的创业板赚钱，无异于火中取栗，但是敢于伸向火堆的手并不少。

创业板包括某些中小板股票之所以大涨，是享受了去年大规模发行货币的红利。去年中国货币宽松程度为三十年来所仅见。如夏斌所说，1993 年，中国 M2 增长率（37.3%）减去 CPI 增长率（14.7%）、减去 GDP 增长率（14%），这个差是 8.6%；2008 年，这个差是 2.4%，但到了 2009 年上半年，这个差是 21.4%。用货币平减指数对比，就可一目了然。

去年货币宽松导致资产价格大幅上升。房地产市场、债券市场和证券市场，全都如火烹油。证券市场主要表现在创业板与中小板，因为创业板与中小板的市场容量无法大幅深化，短期内不会受到融资、再融资等因素的困扰。而主板市场的再融资如同扩大了三分之一个市场。

今年的货币情况与去年相比，相对收紧，M2 的目标是 17%，信贷目标是 7.5 万亿元，对应的信贷增长率是 18.7%，可见仍然处于宽松的周期当中，泡沫不可能马上刺破。这从房地产价格 2 月份下降，3 月下旬开始重拾升势，疯狂上涨，可见一斑。

4 月 1 日、2 日两个交易日，创业板跑输主板，是否意味着创业板泡沫受到了有力的挤压？创业板泡沫是受了政策挤压，但不够有力。3 月 26 日，深交所发文提示投资者关注创业板风险；3 月 29 日，深交所急召创业板公司负责人赴京进行为期两天的业务指导。业内人士认为，目前正值上市公司年报密集发布期，深交所此举意在加强监管，规范上市公司年报披露真实性，保护投资者权益。深交所提醒投资者，高转增只是账面游戏，既无法提升上市公司业绩，也无法增厚投资者的收益。

创业板的“拆细法”让人联想到市场疯狂时基金拆细，每每拆到 1 元，基民们看着手中增长的基金份额非常满意，又前赴后继地杀入基金，直到被最终套牢，虽九死而犹未悔。不管拆细还是转增，投资者认账就表明市场资金过多，只有投资才能避免现金贬值，此时提醒、打压无济于事，只有坐等泡沫崩溃。

政策打压可以起到一定的效果，房地产市场年初成交量突降，就是各部门出台房地产紧缩政策的结果。但在 3 月份地王大量涌现、央企现金流曝光、货币政策大致尘埃落定之后，一些投资者做出通胀预期将继续上升的判断，果断地进入房地产市场，进行蝗虫过境般地恐慌性扫购，导致房价转头向上。如果货币与信贷情况不变，中小板与创业板会面临同样的情况，在短暂下跌后还会向上。

政策很明显在扶持主板市场，为什么投资者并不怎么领情？

首先，融资融券与股指期货是袖珍版，对于拉动大盘作用不大。从公布的信息看，3 月 31 日融资融券首日，两市的交易总量为 659 万元，仅为当日两市股票交易量的万分之 0.3；两市融资买入的资金总额高达融券卖出额的 69 倍。沪市融资共买入 586.6 万元，融券余量金额仅 2.4 万元；深市融资买入额仅为 68.5 万元，融券卖出量仅为 4000 股——纯属闹着玩。股指期货将于 4 月 16 日正式上市，表面上看，沪深 300 指数期货的上市将给大盘权重股带来机会，市场出现了风格转换的迹象，大盘蓝筹股跃跃欲试。但考虑到股指期货严格的限制，根本无法撬动大盘。我们不得不承认令人悲哀的事实，在 A 股市场没有庄家盘踞的股票，活跃度是不够的。

其次，管理层煞费苦心，将再融资对 A 股的影响降到最低。3 月 30 日，国务院正式批复银监会关于大型银行 2010 年补充资本的请示。至此，备受市场关注的大型商业银行再融资问题终于获得了高层的批复。中、工、建、交四家大型银行将按照“A 股筹集一点、信贷约束一点、H 股多解决一点、创新工具解决一点、老股东增加一点”的要求，采取符合各家银行自身特点的再融资方式。由于投资者对于再融资的预期依然不明朗，而大盘股业绩再好也如铁公鸡一毛不拔，转增拆细的空间较小，操纵的空间小等均阻碍了大盘股向上。

第三，今年的货币政策虽宽松，主流仍然是撤退，剩余的资金撬动不了大盘股，操纵创业板则绰绰有余。大盘股上涨，创业板与中小板未来空间更大。

爆炒之下，创业板与中小板泥沙滚滚：苏州恒久涉嫌欺诈上市，网宿科技完成上市便大幅提薪，业绩却大幅下滑；而中小板中的联信永益前公司董事长、总经理陈俭因为涉嫌单位行贿罪，已被公安机关刑事拘留，此时离联信永益上市仅仅只有 10 个交易日；江苏三友则爆出欺诈上市丑闻。

要让创业板停止疯狂，一是做大市场容量，尽快让有前景的成长型企业上市。中国 IT 企业就有十几万家，其他如连锁、生物制药等企业众多；二是征收资本利得税，如同房地产市场推出物业税；三是增加货币紧缩预期，同时改变大盘股铁公鸡的形象。（2010 年 4 月 3 日）

剥开创业板的三层画皮

2009 年 10 月，创业板推出，迄今 10 个月。截至 2010 年 8 月 20 日，创业板共有 106 只股，上市之快为中国证券市场罕见。

创业板是培育中国创新性成长型企业的温床，是中国后制造业、后房地产时代的希望所系。创业板是否存在创新泡沫、是否存在体制弊端，对创业板的剖析与反省是发展中国创新产业、培育中国市场经济的要务。

一年将到，回顾创业板，有三层画皮必须剥下。

首先，创业板的高溢价，并非基于高成长性，主要由宽松的货币流动性与上市资源被有意扼制所赐，随着两个前提条件丧失，创业板的估值溢价必然消退。

创业板大量超募，是资源错配与效率低下的体现。按照 Wind 的数据，在 8 月 20 日前上市的 103 家创业板合计超募资金 459.24 亿元，平均每家公司超募 4.46 亿元。管理层一夜暴富，导致买房买车、资金置换等行为层出不穷。这说明社会资源在高科技与成长性的幌子下进入少数几家创业板公司，而后回流到资本与货币市场，这是创业板的悲哀。

2010 年将有越来越多的公司在创业板上市，货币发行量下降，货币泡沫被强行挤出。按照央行的报告，今年 M2 维持在 17%，加上占信贷余额比达到 10% 左右银信理财产品被严厉监管，今明两年银行大规模增加信贷的空间不大。7 月份 M2 新增值从上月的 10570 亿元快速回落至 178 亿元，回落幅度很大，增量创 5 年新低，这与外汇占款减少、表外资产表内化有密切关系。同时也说明，资金推动的溢价水平将越来越低，最终回归均衡，与中小板看齐。

第二，一些公司高科技金漆剥落，业绩变脸，露出圈钱的本质。

业已上市的创业板公司大多属于高科技领域。在创业板的申报初期，为体现与中小板的差别，创业板审核部门就提出两方面的参考因素：一是行业，新能源、新材料、生物医药、电子信息、环保节能、现代服务等 6 个领域的企业，以及其他领域中成长性特别突出的企业；二是在技术业务模式上创新比较强、行业排名靠前、市场占有率比较高的企业。为此，在创业板开板初期申请的百余家企业中，电子信息、新材料、生物医药、现代服务业行业等占七成左右的比例。

但硬币的另一面是，即便是号称的高科技公司，也有很大一部分属于寄生于垄断企业的寄生公司。恒信移动和神州泰岳寄生在中国移动上，华伍股份寄生在振华重工上，可以看作是大型企业的关联钱袋子。

第三，上市之后，创业板上市前冲刺业绩的动力不再。

截至 8 月 18 日，已公布半年报的 56 家创业板公司，8 家公司业绩出现负增长，占比高达 15%，而华平股份净利润同比下降 76.6%，创下了已公布年报公司的最大降幅。业绩下降并非没有先兆。今年一季度，创业板整体净利润同比增长 27.32%，这一增幅不仅与去年全年增幅相比大幅缩水，与去年第四季度环比也下降了 29.81%。

由于创业板上市公司利润要求较高，与中小板看齐，过了早期发展阶段。这就导致创业板的成长性甚至不如中小板。中小板的中报业绩同比增长 125%，业绩远高于创业板的 42%。业绩中还加上了超募资金的利息、投资收入。截至 8 月 18 日，已公布中期财务数据的 56 家创业板公司上半年财务费用为 −3442.45 万元，而去年同期为 6588.72 万元。一负一正之间，单单是财务费用的节省开支就超过了亿元。国民技术上半年的利息收入达 458.12 万元，同比增加了 1916.66%。碧水源、奥克股份等公司的利息收入也有大幅增加。而华力创通上半年虽然仅盈利 1852.46 万元，但同期的利息收入高达 207.57 万元，占净利润的 11.21%。

第四，最大的风险是，创业板成为权贵造富的沃土。创新精神退却，圈钱劲头十足。

持股一年限制期眼看快到，大规模的解禁套现近在眼前。11 月 1 日起，创业板公司原始股东陆续解禁，据华泰联合证券一份研究报告，其解禁市值达到 422 亿，占创业板流通市值 827 亿的 51%。其中 11 月 1 日解禁股票最多达 316 亿，解禁占市值比达 38%。

在企业成长前提下的创富形成良好生态，但在创新精神消失的前提下的造富是对创业板存在合理性的致命打击。

随着一些机构投资者逃离创业板，市盈率从创业板开板初的 110 倍，到如今的 80 倍，国内知名的创投公司深圳达晨创业投资公司创始合伙人、董事长刘昼公开表示，估值将下降一半，到 30–50 倍。也许那时候在创业板中寻宝是不错的选择。

希望未来一年有更多的公司在创业板上市，创业板成为市场与法治的样板。（2010 年 8 月 24 日）

三类创业板蠹虫

创业板本应成为培育中国高新技术的沃土，但目前我国的创业板显然刺激了暴富梦，创业英雄虽然登场者人数寥寥，创业蠹虫却在前台张牙舞爪。

11 月 1 日，首批上市的 28 家创业板公司除宝德股份外的其他 27 家公司小非解禁。在解禁之时，首批创业板解禁数量为 11.94 亿股，是现有流通股数量的 1.17 倍，而解禁市值高达 300 多亿元，流通市值将增长一倍。

市场进入套现期，谁是享受者，谁是埋单者，哪些公司真正实现了创业者与投资者共赢，答案水落石出。客观冷静地评价创业板，才能让创业板获得收益。

创业板有三类蠹虫。

第一类是无风险投资之实而享受数倍无风险收益者。

如果说正常的风险投资收益将随着上市资源的增加而下降，PE 腐败则败坏了投资市场，用权力与公关能力直接掠夺市场。一年内半年内进入的风险投资机构都应该被刺上大大的红字，否则，用获得的数倍现金挖掘下一座金山，这些机构将成为资本市场最大的吸血鬼。媒体早已盘点在上市之前一年、半年入股的所谓风险投资机构。其中一些券商下属的投资公司引人瞩目，它们自投自保，形成一条龙的灰色交易。

风险投资机构是套现大户，风险投资应该获得收益，但过高的收益远超他们的付出，使实体企业家心灰意冷。现在实体企业家大多身兼实体与风险投资双职。

第二类是所获收入与公司业绩完全不成比者。

一些公司所获得的收益与付出完全不成正比，应该为不当之财脸红。据统计，在首批 28 家公司中，VC/PE 进驻的有 20 家，上市一年来无一破发，涨幅不小。排名不分先后的“英雄榜”如下，近水楼台先得月的深圳创新投在网宿科技的回报 5.54 倍，投资周期约 54 个月。达晨创投共有 4 笔投资，其中两笔投给网宿科技，总金额超过 3000 万，分别获得了 5.54 和 3.38 倍的回报。另外两笔，500 万投资于亿纬锂能，800 万投资于爱尔眼科，分别获得超过 7 倍和 10 倍的回报。按照发行价计算，金石投资和汇金立方资本在神州泰岳获得 4.39 倍的回报，复权后回报超过 10 倍。北陆药业给北京科技风险投资股份有限公司带来 19.45 倍的账面回报，莱美药业带来接近 15 倍的账面回报。

盘点一下这些公司的创新能力与业绩，一些公司并没有给中国的高新技术带来希望，风投与自然人股东的无风险套现是社会鼓励创新企业必须付出的成本。

网宿科技，被质疑业务门槛低、过于依赖大客户，其业绩充分证明了这一质疑的正确。2007、2008 两年，网宿科技的营业收入分别增长 73%、100%；净利润分别增长了 46%、57%。2009 年，公司实现营业总收入比上年同期增长 19.28%；营业利润同比减少 6.97%；净利润与上年同期相比增幅仅为 2.83%。2010 年中报显示，公司在 2010 年上半年实现主营业务收入 1.5 亿元，同比增长 6.18%；但上半年实现净利润 0.15 亿元，同比下降 29.98%；而公司 2010 年中期每股收益仅 0.1 元，与 2009 年同期每股收益 0.33 元相比，跌幅高达 69.70%。

再看北陆药业，中报披露，上半年北陆药业营业收入为1.09亿元，较去年同期下降7.29%，净利润2260.15万元，同比上升32.94%，可谓不功不过。

第三类是专事钻营，准备随时辞职套现的资本市场玩家。

风险机构等股权投资家套现并不可怕，但小小的创业板公司营销与技术核心人物屡屡套现走人，说明这些公司不值得信任，未来前景黯淡。

真正的风险投资家应该鼓励，真正的创业者理当拥有财富，一些投机家将被上市公司的创始人鄙视。

粉饰包装的公司、四处掘金的投机者与PE灰色利益链，展示出创业板的另一面，这绝不仅仅是培育高科技企业的乐土，更是投机家与权贵的乐土，对上市的表面严厉、实则文牍主义的审核，控制资源与不退市的机制，纵容了投机家。（2010年10月27日）

有意制造的泡沫

市场背后之手正在有意识地制造出长期的创业板泡沫，以解决经济结构转型所需要的创新精神与创新能力。

中小板与创业板受到前所未有的呵护，似乎中国的经济结构变化、中国企业的创新能力系于创业板。

12月1日，中国证监会主席尚福林在第八届中小企业融资论坛上指出，设立创业板市场是党中央、国务院着眼于建设创新型国家和大力发展战略性新兴产业的重要举措，要坚持不懈地发展中小企业板市场，积极稳妥地发展创业板市场，扎实有序地推进场外市场建设，并积极发展公司债券市场。

此前一天，金融与战略性新兴产业主题座谈会、2010中国经济和信息化论坛同时在北京召开，战略新兴产业的培育和发展成为两大论坛共同聚焦的话题。国家发改委、工信部官员分别表示，正在编制战略性新兴产业发展相关规划；财政部、央行、证监会等部门均表示将在政策措施上大力支持战略性新兴产业发展。除了政府订单以及税收优惠为创新企业埋单之外，银行与证券市场的支持同样重要。中国证监会副主席姚刚表示，将完善多层次资本市场体系，加快推动战略新兴产业发展，积极支持符合条件的企业发行上市和再融资，目前正积极推动扩大中关村代办系统试点工作，将试点范围扩大到全国其他国家级高新技术园区。

姚刚介绍，截至11月26日，中小板共有上市公司510家，累计融资3852亿元，总市值3.57万亿元；至同期，证监会共受理创业板IPO申请386家，审核218家，核准181家，其中已上市141家，累计融资约千亿元，总市值达到7243亿元。已上市创业板公司中，环保节能、电子信息、先进制造业、生物医药、新能源、新材料等新兴产业企业占比达到85%。姚刚没有介绍的是，目前中小板指数、创业板指数的动态市盈率已分别高达50倍和75倍，中小板指数超过了6124点的高位。

虽然创业板存在一系列的问题，但创业板仍然是中国未来希望所在。未来十年都是创业板扩张的时代，仅仅一年时间，创业板已经有了120多家上市公司。与中小板、创业板密切相关的创投和私募股权投资在积极推进的范围之列。地方政府、民间资金、国企财富都在源源不断地流入相关市场。

对于所有针对中小板与创业板泡沫与内幕交易的批评，有关方面充耳不闻；对于目前创业板与中小板中的制度性输送，恍若不见。有关部门表示要建立市场秩序，以抓典型的方式解决内幕交易。也许有关方面认为，在一个新的市场培育之初，泥沙俱下是难免的。从这个角度出发，未来数年，都是中小板、创业板与股权投资的天堂。

中国创业板泡沫不仅是中国的需求，也是美欧的需求。中国大力推行的经济结构转型，是建立内需经济的关键，是全球贸易平衡的关键，而印度等国的内需总量与中产阶层数量恐怕在短期内无法与中国匹敌，中国的产业链效率使东南亚无法望其项背。中国要购买全球产品，索要的筹码就是产业的升级换代，绝不可能有讨价还价的余地。

国内如此之多的资金怎么办？流入股市进而间接流入国企、流入社保基金为政府分忧；囤积在香港的 6400 亿热钱怎么办？流入股权投资、境内企业和地方政府的债券投资品种，以消化 2009 年以来积聚的坏账风险。一场金融大战正在开打，对冲基金驻扎在香港希望赚取快钱，但有关方面想锁定这笔资金成为长期投资。

美国也在进行创新，催生人造泡沫，源源不断的资金进入风险投资领域。以道琼斯指数与纳斯达克比，金融危机以来，2008 年年末道指 8776.39 点，2009 年 3 月 6 日跌至最低点 6526 点，到 2010 年 11 月 30 日收盘，为 11006.02 点；在几乎相同的时间节点上，纳斯达克指数为 1577.03 点，2009 年 3 月 9 日最低点为 1268.64 点，今年 11 月最后一个交易日收盘于 2498.23 点，指数翻番，但与高位还不能比。

制造创业板泡沫，是为了培育出下一个经济龙头行业。现在全球创新围绕智能手机、围绕信息流、围绕生活物流智能化，是互联网科技的深化。真正的创新行业鹿死谁手还不能确定，新能源也许在欧洲发轫，但中国将成为标准化生产基地与消费基地则无可置疑。

有意制造的泡沫能否培育出新技术之花，要看创新能力与对创新者的容忍，我国缺少的是正确的激励机制。为了吸引资金，进场迟迟不推退出机制，是监管层投机心理的大暴露。如此投机下去，上市的都是假冒伪劣的投机公司，冒牌创新公司会挤出市场良币。

一念之差，一天堂，一地狱。（2010 年 12 月 2 日）

【中小板】

中国证券市场得靠民企

中小板指数返回历史高位，说明中国未来经济的希望在中小板民营公司；价值投资与短期投机者挤入中小板，说明无论从炒作还是从未来的增长前景，中小板都是投资者的希望。

8月18日，深圳中小板指数为5964.66点，距离今年4月的高位只有一步之遥。从2008年10月28日以来，中小板头也不回地走出了一轮上升行情。中小板指数自推出后就走出上升行情，在2008年1月15日到达6315.09点的高位，在不到三年时间里，涨幅高达532.36%。此后受金融危机影响掉头向下，但到2008年10月开始反弹。与此形成鲜明对照的是，同期上证指数与上证50在震荡中徘徊。

在任何一个市场大盘蓝筹股都是定海神针，但中国证券市场的神针不再定海，反而成为吸纳资金的天然针筒。而一直为人所诟病的不理性的中小板市场一路不理性下去，在高位扶摇难下。

大盘股的折价是中国证券市场未能带给普通投资人收益的重要原因，股市十年来带给投资者的回报少得可怜。

我国的大型国有企业基本在上海市场上市，沪综指与中小板指数因此成为大型国有企业与民营企业的分属区域，市场给予中小板指数以较高的预期，而在历史低位徘徊的银行等大盘股仍未受到青睐。

以安全边际论，谁也不会认为目前购买低价的工行会有较大的风险，但问题在于，这样的公司也不会带来超额的回报。加上源源不断推出的再融资方案，以及排队等待上市的城商行与农信社、改制之后的不良资产管理公司，人们难以相信以规模取胜的银行能够给投资者带来惊喜。

大盘股存在数重折价。大盘股要承担改革的成本，源源不断的大盘股推向市场，这降低了大盘股的水位，在经济转型之前承担的是改革的成本，而在目前的经济转型期则要承担社会成本上升的压力。银行业在上市前为国企改制承担的成本表现在台面上，不良贷款不堪重负，一些银行处于实质上的破产境地。而在银行改制上市后，为基建、为地方、为国企承担的成本隐藏在水底，表面上银行报表花团锦簇，但投资者总是担心赢利与不良贷款率在地方政府负债、在风险极高的房地产市场面前不堪一击。

更重要的是，国企的内部公司治理结构没有取得突破性进展，虽然绩效考核等让人看到一丝希望，但关键的职业经理人制度、政企分开等方面很难让人满意。投资者当然不会把国资委的话当真，认为国企真的在保值增值的过程中已经实现了市场化。

反面的例子就在眼前，被誉为新国企代表的中铝在为避免上市公司被 ST 而奋斗。据媒体披露，在内部会议上，中铝集团董事长熊维平给各单位下达的红线目标称之为生命线、生死线、高压线。“只有实现这个目标，我们才能确保中国铝业下半年不亏损，确保实现全年盈利的指标。如果做不到这一点，中国铝业就要进入上市公司的 ST 板块。”而这对于资金链极为紧张的中铝生死攸关，中铝的银行授信与证券市场再融资都会受到严重挑战。中铝的多元化竞争、凌厉的扩张短期内急剧扩大了总资产规模，但市场下行期间水面下的风险显露无遗。

中小板指数上升，酝藏着极大的风险，追高未必合适。力量极大的民间游资在全流通与经济转型时期，无法撬动大盘，改为专攻中小板与创业板。在中小板，内幕交易、信披违规、资产转移等层出不穷，相比而言，大盘蓝筹股在这方面要规范得多。

人们依旧青睐中小板的原因绝不仅仅因为容易操纵，而是在许多中小板企业身上体现出野蛮成长年代的蓬勃活力，这一活力正是三十年前中国经济能在全球脱颖而出的根本原因。民营企业家身上存在着种种不规范，却不存在根本性的制度折价因素，企业不会成为制度性的输血管道，而企业家与企业之间也不存在错误的激励机制。如果有一天，中小板与创业板大部分成为权贵的利益输送渠道，中小板的大跌之日也就到来，中国经济将失去最亮的亮点。

中小板受出口下降影响，受经济转型影响，受获利回吐影响，会下挫，会震荡，但在低位不会持久，这是与大盘股最明显的不同。（2010年8月19日）

用股指期货抑制中小板炒作

狂炒中小板，中小板将透支而亡。给中小板降温，堵不如疏。

中小板股票之所以被热炒，原因有三：一是盘子小容易操控；二是大盘股有股指期货与政策压力，炒不动；三是符合政策导向。

狂炒锂资源板块，既是因为电动车补贴政策，也是因为资源稀缺性。炒作者一手握住高科技一手握住资源，以确保两脚不踏空。证券市场上投机的蝙蝠居多，价值投资者较为边缘化，连此前最讲价值投资的基金经理在饱受惨痛教训后，也了解波段为王。而稀土概念与我国对稀土资源的保护政策密切相关，保护政策的溢价在证券市场提前透支。至于壹桥苗业，则兼具高消费、农业与袖珍股多重概念，让游资如鱼得水。

深交所忍无可忍，发誓严惩内幕交易。从8月18日以来，深交所连续发布三篇文章，剑指内幕交易。第一篇《拒绝侥幸心理远离内幕交易》详细解释了内幕交易的构成要件，如什么叫内幕交易、哪种类型的交易方式触犯了内幕交易的规定等。8 月 26 日《内幕交易：并购重组的拦路石》指出并购交易如有信息泄露股价异动将自食其果，而 9 月 2 日在名为《手莫伸，伸手必被捉》的文章中，表示已经构筑了四道防线来严控内幕交易。

严惩内幕交易可以让中国的证券市场更加健康，笔者支持证监会严惩内幕交易者，使违规成本远远超过收益，形成威慑力量。

内幕交易已经是中国证券市场的死穴，查处者少、违法者众。今年上半年算是证监会的雷霆行动，共受理案件线索 121 起，新增案件 117 起，其中涉及内幕交易 59 起，涉及市场操纵 14 起。做出行政处罚决定 21 份，涉及 16 家机构、133 名个人。移送公安部案件 18 起，收缴罚没款 3233 万元，跨境执法协作 44 起。以单个游资动辄数亿的金额，以及资金的调动能力，恐怕区区 3000 万元的罚款根本无法起到多大的作用。

并且内幕交易往往处于权钱交易深水区，黄光裕案的背景众所周知，中山市原市长李启红如果还在高位，恐怕中山公用的内幕交易就会被粉饰成股性活跃。查处内幕交易不仅需要技术手段还需要极大的勇气，有时还需要尚方宝剑，否则只能浅尝辄止，捉些小鱼虾充数。

内幕交易与投机还得区分。以最近的第一妖股成飞集成论，游资聚集于某些营业部疯狂炒作，根据深交所交易公开信息显示，东方证券上海鹤庆路证券营业部、中信金通台州市府大道证券营业部、广发证券杭州市天目山路证券营业部、国信证券深圳泰然九路证券营业部等多次“榜上有名”。他们快进快出，监管层能够看到怪异的 K 线图，却无法了解背后的合纵连横。这是处于操纵与投机之间的模糊地带，极难定性。

中国证券市场带着浓烈的赌性，今年以来大盘股被抛弃，因为盘子太大，增加了股指期货的变量，赌不动。今年游资做空股指期货大炒中小盘股成为生财捷径。这些赌徒有多年的从业经历、雄厚的资金为后盾，对于政策与盘面的解读炉火纯青。今年以来的道琼斯 600 行业工业指数，卫生保健行业涨幅第一，达到 16.05%，高科技行业涨幅第二，为 6.51%，其次为零售行业与食品饮料，可见游资极具把握经济转型的能力。

深交所打击内幕交易打不掉游资的赌性，只能减少赌场出老千的人数。在这种背景下，最好的办法是推出做空工具，目前融券已成空心汤团，做空工具只有股指期货，把赌徒结合起来，交给他们做空与做多两种筹码，是谓借力打力、以毒攻毒，用吹捧者的话说，叫做价格发现工具。

大盘股萎靡不振当然不全是股指期货的功劳，大盘股本身死气沉沉、屡屡成为政策工具难辞其咎，但股指期货确实助了一臂之力。目前赌徒集聚、赌性最强的中小板与创业板市场更需要股指期货这一工具。

有人说，股指期货肥了中金所、部分券商与期货公司，7 月份以来，中金所交易额开始直逼上期所。据中国期货业协会统计，中金所期指 7 月份成交 12 万多亿元，占全国市场的 40.14%。而上海期货交易所当月交易金额为 13 万多亿元，占全国市场的 43.39%，双方只差 3 个多点。5 个月狂赚 30 亿。

这是利益分配的问题，完全可以通过让中金所与期货公司上交部分收益解决。股指期货本是赌具，但在中国证券市场却能够收到周伯通式的左右手互搏的奇效。（2010 年 9 月 4 日）

深交所，捉妖就请捉到底

中小板妖股不断，深交所出面捉妖。

9 月 3 日，深交所在连续喊话无效之后，要求对妖股账户监控，略有成效。深交所的招术无他，就是人盯人防守，现在的监管技术完全可以做到一竿子查到底，那些坐庄者无所遁形。

深交所捉妖遭遇抵抗。

一是制度抵抗。实际上中小盘与创业板如此大炒特炒，监管层难辞其咎，他们一手捧出业绩接近大盘股的中小板股、业绩接近中小板的创业板股，在人量资金烘托下，规模偏小的中小板股就是躺在现金上也能胡吃海喝两年，更何况有些公司确属行业龙头，各种概念时时泛滥。实际上捉妖者一时捧出了白蛇妖，在大众受诱惑痴迷时脸一板成为法海，还没清醒的许仙们纷纷表示自己是真正爱上了白蛇。

如果给予交易所发行审核权，辅之以退市机制，以我国多达上万家的中小企业上市资源，绝不会出现如此疯狂的局面。可惜，深交所递出的直接退市申请，大多石沉大海。

其次，沪深股市失衡、大盘股与中小盘股失衡，加剧了游资向中小盘股倾斜的情况。大盘股成为股指的定海神针，却让资金聚集于中小板与创业板。大盘股让人记住的是银行股的再融资、中石油的惨剧，而深市却有万科等公司赚钱的先例，投资者以寻找下一个万科为目标，绝对不会自己找套寻找下一个中石油。只要沪深股市继续失衡，游资就会趁势而起。

深交所此时火上浇油，创业板、中小板上市公司在中报推出之时就纷纷推出大比例送转派息分红预案，以慷投资者之慨的方式把股价炒上了天。

对于购房买车、现金流不足、超募资金不知该向何处去的公司的高比例送转，深交所难道不应该提起密切关注？

第三，深交所的举措失之于温柔。中小板推出后，深交所出台了一系列政策禁止炒作，发布了几十个中小企业板信息披露备忘录，但目前中小板的炒作特色已经发生了变化，深交所应该随市场而动增加监管。

深交所实行个股资金监控并非始于今日，2007 年年底到 2008 年年初，针对全聚德飞上天的鸭子、针对金风科技的炒作，深交所采取了包括临时停牌、向相关会员及其营业部打电话、发书面警示函等一系列监管措施。从 2007 年 12 月 19 日至 2008 年 1 月 4 日，深交所就全聚德共发出电话警示 200 多次，书面警示函 25 份。对出现重大异常交易和涉嫌违规行为的账户，该所还将根据有关规则实施临时停版等限制交易措施。此举一出，鸭价落地，但搭上新能源快车的金风科技并没有就此熄火。

如果说以往游资疯狂，现在公募基金一样疯狂，面对子弟兵，深交所是否下得去手？以往没有操控者受到严惩，此次是否仍然会以警告为主？东方园林 9 个月涨 6 倍，主要是由基金缔造，三安光电、神州泰岳等多是基金等机构抱团推动的“杰作”，面对坐庄时代的新老主角们，深交所何去何从？东方园林是否存在乌龙公告，是否该给投资者一个交待？

对于联手交易的投资者们，无论炒作的是哪家公司，都应一查到底、公布于众，只有以严厉的个案处罚警示各方，才能以儆效尤。

此次炒作的题材与以往不同，大都插上了高科技与低碳的翅膀，这既意味着市场更注重概念前景，也意味着打压比以往更加艰难。中小板指数闻风不动，壹桥苗业跌了两天后开始上涨，有人以鸡生蛋、蛋生鸡的理论看待壹桥苗业估值，认定这是前景不可限量大牛股。棕榈园林的走势与壹桥苗业大同小异。同理有成飞集成等股票。

中小板、创业板企业并非全部是妖，如果深交所通过查处使妖股现形，那么禁炒令将成为保护中小投资者的利器。如果中小板跌而复涨，深交所查处阴阳两手，那么中小投资者被迫出局，将成为禁炒令的坚决反对者。

中小板与创业板的疯狂炒作，必然透支未来的发展，使深市从中国最活跃的股市蜕变为最凶悍的赌场。

捉妖，就请捉到底，否则，将受妖耻笑。（2010 年 9 月 8 日）

【股指期货】

索罗斯等做空巨头终于等到机会

1 月 19 日，中金所出台股指期货交易细则。纵观细则，中金所秉持了两大理念，一是提高门槛，二是监管严厉。

所谓提高门槛，就是保证金比例提高而持仓限额下降。典型的修改如“将股指期货最低交易保证金的收取标准由 10% 提高至 12%”，“为防止价格操纵，将持仓限额标准由 600 手降为 100 手”。同时，为了防范风险，交易所与监管者有极大的权力控制市场。甚至将股指期货强制减仓的执行条件改为“期货交易连续出现同方向单边市”。有些匪夷所思，什么叫连续出现同方向单边市？几天算连续？三天上涨一天下跌算不算单边市？如果做的是套保交易，出现单边市并不是减仓的理由。当然，监管层做出了限制，对于批准为套保的实行较为宽松的审批手续，显然不在此列。

担心市场波动过大，借鉴国内各商品期货交易所的规定，在规则中增加“季月合约上市首日涨跌停板幅度为挂牌基准价的 ±20%。上市首日成交的，于下一交易日恢复到合约规定的涨跌停板幅度；上市首日无成交的，下一交易日继续执行前一交易日的涨跌停板幅度”的规定。虽然没有了熔断机制，但管理层给出了单日可以涨跌的最高限额就是 20%。所有超过这一涨跌幅的收益将全部被视为无效。持仓 100 手的限制，限制了所需动用资金在 5000 万以上的机构，是为了彻底地杜绝市场被大资金操纵。但期货市场讲的是合纵连横，以如此直白的做法就想限制投机，是痴人说梦。

上述修改典型地反映了战战兢兢、如履薄冰的心态。如果考虑到索罗斯、查诺斯等做空巨头已经在香港地区排兵布阵，恐怕有人会睡不着觉。事实上，空头大鳄们正在密切关注着中国金融期货的情况，如同鲨鱼闻到了血腥的气息。中国要避免国际空头大师的袭击，仅仅依靠控制人民币资本项目是远远不够的，黄光裕等案件早就提醒我们，地下资金流向四通八达。并且，资金有风向标的作用。

从中国台湾期货交易所的情况来看，股市涨跌与外资有极大关系。

根据东方证券的研究，我国台湾地区的股指期货与市场息息相关。借助外资每日买卖超数据（全体外资买卖股票金额的净额，台湾证券交易所于每日收盘后公布），可以看出外资买卖股票的时机与股市涨跌的相关度。结果令人惊叹，指数的涨跌似乎在听外资买卖股票的号令。我们以 2002 年 8 月 1 日为起点，到 2004 年、2008 年，台湾的股指涨跌如同外资买卖的追光仪。

有人说，A 股市场有天然的屏蔽优势，不可能出现当年台湾市场的情况。不过，国际资金可以借用新加坡的 A50 指数等，起到放大影响力的作用。查诺斯现在只能靠抛空与中国房地产相关的股票来间接刺破金融泡沫，但中国期指的推出，以及与新加坡期指可能形成的联运，使查诺斯可以获得现成的工具。新加坡对股指期货没有仓位的比例限制，国际资金可以自由地在新加坡实现对中国 A 股股票交易对冲的需求。在国内他们可以分仓锁定筹码，在国际上他们则可以通过集中精力攻击某个板块来撬动 A50 指数，进而撬动 A300 指数，通过在国内与国际两大市场上的连袂出击，获得完胜。

也许我们该寄希望于外管局与证监会的双重监管？等到他们把明星炒股有多少真多少假、外资有多少真多少假等系列问题都澄清后，再选择信任他们不迟。总体而言，我国目前的反洗钱手段十分完备，不过都是针对通过正常的渠道的君子而言，对于动辄在避税岛上注册的公司、在全球都设有分支机构的巨鳄就困难重重。不要说国际投资家，就是中国央企的金融衍生品与国际资产，恐怕也不是短期内能够查得清楚的。

只看重眼皮子底下机构的套保收益的话，今后机构为了应对境内外两个股指期货市场的不对称，有可能通过两个市场套利。将会对更大的风险木然不觉。

股指期货与融资融券的推出似乎火烧眉毛，处处都显示出一万年太久、只争朝夕的气魄。股指期货的推出应该晚于融资融券，在现货市场上的做空机制理应先得到培育，却没有得到应有的体现。至于如何定价，如何约束内幕交易等至关重要的细节，在技术上付之阙如。

股指期货再过两三个月可以顺利推出了吗？我存疑。（2010 年 1 月 20 日）

股指期货风光无限

5 月 21 日，A 股市场迎来首个股指期货交割日。

鉴于主力合约称到 IF1006，股指期货第一个交割日不会有太大的惊喜。截至 5 月 20 日收盘，主力 IF1005 合约只剩下 642 手，而 IF1006 上升至 14700 手，18 日和 19 日两天，主力合约大规模转移阵地，投机者几乎全部溜走，IF1005 合约只剩下一具空壳。

纵观股指期货与 A 股市场一个月来的市场表现，我们可以自豪地说，股指期货顺利地实现了三大目标。

第一个目标，散户被成功地边缘化了。中国散户永远是证券市场不理性的替罪羊，每次市场涨跌都要拿散户比例数据说事儿，永远要接受投资者教育。现在好了，不管散户怎么折腾，都无法动摇市场分毫。因为，他们基本上无法进入股指期货市场。

为了保护散户，散户先被高门槛挡在股指期货市场的门槛之外；还是为了保护散户，防止现货市场过度投机、期货市场流动性不足，现货市场进行 T+1 交易而期货市场实行 T+0 交易，这就让做现货与做期货的人相比如小米加步枪对机枪加坦克。

反讽的是，正是为了保护散户，监管层缴了散户的械，让散户加入机构正规部队。但有媒体报道称，机构投资者抛现货在期货市场建立自己的老鼠仓获利。如果此事属实，散户投资者只能退出市场，这样才能一了百了。加上公募基金激励机制差劲，有能力的基金经理纷纷跳槽进入私募，公募基金成为大散户，现在散户已经四面楚歌，走投无路。自股指期货上市以来的短短一个月时间，沪深两市蒸发市值已超过 3.64 万亿元，平均每个股票账户高达 2.5 万元的账面亏损。监管层能否让散户有个投奔之所？

第二个目标，现货市场被顺利边缘化了。此轮大跌让现货市场的交易者灰头土脸，而期指做空者扬眉吐气，相比而言，只有坐拥数亿元手续费的中金所能与做空者并肩，老三当属券商系期货公司。

股指期货风光无限，虽然杠杆与国际对冲基金比不算长，虽然开户者不多，但期指交易者充分利用了 T+0 交易规则，5 月 19 日成交量达到 36.2 万手，成交金额远超现货市场。无论是从心理上还是操纵上，只有与股指期货相关的现货，才能引起市场的高度关注。比如石化双雄，比如招商银行。

股指期货携带着 ETF180 基金走上证券人舞台中央。另一个引起关注的是沪深 180ETF，由于国内没有与沪深 300 指数对应的 ETF 基金，期指交易者瞄上 ETF 基金配比，虽然有种种做多基金配比法，但做多

75% 上证 180ETF 加上 25% 深 100ETF 的配置方案具有最好的效果。购入 ETF 基金做空期指套利，成为主流套利模式。

180 基金有福了，他们搭上了股指期货这趟快车。股指期货推出后，ETF 基金二级市场成交量急剧放大。股指期货推出当天，上证 180ETF、深证 100ETF 二级市场放出巨量，成交量分别较前一日增长 386% 和 76%。另据研究，股指期货上市前一个月的日均成交量和股指期货上市后一个月的日均成交量，在股指期货推出之后，作为现货替代主要标的的上证 180ETF 和深证 100ETF 成交量有明显放大，分别增长了 4.3 倍和 1.8 倍。至于申购赎回的手续，放心，基金会鼎力支持。在股指期货推出之前，已经有了 ETF 基金瞬间套利交易。

第三个目标，现货市场的投资者"被理性"了，确实，他们被大跌搞得无法不理性。

毋庸置疑，随着证券市场中最投机的资金进入了股指期货市场，仍在现货市场坚守的只剩下三类人，一类是坚定的价值投资者，一类是得重组等风气之先的内幕交易者，最后一类是已成死老虎的既无技术也无信息源的散户。价值投资者在现货市场寻找着下一轮中国经济的爆发点，这些资金成为中国证券市场的主导力量与精神内核。

至于争议最大的股指期货是否助涨助跌，中金所自己已经给出了答案，会有助涨助跌作用。

5 月 19 日，中金所对某期货公司客户杨某"限制开仓两周"，此人在交易中数次自买自卖行为，涉嫌违反交易所相关规定。这是股指期货上市之后对涉嫌违规客户的首次查处。如果不是自买自卖行为误导跟风者，对市场产生影响，中金所为什么要抑制自买自卖行为？杨某人过于聪明，将坐庄时的自买自卖的对敲术用于期货市场，想重复庄家时代欺骗其他投资者的伎俩。这从侧面说明，中金所认可，市场是会跟着大笔的空单向下，或者大笔多单向上的。

股指期货使中国证券市场发生深刻变化，大多数投资者被扫地出门，中国式的对冲基金已经出现，嫡系的国字号机构投资者将充分利用股指期货做大资产，外资将在风险投资与股指期货市场同时获利。这一变化初现端倪。（2010 年 5 月 21 日）

【融资融券】

变了性的融资融券

融资融券基本上成了摆设。

谁都知道，融资融券是为了活跃证券市场，融资拉长金融杠杆，融券可以通过做空来发现股票价格。

笔者此前一直反对在中国证券市场拉长资金杠杆，因为中国证券市场信用程度不佳，无法形成市场利率机制。比如，融资利率多少？融券利率几何？有些部门敢于做先吃螃蟹之人，笔者希望他们保重，既然衍生品市场已开张，就希望中国证券衍生品市场一切顺利。不料要开张之际，却发现规则制订者拿着小鱼小虾当螃蟹，忽悠大家。

融资融券的利率是市场最关心的话题，直接牵涉到投资者的利益。3 月 24 日，有神秘的权威人士向《中国证券报》记者透露，融资利率初定为 7.86%，融券费率则在 9%–10% 之间。利率基准是向国际惯例看齐。融资利率一般较同期贷款基准利率高 3 个百分点。目前，央行六个月以内（含六个月）的短期贷款利率为 4.86%，上浮三个百分点后 7.86% 的水平与国际惯例接轨。

之所以要比银行多收三个点，原因是融资有杠杆比例，券商承担的风险更大。通常来说，融资市场由券商等中间商充当投资掮客，从银行或者民间获取资金贷给融资者。他们获取的是中间费，而放款者获取贷款利率。我国有融资融券资格的券商是以自有资金向市场放贷，因此他们可以获得贷款利率与中间费双重费用。

券商同样委屈，牛市时为什么要融资给他人，大券商的自营业务远远比 8% 左右的利率丰厚得多。

即便如此，券商还是嫌风险太大，索性脱掉了最后一件马甲，通过保证金让自己绝对安全。媒体披露，国泰君安拟将股票的融资融券的保证金比例已由证监会的 50% 升至 90%–110%，即投资者以 90 万元作抵押进行融资买入证券时，最多只能融资 100 万元，杠杆已经非常之短，如果融资保证金比例高于 100%，所谓的融资就是搞笑，更搞笑的是保证金达到 110%、120%。投资者为什么要如此愚蠢，缴纳百分百的保证金向券商融资，难道就是为了向券商支付 7.86% 的利率？如果真的有如此飞蛾扑火的投资者，券商倒要疑心了，为什么自己有 100 万元的资金，还要借 90 万，并且甘心付高息？除非保证金是骗来的，就像一些企业虚假出资一样。为了提高安全边际，券商有可能让自己陷入债务纠纷。一句话，有些券商既不愿意放弃融资融券的资格，又不愿意借出，只好在保证金、杠杆等方面不停地出妖蛾子。

如果以股票担保进行融资，投资者吃亏会更多。按照交易所公布的标的证券，深市 40 只，沪市 50 只，分别与深证成指和上证 50 指数成份股范围相同。按照沪深交易所的规定，上证 180 指数（深圳 100 指数）成份股的折算率最高不超过 70%，其他股票的折算率最高不超过 65%；ETF 的折算率最高不超过 90%；国债折算率最高不超过 95%；其他上市基金和债券的折算率最高不超过 80%。但为了安全，即便是所谓的大盘蓝筹，折算率也很低。可充抵保证金证券与标的证券及折算率方面，沪深两市的融资标的证券折算率在 0.3–0.6 之间。

沪深交易所的负责人还“特别提醒投资者”，交易所公布的标的证券范围并不一定就是投资者在证券公司可以进行融资或融券交易的标的范围。每个证券公司可以根据市场情况及自身条件，在交易所公布的标的证券范围内，确定实际可提供给客户的融资、融券标的证券名单。而每只担保品证券在计算充抵保证金价值时的具体折算率，也将会由各家券商根据其对上市公司的分析及二级市场交易风险的判断等因素来最终确定，投资者应在融资融券交易前通过证券公司详细了解具体情况。也就是说，折算率甚至会比 0.3 更低，比高利贷还狠，这样的话投资者还融什么资啊，不如直接退出市场，等股市跌透了再买行不行?

至于现货做空，根本是子虚乌有，比融资还不靠谱。沪市 6 只可交易融券标的证券（招商银行、中国联通、中国神华、中国平安、工商银行、建设银行）折算率为 0.6，深市 4 只可交易股票（云南白药、格力电器、五粮液、苏宁电器）折算率为 0.4–0.5。那就意味着融券做空者必须看准股票大跌，加上交易成本，才不至于血本无归。

这还不算过份，过份的是规定了交易价格。为了防范市场操纵风险，投资者融券卖出的申报价格不得低于该证券的最近成交价。如该证券当天还没有产生成交，融券卖出申报价格不得低于其前收盘价。低于上述价格的申报被视无效申报，自动撤销。在融券期间，投资者卖出通过其所有或控制的证券账户所持有与其融入证券相同证券的，卖出价也要满足不低于最近成交价的要求，但超出融券数量的部分除外。咱们不这么玩，直接送钱给融券的公司行不?

加上融资买入申报、融券买入申报、套保审批、套利审批等等，监管层就差明说了，只能做套保，不能做套利。但笔者相信游资进入市场一定是做套利，可转债套利、期现套利，类似于权证的高收益才能让融资融券有些价值。

监管层要金融创新，可以理解；要安全稳健，也可以理解，但要安全到完全给市场变性，则让人难以理解。（2010 年 3 月 26 日）

融资融券成为跛脚鸭

所谓的融资融券，成为单边做多的融资；所谓的双向对冲，成为单向押注。

证券市场推出融资融券后，交易惨淡。尤其是融券业务，成为摆设。

3 月 31 日，融资融券业务开闸。据沪深交易所 4 月 7 日的统计数据，两市融资融券前四个交易日平均交易量 1202 万元。不过，由于首日仅 659 万元交易，后三日的交易量都在 1400 万元上下。而且，经过清明三日假期后的 4 月 6 日，交易量达到最高的 1454 万元。

融券业务除了首日卖出 13 只股票外，此后三天出现了做空“真空期”，融券卖出量呈现零交易。而且，投资者在首日积攒的 9.5 万融券余额，经过首日卖出和此后的不断偿还，至 6 日交易结束，仅剩 2.42 万元。

融券“真空”，说明中国股市缺乏现券做空机制，也就是说，基于现券做空的所有衍生品种均无法实现。我国虽然推出了融资融券交易，但给融券设置了重重阻碍，从保证金、现券折算，到融券交易价格，道道设防，相当于基本关上了融券之门，融资融券因此缺了一半，成为跛脚鸭。

券商为了防止风险，进一步缩小融券规模。沪深交易所规定，共有 90 只个股可应用于融资融券交易，但事实上，券商实际公布的融券标的物，远远低于 90 只。公开信息显示，海通证券目前可以融券的对象只有 8 只，分别是中国联通、工商银行、中国建筑国际、中国南车、深发展、深万科、太钢不锈和中信国安；国信证券的融券标的共有 10 只，分别是苏宁电器、五粮液、格力电器、云南白药、招商银行、中国联通、中国神华、中国平安、工商银行和建设银行。相比较而言，广发证券目前所设定的融券范围最小，仅有三只个股可以融券，分别是招商银行、中信证券和吉林敖东。相应的融资标的，则要多得多。以国泰君安证券为例，总共 40 亿元融资融券额度中，分配给融资业务的达 30 亿元，而分配给融券业务的就只有 10 亿元左右；海通证券融资融券总额度为 80 亿元，融资和融券比例为 7∶1。

融券受到双重打压，一来自于券商的自利心，券商自营盘希望拉高的股票，绝对不会融券给投资者做空；二来自于监管层保持股指稳定的政策压力，如果融券大盘股做空，不利于中国证券市场扩大规模。有个担心是，工行、中石化等大盘股若允许大规模融券做空，可能撬动沪深 300 指数下行，进而影响到 4 月 16 日推出的股指期货，因此，这些大盘权重股即使是融券标的物，规模小到可以忽略不计，根本无法影响市场。另一方面，融券做空的标的基本是大盘股，而融券的规模非常有限，以有限的现券影响大盘股价格走势，难于上青天。

所谓的融资融券，成为单边做多的融资；所谓的双向对冲，成为单向押注。

投资者融资的热情比融券高得多，所谓融资数额高也是相比可怜的融券而言。认为融资交易将推动大盘上涨，是一厢情愿的单相思。

4 月 6 日，融资额达到 716 万元，沪市融资偿还额只有 999 元。节前的 4 月 2 日，融资偿还额一度达到 28.68 万元，而前两个交易日都只有三四万左右。此前预计，六家试点券商的融资融券业务总授信最高额度总规模大约为 400 亿元，但融资融券业务试水初期，平均约 1200 万元成交量可谓九牛一毛。市场每天有上千亿元的成交额，如此小的融资规模，水花都不会溅起一个。

投资者对融资热情还算高，规模小是政策约束的结果，有目标的投资者能用则用——截至 4 月 12 日，沪深两市融资融券余额总量首次突破 1 亿元，而沪深 300 指数第二大权重股中国平安成为最受多方青睐的个股，融资买入余额已逾 1900 万元——融券则是从根上就给压得奄奄一息。

融资融券推出之前，有份参与其中的券商股被捧上天，甚至股价翻番。股指期货推出之前，获利的同样不是投资者，而是有股指期货概念的股票，只要旗下拥有期货公司，就能获得市场溢价，这反过来刺激了上市公司进入金融行业、收购金融公司的决心。现在，大幕拉开了，人们才恍然发觉，所有的这些都是概念炒作而已，不过是臆想的狂欢。

券商股抛售潮升温，国泰君安股权再度转让。3 月 31 日，连续三笔共计 1500 万股国泰君安股权转让的挂牌公告出现在了上海联合产权交易所的网站上，在此之前的 3 月 25 日，因投资券商股而声名鹊起的最牛私募——上海重阳投资刚刚结束了转让其持有的国泰君安 1000 万股的挂牌交易期限。同日还有申银万国 80 余万股股权被宝钢集团在联交所挂牌出售，再往前 3 月 20 日西部证券部分股权也同样遭受抛售。据不完全统计，仅仅在 2 月份便有超过 4 亿股券商股被挂牌转让或拍卖。券商股权转让或为股东对未来证券行业走势判断的一种反映。

炒作的硝烟散去，市场的真实价格浮出水面。从长期来看，市场不可能存在低风险高回报的投资，有融资融券支撑的券商也不例外。融资融券成为跛脚鸭，股市还是单边市。（2010 年 4 月 16 日）

【小趋势】

2011 年三大猜想：融资、内幕交易与板块轮动

笔者对 2011 年证券市场有三大猜想。

首先，未来数年都是融资大年，融资主导、股指震荡的另类牛市还将延续。正因为出色的融资能力，中国在未来数年会成为全球股权投资的热土。

承接 2010 年的融资高峰，2011 年仍然会是融资大年，无论是嗷嗷待哺的高铁，还是抓大放小的国企重组，抑或民间的 IT、环保等创新企业，都在等待证券市场的滋养。同时，人民币国际化所必须的国际板在紧锣密鼓的筹备之中。

融资数额上不封顶，看市场的接受程度。仅以上海而论，据媒体披露，“十二五”期间上海经营性国资的资产证券化率目标为 40%，其中 90% 以上的产业集团经营性资产要实现上市。这意味着，未来五年中，上海将有千亿元规模的国有资产登陆资本市场。这只是上海一地国资，加上全国各地国资，未来五年将有数万亿国资等待上市兑现溢价。

根据研究机构清科的最新统计数据，中国今年前 11 个月的 IPO 家数与融资额均占据全球半壁江山。1–11 月，共有 416 家中国企业在境内外上市，占全球总数的 61.4%；总融资额达 913.36 亿美元，占全球总融资额的 55.4%。另据 Wind 数据显示，截至 12 月 16 日，A 股市场募集资金规模为 9346.44 亿元，除去募资费用，实际募资规模达到 9105.71 亿元，超过此前最火爆的 2007 年，当年募资规模达到 7985.82 亿元。

大多数投资者不可能从另类牛市中获利，他们得到的是失落、价格短暂回升的兴奋与追赶轮动板块的刺激。2011 年的主基调是融资与套现，换句话说，做大股市蓄水池。

其次，2011 年将继续以打击内幕交易树立投资者的信心。

2008 年以来，证监会共调查内幕交易案件 295 起，占新增案件的 45%。2008 年移送公安的内幕交易案件为 4 起，2009 年移送 8 起，今年以来已移送 14 起。股改后严厉打击的内幕交易行动，在明年会结出硕果，一些神坛上的人物有可能被轰下神坛，今年开始检查的基金老鼠仓等会在明年暴露于光天之下。

正因为一系列的检查，我们会看到市场发生些许变革，纷纷逃离公募基金的经理们，再也不敢明目张胆频繁跳槽。中国国有金融机构在吃下定心丸后，进行制度改革的理由与动力日益削减。

虽然打击内幕交易是重中之重，但中国证券市场的制度建设不会因此得到根本改善，普通投资者的司法救济权等仍然无法得到保障，他们的最好的结果是与银广厦的投资者们为伍，与上市公司和解。2010 年年底未成功上市的胜景山河，反映出从发审到投行深入骨髓的腐败与失信，而在风险投资过程中蔓延的特权，正在逐渐消磨普通投资者的耐心。

内幕交易越打越多、越多越打，直到根本制度逐渐改善，正是中国证券市场发展过程的真实写照。在此过程中，我们会不断听到“赌市”、“强盗市”的抨击，会继续看到令人匪夷所思的内幕交易事件。

第三，2011 年的市场在震荡中削骨、在震荡中显示优质企业的本真面目。

2010 年的拼地图与七巧板，让中国市场在不断的热点追逐中丧失方向，但回过头来，2010 年最耀眼的就是中小盘股的热闹，就是创新型企业受到热捧。明年中小盘股、创业板的高溢价会随着上市公司的增加而下降，而越来越多造假上市或者一上市就变脸的民企伤透了投资者的心，中小盘股的溢价会下挫。

中小盘股仍然存在着巨大的投资机会，尤其是拥有定价权、拥有草莽英雄般的开拓精神进行营销、从大型企业拥有源源不断订单的企业会获得市场垂青。

低迷的大盘股在 2010 年 10 月以后有了咸鱼翻身的机会，但房产税的压力与地方投融资平台可能增长的坏账是房产股与金融股的命门。达摩克利斯之剑高悬头顶，股价其行不远。

中国在技术与营销上有所长进的行业精密仪器、高铁、大飞机等将继续表现，尤其是这些公司的配套企业，既拥有合资企业或者民企的高效，又有高科技的溢价，将有长远前景。而电动汽车等，火热的概念要变成真正的收益，还有很长、很长的路要走。在转型与缓慢复苏期，我们继续见证市场周期缩短、震荡幅度加大、板块轮动加剧。

2011 年的证券市场是转型市场的延续。普通投资者的财富牺牲、制度的缺陷与证券市场的重要性交织在一起，这个与房地产一样聚集了庞大的爱与恨的市场，将继续成为中国改革成本的支付地、未来新兴企业的培育地和市场民主的萌芽地。（2010 年 12 月 25 日）

2011 年：一声叹息　恐慌的一年

【看时局】

证券市场草木皆兵

银行再融资恐慌四起，预示了今年证券市场的动荡。

2008 年年初，中国平安的千亿再融资计划将市场砸入深渊，虽然平安最后放弃融资方案，但从此拉开了金融机构大规模再融资的序幕，从 2008 年下半年到 2010 年年中，金融机构基本上在唱扩大资产规模、不断补充资本金的主题曲。

老戏码重演。平安再融资传闻让 2011 年开门红市场惊恐下跌，平安的澄清没有消解未来再融资的可能性。许多研究机构预测平安未来三年可能，再融资规模在 150 亿到 500 亿元不等。平安的公告给人遐想空间，称“目前没有 A 股市场再融资的计划”，但“将根据公司业务快速发展的需要以及市场状况做好后续资本的规划”。

银行酝酿中的再融资潮，是 2010 年再融资高峰的延续。2010 年，中国银行业进行了历史上最大规模的再融资，工、中、建、交四大行再融资超过 2700 亿元；另外，南京银行、浦发银行、深发展等多家银行通过配股或是增发的方式进行融资；三季度以来，农业银行、光大银行等纷纷上市。

如果你以为 2010 年融资再融资高潮是中国银行业在证券市场吸金的结束，如果你为农业银行上市完成了国有大型银行的改制上市、中国证券市场从此平稳发展而欢欣鼓舞，如果你以为以金融股为代表的大蓝筹时代已经到来，你就会犯下经验主义的错误，将被市场狠狠嘲笑。

金融机构的再融资潮远未过去，为大扩张埋单的时候到了。

大而不美的金融机构的风险已经在齐鲁银行身上小试牛刀，要避免未来的风险，再融资事在必行。准备再融资的农行去年刚刚完成 IPO 大计，募集资金220亿美元，却不料这只是打开吸金闸门的开始。1 月6日晚，农业银行发布公告称，该公司拟发行 500 亿元次级债以补充附属资本。这是意料之中的一只靴子，因为这家公司大而不美。尽管在去年 7 月份成功实现了 A+H 股上市募资 221 亿美元，但资本充足率未达到监管要求，从上市之日开始，农行已经埋下了再融资的伏笔。

为什么金融股净利如此之高而投资者依然畏之如虎?

2010 年再融资与大规模放贷之后银行利润不错。农行半年报显示，农行上半年实现净利润 458.63 亿元，同比增长 40.2%，按照农行的盈利预测计算，上半年农行净利润已完成其全年盈利预测的 55.3%。2010 年 12 月 29 日，中国农业银行股份有限公司董事长项俊波披露，农业银行全年利润率可以达到 50% 左右。不过，出于在顺周期内更多考虑逆周期的不良因素和负面影响的原因，对外宣布是 35%。农业银行的三农板块并不是如外界想象的处于亏损状态，净利润是 253 亿元，加上节节上升的核心资本充足率，农业银行可以算得上大大的蓝筹股。预计 2010 年金融类上市公司年报将十分光鲜，但这又有什么用? 照样大手笔再融资，照样是少得可怜的分红，照样是低迷不振的股价。更别提未来还有的大规模信贷项目赢利压力，地方投融资平台的呆坏账风险。

银监会与央行对商业银行的监管与要求层层加码，并不奇怪，大部分上市公司将压力与成本转嫁给了投资者。

监管部门为中国银行业的审慎与一流的数据而自豪。央行一再明确告知市场，将实行差别存款准备金率。在“十二五”规划建议中，“构建逆周期的金融宏观审慎管理制度框架”被写入了文件中，该框架的具体内容包括：资本充足率的提高，流动性指标、杠杆率指标的引入，债务工具的强制转股机制，系统性重要银行的划分，逆周期资本缓冲的数额。

银监会主席刘明康表示，过去国际上对资本充足率要求仅为 4%，其余 4 个百分点可通过债务工具来补充，这意味着普通股仅占资本金的 50% 甚至更低，而中国银行业的资本金中普通股占到了 75%。核心资本充足率平均达到了 9.6% 以上。发行债务工具补充资本的比例不得超过 25%，而这种审慎规定是其他国家没有的。

补充资本金如果绝大部分由投资者承担，如果上市金融机构基本上以低成本的圈钱解决未来坏账风险，这种自豪也就褪色不少，充其量我们只能说我国制度性的资金调动能力强，而绝不能说我国的银行竞争力强，财富分配体制公平。试想，银行为什么不靠利润填平缺口？成本与利润比的情况又如何？

中国证券市场光鲜的表面从来不说明什么问题。许多银行以圈钱为能事，很少给投资者带来真正的回报。不要报怨市场非理性，银行股 A 股与 H 股价格倒挂，是因为市场意识到了未来的风险。

中国证券市场大而不美的恐龙太多，而小而美、尊重投资者的公司太少太少了。（2011 年 1 月 8 日）

不要拿市场化当新股破发的遮羞布

新股破发不是发行机制市场化改革的成果，而是竭泽而渔的后果，也是不公平发行机制的必然后果。

新股破发首先是因为上市公司规模与资金、市场信心不匹配。2010

年政策发生改变，似乎证券市场已经成为抑制通胀、解决改革成本的有力武器，证券市场正在成为中国经济结构转型中的资金输送器。

2010 年全年共有 531 家公司在 A 股市场融资，融资额 10275.2 亿元；A 股市场首次公开发行的公司有 347 家，共融资 4883 亿元，超过 2007 年曾创下的历史纪录；A 股市场实施重大资产重组 47 项，交易金额 1338 亿元。2010 年证券市场的融资规模全球第一，IPO 超过前三年的总和，而股指几乎列于全球最糟糕的市场行列。2011 年开局延续了这一格局，虽然货币仍在紧缩，但新股的发行节奏并未因此改变。

2011 年年初，证监会主席尚福林在全国证券期货监管工作会议上，强调扩大直接融资规模，第一项就是扩大三板市场。表示要抓紧启动中关村试点范围扩大工作，加快建设统一监管的全国性场外市场，深入推进债券发行监管改革，显著增加债券融资规模。

扩大新三板市场交易，培育三板市场做市商，主要是为了解决中国创新型高科技中小企业融资难题，创业板无法容纳众多中小企业的融资胃口，需要三板市场分流。但场内市场融资额丝毫没有变小，元旦后不到半个月的时间，16 只新股发行，募资 242.6 亿元，照此速度，全年 IPO 募资将达 5760 亿元，超过疯狂的 2010 年。

破发潮是 A 股市场疲态的典型标志，中小企业市盈率已经过高，大盘蓝筹是扶不起的阿斗，赢利预期超万亿的银行是吸血机器，元旦刚过，迫不及待地推出再融资方案，农业银行、民生银行和兴业银行公布再融资方案，都是不久前上市或者再融资的银行。按照 2009 年、2010 年贷款情况以及坏账担忧，2011 年银行再融资的规模不会小于 2010 年，大规模融资补充资本金潮还将持续，放宽内外资进入股市的激励机制也将源源不断地出台，政府希望将资金从楼市引导到股市。但现实刚好相反。

认为新股破发是市场正常反映、有助于一级市场恢复理性的说法是胡说八道。我国出现数次新股破发潮，哪一次让市场恢复理性了？到了

2010 年，不理性到了疯狂的极致。引用一段材料，1993 年新股募资冲上 212 亿元，是以前所有年份总和的 3 倍，第二年 A 股大跌 22%，并出现新股停发；2000 年新股募资爆增至 835 亿创新高，比 1999 年高出 7 成，2001 年 A 股大跌 20%，并出现停发新股；2007 年新股募资再次激增到创纪录的 4470 亿元，而 A 股创立以来到 2005 年的所有年份新股一共才募资 4900 亿元，一年抵得上十多年，2008 年 A 股出现史上最大熊市跌 65%，并出现新股停发。而 2011 年刚开始半个月，16 只新股的平均发行价更达 44.10 元，发行市盈率 77.88 倍，发行市净率 13.29 倍，超出 2010 年 30.32 元、54.96 倍和 10.33 倍的平均水平。

中国的新股发行机制正应了一句话：我们从市场中学会的，就是什么也没有学会。主因在于市场激励机制扭曲，造就了鱼龙混杂、权贵与创业者一夜暴富的局面。

更搞笑的是，有关人士居然把扩大询价机构当做市场改革的成果！多几家民间的市场询价机构，结果就是让数家机构有了参与瓜分大餐的特权，而市场的新股高市盈率也证明了这一点。增加机构固然是技术上的改进，但没有惩罚措施的约束，增加的机构都会成为利益链条上的蚂蚱。

一些机构包括大型机构都没有为自己的报价负责，因为在这个市场中违规成本太低，而信用不值多少钱。曝光的浙商汇金 1 号集合资产管理计划、新华信托等公司又有哪家受到了惩罚？连胜景山河都没有说法，保荐人及其背后的证券公司甚至可以继续招摇过市，用业绩嘲笑诚实者，向造假公司继续发出邀请函。

在高溢价的利益圈中，承销保荐公司、上市公司、会计师与法律事务所各得其所，只要高价发行、只要超募就能够获得超额利润，超募部分的费用大大提升。

新股或者高溢价发行，或者大面积破发，这样的事实很明确地警示中国的证券市场定价机制失灵。不承认这一点就是闭目塞听。只有承认事实并加强监管，惩罚造假公司以及对定价不负责任的机构，消除超募资金的超额费用，市场才可能恢复正常。（2011 年 1 月 18 日）

中国证券市场什么不能碰？

有两句古老的格言，对投资至关重要，对风云莫测的 2011 年投资市场尤其重要。

一句是“君子不立于危墙之下”；另一句是“天下没有免费的午餐”。前者出于《孟子》，而后者家喻户晓，与其说是格言，不如说是俗语。

在 2011 年的证券市场，哪些领域是危墙？

一是地产，二是金融，三是东部苟延残喘的中低端制造业。按照估值计算，地产金融均处于低位，应是介入良机，事实上 2010 年年底地产股也曾飞升数日，但昙花一现旋即湮灭。而金融股虽然处于历史低位，却无反弹迹象，相反，还在融资再融资的压力下如履薄冰。而东部地区处于用工荒之中，与中西部抢夺民工资源的努力注定不会成功。

无论房地产市场对于中国 GDP 有多重要，所有理智的人都已经认识到房地产给中国金融与实体经济带来的风险，如果中国融资抵押担保、资金的流动之源全部来自于房地产，如果中国的 GDP 来自于水泥砖块，中国就是下一轮资产泡沫与产业空心化的圣殿。因为全球金融危机而中断的房地产调控在后金融危机时代卷土重来，绝非无数个蜻蜓点水式的经济小调整中无关重要的一环，而是中国“十二五”经济结构转型的核心。

见机早的房地产企业已经开始主动减速。1 月 12 日，万科董事长王石公开表示，万科 2011 年的销售额不能超过 1400 亿，换言之，今年万科的销售额增长率将控制在 40% 以内。销售领跑的房地产企业主动降速，是为了获得持久的收益，以应对随时袭来的调控。成为 2009 年、2010 年楼市激素的二、三线城市已有透支之虞，实行未行房产先行的局面不可能持续，今后二、三线城市的房地产价格将处于严密的监控之中。

金融业则处于埋单阶段，前两年救市超发的货币在这两年通过各种手段回收，其中包括发债、再融资、加息等等手段。

对金融行业来说，加息与抑制贷款规模扼住业绩增长的咽喉。新兴市场经济体增长与通胀并存，通胀压力急剧上升。俄罗斯联邦国家统计局 1 月 11 日公布的最终统计数据显示，2010 年全年俄通胀率为 8.8%，印度与俄罗斯不分伯仲，中国的通胀预期也在节节上升，可能在二季度达到高峰。

即使再不情愿，即使地方投融资平台存在巨大的还款付息压力，央行也不得不加息，否则，食品价格继续高涨、原材料价格上升吞噬企业的利润导致失业率上升，埃及就是前车之鉴。中国央行开启加息周期，央行三次加息，这远不是终结。麦肯锡公司最近发布的一份研究报告指出，全球延续 30 年的低利率时代已经过去，未来 20 年内，来自中国和其他大型新兴经济体的投资需求将超过全球储蓄，从而导致实际利率上升。

金融机构处于难熬的转型过程中，市场化利率机制雷声大雨点小，中间业务收入处于严酷的同质竞争中，上升乏力，金融机构的赢利无法战胜未来的风险，内外夹击，金融类上市公司成为一堵摇摇欲坠的沉重的危墙。它们遭遇到自 2003 年改制上市以来最大的挑战。那些兼具稳健与活力、开拓中间业务具有创新精神的金融公司，才值得逢低吸纳。

东部地区缺乏进取精神的中低端制造业是后金融危机时代新浮出水面的危墙，代表事件就是与中西部争夺民工。

民工荒是产业转移的正常现象，目前全球产业转移主要在中国进行，中低端制造业从东部转移到中西部是大势所趋，是全球战略转移的成果，可以形象地称之为“将工厂开到民工的家门口”。2010 年全球最大、效率最高的代工企业富士康的大搬迁就是标志性事件。在过去的十几年时间里东部延海地区一直在重复国外订单多了抢民工、订单少了赶民工的戏码。

拼人力资源的吃苦耐劳，东部拼不过中西部；拼土地等市场资源的廉价，东部拼不过中西部，但东部沿海地区以往的出口积累为品牌与创新打下基础。东部沿海地区的代工经济是没有前途的，没有利用自身资金充足、观念先进、技术领先的资源秉赋。让我们对在代工泥潭中挣扎的东部企业挥一挥手，说声再见。

按照上述逻辑，未来中国经济基础呼之欲出，升级的制造业、创新的金融业、转型的能源行业，以及容纳就业的服务行业，才是朝阳产业。洗头洗脚尽朝阳，传统的制造业如纺织业，有一流的面料、领先的设计照样独步天下。但概念过早透支、没有实际进账的某些新能源、电动车等行业不在朝阳之列。从 20 世纪 80 年代开始孕育，至今新能源未能结果。

最后，想提醒大家，在中国投资领域确实会天上掉“重组类”馅饼，但通常会精确地掉到某些特殊的人群口中。因此，这叫内部人士溢价。投资者有必要谨记，当你掂记馅饼时，你只是在给某些权贵与内幕人士抬轿子。（2011 年 2 月 14 日）

又见可笑的股市万点论

股市上涨了没几天，牛市论与万点论出台。

没有时间限制的指数预测都是忽悠，对于任何一种投资品，时间成本与时间价格都是其中必不可少的一个环节。

东北证券的分析师董高峰先生抛出一份报告，《超级大牛市已经起锚，上证综指万点不是梦》。后来他在澄清时指出，未来的 10-15 年，股市会有大的机会，这一万点只是个形象的概念，未来的具体点数是预测不出来的。这番澄清无异于承认，未来十年有机会，是否到万点谁也不知道，所谓万点只是吸引眼球之举。未来有大行情没错，什么时候启动不知道，如果现在入市被套，概不负责。股市未来十年有大机会，但这是一句正确的废话。

通常而言，对于宏观经济的研究最多只能预测半年的时间，对于下一季的预测相对靠谱，因为陆续的市场数据不会偏离太远，半年预测有一定的难度，尤其在市场波动不定、货币时松时紧的情况下更加困难。这就是 2008 年前后宏观经济预测与点位预测几乎全军覆没的原因。而对于股市点位的预测更加困难，对未来一年难以把握，更不必说十年。

对于对未来十年的预测与神算子的算卦差不多，当然，加上前提条件，我们可以说，如果中国经济在“十二五”期间成功转型，那么，中国就能够延续以往三十年的辉煌，股市将进入黄金时代。即便未来十年中国股指真的上了万点，我们也只能说蒙对了，而不能说预测准确。

至于转型能否成功，我们只能一个个市场分析，绝对不能轻易下结论，也不能照搬发达国家的经验。如果按照货币发放与资产品价格，沪综指点位绝对不是目前的状态，这说明中国做大股市蓄水池的经验是独有的，正是这个变量使得中国市场比国外市场更加复杂。

通过技术分析可知，如果沪综指站稳了 2900 点，可能上冲 3100 点，上半年到 3400 点、甚至 3800 点左右也有可能，但目前很难说已经站稳，围绕 2900 点的争夺战延续多时，如果两会之后行情依然持续，才能下结论，摆脱了两会行情的短炒可能。

从宏观趋势看，目前市场不确定性较大。

首先，全球通胀趋势变幻莫测，欧洲央行行长特里谢暗示欧洲央行最早今年 4 月加息，确实是个重大利好，但欧洲央行到底是否加息并不是一个确凿的事件，确凿的是美国、日本的宽松货币政策未有根本改变。全球通胀很难说从根本上得到缓解。

其次，目前银行等蓝筹股估值上升，源于再融资预期减小，但很难说蓝筹股行情已经开始。从两会透露的信息可以看出，直接融资包括公司债的发行只会加快而不会减少。随着城市商业银行与民企的大量上市，蓄水池会越做越大，未来股指即使上行，空间也不大。

第三，资金从楼市流入股市的预期，可能被持续收紧的货币政策抵销，由于面临巨大的物价上升压力，货币政策目前不上不下，既不会继续急速收紧，放松的可能性也不大。

能够确认的，就是中国经济结构转型已经迈步前进，所有与消费、高端制造等转型相关的行业，只要质量好、估值低，都是价值投资的机会。而两会期间市场上冲趋势明显，可能还会借力上行。我们只能把握自己能把握的，而摒弃掉所有的虚幻与非理性。（2011 年 3 月 7 日）

股市延续风投泡沫

2009 年 IPO 重启之后的这一轮股市，透着诡谲，传递出矛盾而复杂的信息。

2010 年 A 股市场的融资与再融资能力全球第一，但沪综指的表现全球倒数第三；2009 年创业板推出，一周年到来之时已有一百多家的上市公司，社会各界的 PE 热方兴未艾；正在此时，国际板与新三板传闻在市场掀起涛天巨浪。誉之者称之为市场化，毁之者称之为拔苗助长，甚至认为国际板是向外资公司输送利益的阴谋。一场接一场的辩论，市场在震荡中却波澜不惊地走过了两年。作为标志的沪综指，仍在 3000 点上下进行辛苦的拔河比赛。

中国股市在裂变的过程中，产生新市场，产生新财富，并重新分配财富。从中国经济的需求、资源配置的有效程度来看，未来中国股市将有新三板热土。

PE 潮已现泡沫迹象

让人目瞪口呆的案例，显现 PE 热的疯狂。

2010 年 7 月底完成工商注册，11 月 30 日被公安机关立案侦查，在短短四个月内，注册在天津市静海县的天津天凯（天凯新盛）股权投资基金有限公司，从全国 29 个省、市、自治区的近 9000 人手中非法集资，涉案金额 10 余亿元。而天凯公司的法人代表韩秀琴，“连自己的名字都不会写”“以前做过传销”，利用 PE 在短期内非法集资十亿元，涉及 29 个省市自治区，近 9000 人。

天凯所折射出的 PE 狂潮，揭示社会对于 PE 致富已经形成非理性的膜拜，认为只要能搭上 PE 快车，就能到达幸福的彼岸。受追捧的项目 PE 市盈率已达到 20 倍的可怕高度。

中国的实体经济正在迅速与资本时代合为一体，大量的货币以 VC 与 PE 的方式被组合起来，回到实体。国内知名创业投资与私募股权研究机构清科研究中心近日发布数据显示，2010 年中国市场募资、投资、退出案例数量均创下历史新高，全年共发生投资案例 363 起，交易总额 103.81 亿美元；退出案例 167 笔，一举打破 2007 年创下的 95 笔退出案例的最高纪录。随着去年中国企业 IPO 市场如火如荼，VC/PE 投资机构的收获期也随之而来。2010 年中国上市企业中，221 家企业有 VC/PE 投资机构支持，占上市总数的 46.4%，并且多数企业获得了不止一家 VC/PE 的注资。VC/PE 支持的企业上市数量比 2009 年同期增加了 144 家，221 家企业合计融资 395.12 亿美元，较 2009 年增加了 1.53 倍，上市数量与融资额均超过了 2007 年纪录。

风险投资者通过实体经济与资本市场的退出获得高额回报，资本市场原始股数十倍、创业板上市公司平均 3 个以上亿万富翁的创富率，让风险投资成为财富争夺的前哨阵地，也让韩秀琴这样的庞氏骗局的传销者有了用武之地。

中国的风险投资基数低、热度却高，与美国双峰并峙。风险投资与直接融资是流动性宽松时代的必然结果，也是中国经济结构转型中所选择的资金使用路径。中国的实体企业在自创品牌、自建内需销售渠道的过程中，需要的资金量极大，必须从风险投资等获得资金。

两家知名的体育用品制造商走过了这样的路。2010 年国内体育用品市场依然保持着强劲的增长势头，相关上市公司保持着 20%-30% 的增长。2 月 21 日，在香港上市的安踏体育用品有限公司披露，2010 年营业额上升 26.1% 至 74.08 亿元，毛利率增至 42.8%，股东应占溢利增长 24% 至 15.51 亿元。在自建营销渠道方面，安踏主品牌零售店店铺新增 958 家达 7549 家。此外，安踏儿童系列及运动生活系列店铺分别增至 383 家及 749 家。这意味着，安踏品牌的总店面数已经达到了 8681 家。

随着门店扩张步伐的加快，今后类似于安踏、特步等企业将比拼设计、营销、成本控制能力，反过来说，如果没有在两三年内销售渠道的大举扩张，如果没有上市融资，这些企业连竞争的入门券都拿不到。

2009 年 10 月 30 日创业板推出之后，风险投资有了更宽广、利润更高的退出通道，使风险投资成为全国各类资金投资的首选，一些机构发行的数亿元的人民币基金几天之内便宣告售罄。

但 PE 泡沫随之而生，风险投资市盈率居然达到 20 倍，2010 年上半年 PE/VC 支持的中国企业在深圳创业板和中小板上市的回报分别达到 15.48 倍和 14.89 倍，远高于在上海证券交易所的 4.32 倍和国外上市的回报。而在相对成熟的美国、德国市场，回报均在 3 倍以下，香港主板为 4.38 倍，新加坡主板则为 9.94 倍。一旦社会资金紧缩、一旦央行大力加息，如此高的市盈率与回报将难以为继。

与此同时，PE 腐败利益输送层出不穷，券商直投、个人跟投等成为腐败高发区。导致的结果是社会各界只盯着一夜暴富的案例，而对风险投资的常态，在高风险环境下 5 到 7 年的投资周期视而不见，直到酿成文盲农妇四个月集资十亿元的大案。

作为亡羊补牢式的监管，股权投资将受到发改委的监管。2010 年 2 月 14 日正式付印酝酿已久的股权投资企业的备案管理办法——《国家发展改革委办公厅关于进一步规范试点地区股权投资企业发展和备案管理工作的通知》，变自愿备案为强制备案，从合格投资人、募集形式、信息披露等方面全面规范 PE，这是中国规范股权投资的顶层设计，关键在于，这一设计无法制约在投资链条中的投资到上市或者并购退出的所有环节。如果发改委的设计无法与证监会的设计统一，将留下巨大的寻租空间。

中国风险投资还有数年的高峰期，未来在消费、医疗、高端制造等领域，我们都会看到风险投资的身影，地方的产业园将成为新实体的孵化器，最终风险投资与 GDP 的量有可能赶上甚至超过美国的份额。

新三板取代创业板成创富基地

创业板不敷所用，既无法满足风险投资的退出要求，无法满足投行的饕餮胃口，也无法满足创新企业与地方的直接融资要求，更无法做到市场化的进退自如。新三板进入管理层与大众的视线。

拓展新三板市场与推动转板取代国际板，成为 2011 年全国“两会”期间围绕证券市场最热的话题。

拓展新三板市场好处多多，可以促进中国创新经济，可以为民营企业融资，可以让中国的证券市场尝试注册制。是的，在创业板仍然没有退市机制、创业板与中小板差别不大的情况下，人们又一次将盼望改革的热切目光投向了新三板市场，希望新三板成为名符其实的市场化的创业板。新三板如果今年如期推出，意味着中国资本市场从主板、中小板、创业板到场外市场的建设，已经全部完成。不管质量如何，结构是已经完备了。

新三板的范围要比创业板大得多，需要的资金量未来将远远大于创业板。2010 年 9 月下旬，国务院新批了 13 家省级高新区升级为国家级高新区，加上原有的 56 家国家级高新区、杨凌示范区（杨凌农业高新区），国家级高新区其总数已增至 70 个。国家级高新区还将继续扩容，如果新三板市场每年挂牌 300 家，摊到每个园区平均不过 3 家，未来新三板的数量远超创业板。先行试点的中关村就有 3000 家高新技术企业作为储备。

事实上，各地的高新区都在厉兵秣马，东中西部沉浸在想象之中，深圳、苏州、成都、合肥、西安等地莫不如此。以济南为例，据济南高新区管委会金融办有关领导介绍，截至目前，济南高新区已培育上市后备资源企业 460 多家，其中与主办券商签订协议处于改制、尽职调查、券商内核等不同阶段的企业 39 家。说全国掀起高新区热潮毫不为过，而这与新三板的渠道密不可分。

2006 年 1 月 23 日，国务院批准设立新三板。试点 5 年来，新三板挂牌公司数量逐步增加，目前共有 125 家企业参与试点，其中已挂牌企业 81 家。我国民间借贷资金存量已超过 2.4 万亿元，占借贷市场的比重达到 5.6%，以每年 28% 的速度增长。引导民间借贷资金流入创新型企业，培育中国的苹果与东芝，显然是设立新三板的初衷。

令人担忧的是，新三板很有可能成为资本玩家的天堂，政绩工程的表面。张江高科、苏州高新等高科技园区概念股开始大幅上涨，大量投资者参股新三板公司，券商到处签约跑马圈地。一时之间，新三板公司鸡犬升天。新三板公司诺思兰德亏损 111.68 万元，每股亏损 0.12 元，却以每股 21 元的价格增发，引来 15 家机构，意向资金高达 8000 万元；通过参股公司再参股等企业层出不穷。

地方政府为交易所落地权而战，各高新区为入围试点名单而战，券商为争抢做市商资格而战，资本为抢夺上市资源而战……又一个千亿级的市场开始启动，未来是成为中国的纳斯达克，还是成为中国真正创新企业的伤心地，取决于对诚信、对公司赢利的明确监管和对投资者的责任架构。

与中国内需同步，与经济结构转型并驾，中国的证券市场正在发生变化。最活跃的市场莫过于创业板与新三板。

中国证券市场信用能否重塑，中国创新民企能否摆脱融资困境，中国投资者能否受到保护，各方都在期待。（2011 年 4 月 28 日）

新股破发不是病，利益链条才要命

打新者面对新股破发欲哭无泪时，监管者说不定在弹冠相庆。不是说三高发行吗？不是说新股利益链吗？现在好了，事实胜于雄辩，只要加快新股上市步伐，一切指责都将烟消云散。

截至 5 月 5 日，今年 117 只新股中，首日破发的 44 只，占比 37.6%；仍处破发的有 79 只，接近总量的七成。创业板共有 41 只破发，占据破发股的半壁江山。大规模的破发未能抑制贪婪之胃，在近 4 个月内发行上市的 107 只新股中，平均发行市盈率依然高达 60 倍，甚至高于去年全年的平均水平（去年为56.7倍）。虽然发行市盈率在二级市场的倒逼下逐级下降，从年初平均73倍降至55倍，但依然维持在高位。

不必去管新股破不破发，要管的是新股的定价机制是否遭遇人为扭曲。

货币紧缩与新股增发能够让打新者噤若寒蝉，却不能解决中国新股发行体制不顺的问题。如果能够解决，以A股市场动辄暂停发行新股保护市场的做派，早就让新股发行体制不药而愈了。事实恰好相反，无论新股发，还是不发，新股发行的顽疾仍然未能根治。

面对新股破发，我们首先要追问的是，为什么投行的定价屡屡出错？有几家公司破发不是问题，但大多数公司破发，说明上市之前的定价体系出了问题。在创业板上市之初业内人士在回答三高发行时，振振有辞地表示，只要市场能够接受，再高的市盈率也不是错。这话当然没错，谁让当时的公司赶上了市场资金充裕、投资者求上市公司若渴的好时候呢？但现在情况刚好相反，大面积破发说明市场并不认可这样的发行定价，事实击穿了以往投行的豪言。事实上，不管市场处于高位、低位，投行都会给出最高的定价，高到市场无法接受。

与新股破发套住投资者相比，投行日进斗金。据《21世纪经济报道》的数据，2011年前四个月114家IPO公司已给券商投行带来了超过60亿元的保荐承销收入。投行与机构投资者本应是利益共同体，如今却成为上市公司、投行、风投机构的一锤子买卖。截至4月末，今年以来发行费用过亿元的投行项目共计13个，分别为庞大集团、森马服饰、东富龙、广电电气、华锐风电、大智慧、国电清新、洽洽食品、宝泰隆、辉隆股份、贝因美、通裕重工、秀强股份，涉及14家承销保荐机构。

激励机制出现大问题，上市破发并没有让投行上黑名单，恰恰相反，一些投行因为善于、敢于高价发行，深受拟上市公司的青睐。有多少人记得上市首日大跌的天瑞仪器背后保荐商是东方证券，业内津津乐道的是瑞银证券在庞大集团上收获了上亿的费用。国信证券破发比例四分之一，已经算好投行。在一片血腥中，好勇斗狠者成为江湖英雄。

券商保荐、承销与直投连为一体的机制，形成了铁板一块的利益共同体，谁不想让自己直投的企业以最高的价格上市？目前的直投与自承销、自保荐体制遗害无穷，在 4 月上市的 24 只新股中，4 只新股有券商直投，且均采用券商“保荐 + 直投”模式。其中，平安财智投资的贝因美是当月最赚钱的项目，投资回报率高达 11.3 倍。

券商直投与公司圈钱相结合，构成了证券市场的诡异一幕，一些拟上市公司向投行要求以高价发行，而一些资源甚广的券商也不愁没有客户。券商宁可得罪二级市场的投资者，甚至宁可得罪机构投资者，也不愿意放弃自己的利益，得罪自己的衣食父母。而一些询价机构高报价，显示这些机构的专业素质与职业道德有待提高，他们以不比同行业绩差为第一追求。再说，环顾投行市场，谁又比谁黑多少？寰宇皆黑的环境，让中介机构有了充足的底气，因为自己的信用损失很小。

面对新股破发，证监会没有明确的表态，而是抓紧建设激励机制。年初有媒体表示，证监会官员披露，不会因为破发而改变 IPO 节奏；今年 4 月 6 日，中国证监会发行部副主任李庆应表示，证监会已经建立了保荐代表人聆讯制度和未通过发审会审核项目的签字保荐代表人问责机制，将监管关口前移，并将所有保荐项目纳入监管范围。“五一”节后，各投行已接到当地证监局发出的通知，要求各家保荐机构对保荐项目是否符合《证券发行上市保荐业务管理办法》第 72 条进行自查。从上述举措可知，证监会无意干涉市场定价，对于破发没有太多芥蒂，而是紧抓上市公司业绩变脸、保代责任等制度。

证监会的做法思路没有错，恢复窗口指导绝非证券市场幸事，建立正确的激励机制才是重中之重。

关键问题是，在建立制度的过程中有可能拣了芝麻丢了西瓜，保代问责制固然要建立，但比保代不负责更恶劣的机制性利益链条，如券商直投，又怎么能轻易放过？如果证监会的问责制问到券商头上，以破发率、变脸率等为券商打分，券商还敢高报价，除非是吃了豹子胆。监管层睁一只眼闭一只眼，允许券商为直投的公司自炒自卖，恐怕才是问题的症结之一。一方面要解决市场定价，一方面建立利益链条，市场定价机制不扭曲才怪。（2011 年 5 月 6 日）

中国证券市场可能因造假而崩溃？

中欧陆家嘴国际金融研究院副院长刘胜军先生认为，创业板将因为大量造假而在三年内崩溃。

不仅创业板，中国证券市场的造假已经成为中国经济发展的顽疾，创业板由于造富效应明显而受到了格外的关注。造假行为泛滥成灾，将彻底摧毁证券市场发展中国高新技术、利用证券市场培育未来的种子企业的目标。

造假一条龙谁来监管?

在公司上市之前就出现了一条龙造假的行为。

高新技术企业资质造假，高新技术企业泥沙俱下，一些伪技术披着高新企业的外衣疯狂攫取市场资源。

成为政府认证的高新技术企业有实际的利益，主要体现在税收优惠上。2008 年 4 月 14 日，国家科技部、财政部、国家税务总局下发《高新技术企业认定管理办法》（下称《认定办法》），规定凡通过高新技术认定的企业，其所得税税率可在 3 年内由 25% 减免至 15%。同时，在“5+1 地区”（五个经济特区和上海浦东新区），高新技术企业还可享受“两免三减半”的定期税收优惠。

申报高新技术企业的中介机构成为显赫的行业，他们比拼的是与科委的人脉关系。只要基本条件符合，中介机构会对企业进行完美包装。《时代周报》采访的某高新企业中介公司收费标准如下：规模 2000 万元以下的企业，收费 2 万元；2000 万至 1 亿元收费 3 万元；1 亿元以上，收费 4 万元。中介代理费之外的专利申请费、产品检测以及其他费用另行计算。去年科技部一位不愿意透露姓名的官员表示，有一半以上的高新技术企业都以此手段通过认证。创业板上市公司与拟上市公司 95% 拥有高科技企业的光环，换句话说，以高新技术为上市拉分的中小板与创业板企业中可能有一半是伪高新企业。

在创业板上市只要符合条件，发审委就能通过。事实上，发审委的门槛更低，连明显的学历不符、研发资金不符的企业都能闯关上市。

咨询中介机构对市场数据造假，直接影响对细分市场占有率的判断。去年 5 月 3 日，中国首家香港上市的现代咨询顾问企业赛迪顾问被曝收费编造数据，卷入受到质疑的立思辰、网宿科技、新世纪、拓维信息、启明信息、辉煌科技、久其软件等多家公司的 IPO 漩涡。此后 5 月 10 日，媒体对此道歉。但中介机构的潜规则，在经历市场下行周期后，将逐渐浮出水面。

无论是高新企业认证造假还是咨询中介数据造假，都与市场的资深江湖人士脱不了干系，他们或者曾任职相关部门，或者与相关部门交情深厚，而证监会发审委只要有数据，自己不背负责任，照单全收。

再看证监会发审委，虽然在媒体的追究下否决了造假到极致的胜景山河的造假申请，却放过了二次过会的淮油股份、万昌股份等，使投资者大受其害。另据《21 世纪经济报道》披露，在刚刚成立的第十三届主板发审委员名单中，有 10 名委员来自各大会计师事务所，6 名来自各大律师事务所。这些中介机构的人员与上市公司之间的利益链条，包括其自身与上市公司之间的联系，包括其所承担责任之轻，都无法令人信服。

资金使用效率低下

财务造假司空见惯，一些上市后业绩大变脸的公司造假到让人目瞪口呆的地步。常见的现象是补税与虚增利润，由于严厉的管制，上市之前大额补税的现象有所减少，但利润大跌的现象却层出不穷。

根据年报，2010 年创业板 209 家公司中有 32 家业绩下滑，比例超过 15%。其中，宝德股份净利降幅达 51.53%；朗科科技、恒信移动等 5 家公司降幅超过 40%。而同样的数据，深交所的说法要乐观得多：2010 年，创业板公司仍然保持了快速增长趋势。营业收入增长超过 100% 的公司有 8 家；48 家公司增幅在 50% 以上，其中东方日升增长率达到 182.1%；净利润增长超过 100% 的公司有 7 家，49 家公司增幅在 50% 以上，其中向日葵增长率为 165.6%。但一季报的数据加深了市场的担忧，截至 5 月 3 日，现有的 209 家创业板上市公司净利润同比负增长的有 47 家，其中有 9 家公司一季度净利润下滑幅度超过 50%，下滑幅度超过 30% 的累计有 18 家。真正实现净利润增幅 30% 以上的创业板公司只有 99 家，还不足半数。今年上市的 56 家创业板公司中，就有 12 家一季报净利下滑。情况不容乐观。

除了造假之外，资金使用效率低，一些根本不需要资金的轻资产企业上市，令宝贵的资金被束之高阁。

根据深交所的报告，2010 年中小板新上市的 204 家公司超募资金总额超过 1200 亿元，从 2010 年年报披露情况看，上述公司用超募资金归还银行借款约 117.28 亿元，补充流动资金约 88.75 亿元，上述两项合计占比 17.13%；与主业相关项目投资约 55.49 亿元，占比 4.63%；总使用进度约为 21.76%。而创业板 209 家上市公司 IPO 融资金额达到 1618 亿元，其中超募资金 1002 亿元。截至 4 月底，上市公司已安排使用超募资金 315.6 亿元，占超募资金总额 31.5%，其中用于与主业相关的直接项目投资和股权投资的比例接近 60%，偿还银行贷款和补充流通资金的比例超过 30%。目前，63 家公司已安排使用的超募资金比例超过 50%，15 家公司超募资金已全部明确了使用计划。

千亿级的超募资金有 70%、80% 没有使用，已经使用的部分效率如何有待观察，大部分营收增长超过利润增长，而一些超募的公司买楼买车买股票已蔚为大观。

圈钱只争朝夕

虽然许多公司不缺钱，但就证券市场总体而言，资金饥渴症十分明显。上市与再融资成为市场的主议题。圈钱刻不容缓。

证监会的统计数据显示，2010 年 A 股市场融资总额达到了 1.03 万亿元，较 2009 年的 4609.54 亿元大幅增长 123%，A 股市场因此成为全球第一大融资额的股票市场。2011 年前五个月，Wind 统计数据显示，A 股市场的首发、增发和配股共计募集资金达到了 3625.4 亿元；公司债、可转换债和可分离债共计募集资金则达到了 758.7 亿元，证券市场融资累计已经达到了 4384 亿元。除了首发融资略有减少之外，股票再融资和债券融资均出现了大幅增长，幅度分别达到了 197% 和 235%，总融资增长幅度则达到了 56%。

国企的重组并购、创业板的造富，都在发出一个声音：再不融资就太晚了。而上市公司再融资的原因，除了规模扩张之外，经营性现金流下降不容忽视。虽然一些上市的中小板与创业板不缺钱，负债率低，但经营性现金流下降预示了并不美妙的未来。

据 2010 年报数据显示，深交所各板块上市公司经营活动产生现金流净额与上年同期相比呈现不同程度的下降。其中主板公司同比下降 63.49%，披露年报的中小板公司同比增长 5.6%，其中主要是由于宁波银行经营性现金流净额大幅增加，如剔除宁波银行这一因素，中小板平均经营性现金流净额同比下降 43.3%。创业板公司平均经营性现金流净额下降 41.4%。

造假横行、圈钱迫切、资金错配，这是 A 股市场的三枚重型炸弹，引线却未被纳入管理，已经对投资者造成了严重的伤害，伤害群体从个人投资者蔓延至机构投资者。如果继续下去，中国证券市场甚至整个金融市场将深受其害，噬脐无及。（2011 年 6 月 7 日）

救市不如治病

市场破发严重，投资者对打新退避三舍，监管者认为这是市场的胜利，普通投资者在网络大声呼吁用脚投票、离开股市，不再成为圈钱公司血站永远的献血者。

2008 年的 10 月 28 日上证综指跌至 1664 点，随后指数一路攀升，到 2009 年 8 月 4 日上升到 3478 点，而后在狭窄的区间内震荡，阴跌至 2011 年 6 月 20 日的 2622 点。据新快报《赚钱周刊》统计，4 月 18 日至今，沪指跌去近 400 点、跌幅超 13%。两市总市值由 28.88 万亿元缩减至上周五的 24.98 万亿元，缩水达 13.5%，蒸发市值高达 3.9 万亿元。换言之，两市平均每个交易日蒸发 930 亿元市值，超过沪市近期日均 800 亿元的成交额。与此同时，两市整体市盈率也不断下降，6 月 17 日沪市平均市盈率仅 15.76 倍，而去年末的平均市盈率尚有 21.6 倍，降幅 27%。

这是市场的胜利，还是圈钱的轮回？

答案令人神伤。中国证券市场大幅下挫是赢利模式错误、信誉折价与利益输送的双重结果，而不是新股发行之罪。

上市公司发展模式畸形

上市公司外延式增长的发展模式无法给投资者带来确定的回报，受到严厉质疑。

固然，近三年新股发行量极大，但利润如果同步增长，证券市场绝不至于一地鸡毛。上市公司融资额激增，上市公司数量大增。2009 年 7 月 IPO 重新开启后，进入中国证券市场的融资高峰期，中国成为全球 IPO 最活跃的国家，共有 187 家公司通过 IPO 募集资金大约 4466 亿元人民币，紧随其后的是美国（69 个 IPO 募集资金 205 亿美元）和巴西（6 个 IPO 募集资金 130 亿美元）。2010 年融资额继续攀升，531 家公司在 A 股市场融资 10275.2 亿元人民币，其中首发 347 家融资 4883 亿元，两年时间新增 400 多家上市企业。进入 2011 年，仅半年时间，A 股市场新发 159 只 IPO，包括再融资在内，上半年 A 股融资总额达到了近 4000 亿元，融资额有可能与去年持平。

利润增长与上市圈钱的凶狠令人怀疑利润质量。去年 2175 家上市公司披露的报告显示，根据两大交易所发布的相关数据，去年上市公司共实现归属母公司股东净利润 1.66 万亿元，同比增长 37.34%；每股收益 0.497 元，超过 2007 年每股收益 0.419 元的历史高点。共有 2058 家上市公司实现盈利，占比达到 94.62%。工商银行、中国石油、建设银行分别以 1651.56 亿元、1398.71 亿元和 1348.44 亿元位居 2010 年上市公司盈利排行榜前三。

今年上市公司利润继续增长。第一季度 2154 家上市公司净利润同比增长率中位数在 16.63%，算术平均增幅达 281.24%，每股收益同比增长 18.9%。在公布上半年业绩预告的 758 家公司中，报喜者达 586 家，占比达到 77%，半年报的业绩将继续上升。

上市公司的利润增长赶不上圈钱的步伐，在利润增长的同时，现金流急剧下降。

2010 年，上市公司共实现经营活动现金流量净额 2.62 万亿元，比 2009 年度的 3.03 万亿元，下降 13.53%。

今年一季度情况更糟糕。A 股上市公司虽然净利润保持增长，但现金流明显恶化。剔除金融行业，A 股所有上市公司经营性现金流，由去年末的 4685 亿元下降到 268 亿元，低于 2008 年金融危机时的单季度数据。与 2003 年一季度的水平接近，但是 2003 年时上市公司数量明显少于现在。如果再剔除“两桶油”——中石油、中石化，整个 A 股上市公司的经营性现金流则为负数。剔除金融行业的 22 个申万一级行业中，共有 11 个行业现金流为负，机械设备、房地产、建筑建材、交运设备、商业贸易、纺织服装以及医药生物等行业，现金流都出现紧张状况，其中机械设备、房地产现金流情况最差，均低于 -400 亿元。

以 2010 年盈利排行第一名的工商银行论，2010 年 9 月发行 250 亿元可转债，根据公告，工行 A 股配股发行与 H 股配股发行的募集资金总额分别为人民币 33,673,838,106.87 元及港币 13,044,039,978.07 元（相当于人民币 11,173,524,645.21 元，按 1.00 港币兑人民币 0.8566 元计算），共募集 460 多亿元人民币资金。银行利润增长与再融资同步，其规模增长效应难以给备受煎熬的投资者带来安慰。

本次 A 股和 H 股配股发行的费用（包括承销费、律师费用、会计师费用、印刷、注册、翻译费用等）分别为人民币 95,834,576.68 元和港币 153,219,832.51 元（相当于人民币 131,248,108.52 元）。

另一家规模急剧扩张的公司更是再融资急先锋。东方园林，2010 年净利润 2.58 亿，同比增长 208%；今年一季报负增长达到了 205%，最终亏损 859.35 万元。截至今年 5 月 31 日，东方园林首发募集的 8 亿资金只剩 5545 万元。这家上市不到两年的企业，总股本从 5008 万股窜升到 15024 万股，现在为了挽救现金流又抛出了 22 亿元的定向增发计划。

中国的许多上市公司与政府项目一样，规模庞大、气势恢宏，却缺少真金白银的利益增长点，在规模扩张的过程中，不断向投资者伸手，没有给投资者带来利润窜升的红利。此类经营模式已经遭遇严重质疑，公司估值中枢不断下降，未见底部。

信用折价，劣币驱逐良币

至于信用折价，通过中国概念股在美国的遭遇可见一斑。

由于部分不诚信的公司受到调查，中国概念股遭灭顶之灾，股价腰斩，显示信用折价范围。牵连到守信用的公司同受池鱼之灾，当市场无法分辨公司质地时，通常会给某个受质疑的板块一个较大的折扣，折扣中包含了信用风险的价格。

A 股市场无法通过固定分红取得收益，一毛不拔的铁公鸡把自己当成巴菲特，振振有辞地从不分红，投资者只能通过股价的涨跌牟利。但问题是，当上市公司暴露出的不诚信彻底摧毁投资者的信心时，A 股投资者在无法一一分辨的情况下，给 A 股打了一个大大的折扣，以弥补不可测的信用风险。

折价有多大？A 股市场整体市盈率目前仅 15.76 倍，相较去年年底的 21.6 倍，下降 27%。据 Wind 数据统计，截至 6 月 17 日，156 只今年上市的新股，122 只处于破发状态，仅 34 只尚未破发，其中 59 只从上市首日起便一路破发至今。

利益输送二级市场成为药渣

二级市场已经成为投资地狱，不仅普通投资者血本无归，机构投资者同样境况窘迫。根据银河证券统计，截至 6 月 19 日，489 只偏股型基金中，正收益基金不到 10 只，占比 2% 左右，逾 97% 的偏股基金亏损。亏损超过 10% 的基金达到 15 只以上，占比接近三分之一。亏损最为严重的基金累计跌幅已超过 20%。取得正收益的基金，有一半今年以来收益率不足 1%，多达 97% 的偏股型基金今年以来净值亏损，实在是惨不忍睹。

一些私募基金索性直接清盘。根据不完全统计，有 5 个月以上业绩记录的 714 只非结构化私募证券投资信托产品中，今年前 5 月的平均收益率为 −6.98%，跑输大盘 2.93%。仅 5 月就有约 100 只私募产品跌幅达 10%。迄今已有 11 只基金清盘。据朝阳永续最新统计显示，目前又有 22 只阳光私募非结构化产品累计净值低于 0.7 元，徘徊在清盘红线的边缘。无论是安东尼·波顿还是国内的基金大佬，在变色龙般的中国概念股面前，统统走下神坛。

二级市场如此痛苦，一级市场风景独好，虽然发行市盈率下降，但仍是富家子弟。创投 Pre−IPO 通过一、二级市场的差价，可以获得两倍以上的收益。

中介机构同样是获益者，通过清科研究中心的研究，中国市场的承销保荐费用与信息披露、其他费用高于美国市场，上市公司发行费用逐年上升，其他费用中的灰色费用令人关注。截至 6 月 10 日，A 股大小非股东和高管套现金额 406 亿元。一级市场吸血，二级市场成为药渣。

自诩为市场化的新股发行体制改革，没有破解中国证券市场的利益链与报价责任，两大关键因素被有意忽略，制造出极大的寻租空间：询价机构以购买为报价负责，不允许承销券商进行拟上市公司的股权直投。

中国 A 股市场大跌是制度、经营模式、信用三重折价的结果，监管层救市，必须以制度改进推进市场进程，绝不能以停止发行新股的老办法救市，更不能把利益输送当成市场化向大众推销。

A 股市场有必要进行新股发行体制新一轮改革，取消券商直投，打破询价机构不负责任的报价，对于上市公司的考核以利润、资产收益率与经营性现金流为主导，同时像美国的中国概念股一样，进行刮骨疗毒。

A 股市场的不公与低效已经到了惊人的程度，如果再不改革，二级市场将以僵化的交易报复，一级市场贪婪的利益攫取者会因为新股无法发行不得不中止掠夺，毁灭式的改进会成为市场一个又一个惨痛的记忆，有助于情绪的蕴酿，却无助于制度的改良。（2011 年 6 月 22 日）

相信常识，不相信大牛市

6 月 CPI 预测值在 6% 以上，此时市场出现了一轮反弹行情，被冲昏头脑的机构又开始喊出了大牛市的声音。

这一轮的上涨行情建立在全球央行不可能加息、全球用行政手段抑制通胀的预期上。这样的预期不可能持久，用行政手段抑制无异于缘木求鱼。事实上，这一轮行情是一年中的大资金收获季节的提前到来，再低迷的市场，主流资金都需要制造收获季。

美国为低息政策的领头羊，本轮量化宽松货币政策的始作俑者。6 月底 QE2 到期，美国将推出 QE2.5 版本的量化宽松政策，也就是将到期的 3000 亿元债券资金继续购买债券，这相当于 QE2 的一半，此举保证美国利率不会实际上涨。与此同时，为了确保美国迟缓的经济复苏不会受到通胀的挑战，美国出手以联合国际能源机构释放原油战略储备的方式抵制国际原油价格，以保证大宗商品期货之母原油的价格不会上涨。而在过去一年里，纽约原油期货价格上涨了 30%。

我们看到了美国连串的利好经济数据，导致美国股市飙升，7 月 1 日道琼斯指数创两年来最大的单日涨幅。美国 6 月制造业强劲扩张，当月供应管理学会制造业采购经理人指数（PMI）从 5 月份的 53.5 升至 55.3。当月新订单指数从 5 月份的 51.0 升至 51.6；生产指数从 54.0 小幅升至 54.5。当月就业指数从 58.2 升至 59.9。当月库存指数从 5 月份的 48.7 升至 54.1。当月价格指数从 5 月份的 76.5 降至 68.0。

其他国家刚好相反。日本、韩国、意大利、德国等 PMI 均下滑，中国同样如此，连续下降的指数显示下半年制造业增速可能下滑。6 月份，中国物流与采购联合会发布的 PMI 为 50.9%，环比回落 1.1 个百分点。从各分项指数来看，只有产成品库存指数有所上升，上升 1 个百分点，其余各指数均不同程度回落。其中生产指数、新订单指数、积压订单指数、采购量指数、购进价格指数、原材料库存指数回落幅度超过 1 个百分点，尤其以购进价格指数回落幅度为最大，达到 3.6 个百分点。既然制造业连续下滑，说明央行加息的可能性不大。这让资本市场在短期内有了充分的信心。

另一项预测是通胀压力下降，中国物流与采购联合会公布的 PMI 分项指数中，购进价格指数大幅下降，说明工业成本向产成品价格的传导压力下降。6 月份的 CPI 维持在高位，但很多人相信，由于翘尾因素的影响，CPI 已经是强弩之末，不足为虑。加息阴影扫除，通胀处于低位，而投资能够保证 GDP 维持在 9%，有什么理由对证券市场不乐观呢？

我们有足够的理由对经济抱持谨慎的态度。全球经济未能找到新的经济增长点，美国的复苏能否持续让人十分怀疑，如果德国制造业增速下降，将比美国更强有力地说明了全球制造业增速下降的趋势。

美国的债务危机如泰山压顶，并不比欧债危机轻松，量化宽松不可能消解美国的通胀，而只能剥夺美国债权人的利益，中国将首当其冲，此时替美国的经济傻乐，就像抱薪救火一样愚昧。

包括中国在内的全球通胀压力依然维持在高位，固然中国通胀在新兴经济体中居于下游，但从大宗商品、资本品一直到持续不断的人力成本的上升，都在说明长期的通胀压力如箭在弦。事实上，央行并未放出货币宽松的风声，房地产等市场已经出现了反弹，如果央行宣布暂停紧缩，中国的资产泡沫将泛滥成灾。

日前在京召开的央行货币政策委员会 2011 年第二季度例会认为，当前我国经济金融运行正向宏观调控预定的方向发展，但经济金融发展面临的形势依然复杂，世界经济继续缓慢复苏，但面临的风险因素仍然较多；我国经济继续平稳较快发展，但通胀压力仍然处在高位。稳健的货币政策成为首选。

考虑到今年市场的扩容压力极大，考虑到证券市场从未对创业板等市场进行认真的制度性反思，考虑到有无数的利益群体等待在资本市场兑现，考虑到资本市场扩容成为缓解资金压力和通胀压力的重要工具，希望证券市场出现大牛市极不现实。

无论是宏观经济还是证券市场，细致入微而较为正确理性的分析，一定是基于对历史、对常识的尊重和基于对行业、公司的了解。对投资者而言，尊重常识，比相信机构预言家重要一万倍。（2011 年 7 月 5 日）

中国股市自己打垮自己

全球股市下挫，中国投资者惨遭池鱼之殃。

全球经济处于艰难时刻，各主要经济体没有找到新的经济增长极，宽松的货币政策在一时欢愉之后，让世界陷入通胀漩涡，债务危机水落石出，一切看起来糟糕透顶。

中国能做什么？恐怕什么也做不了。

加息？这是一个危险的选择，需要极大的勇气，以及放弃自身利益、对未来负责的精神。虽然通胀压力增加、全球债务危机时代来临，各主要央行默契地暂停加息，日本、韩国等央行出手增加流动性，此时中国加息除了吸引热钱进入，会让国内担忧的债务风险显形。铁道债、地方投融资平台债、房地产坏账风险，所有这一切已经压得投资者喘不过气来，连续的加息可能成为压在骆驼背上的最后一根稻草。即便最后形势所迫不得不加息，谁也不会希望自己是按动加息按钮的那个人。

中国稳健的货币政策不会变，但在稳健的外衣下可能做些微调。央行已经连续第三周净投放资金，三周合计向市场净投放资金达 950 亿元，银行间短期拆借利率大幅下滑。目前，央行最大的可能性是保持现状，既不会上调存款准备金率，更不会加息，以静制动、以不变应万变。

积极扩张的财政政策？想也不要想。4 万亿以及后续投资已经让人焦头烂额。

投资居高不下。虽然官方公布的反映大型企业的中国制造业采购经理人指数已经连续回落四个月，创下 29 个月以来的新低；反映中小企业的汇丰采购经理人指数，7 月为 49.3，环比回落 0.8 个百分点，创下 2009 年 3 月以来最低，进入 50 以下的紧张区域。但另一些数据昭示了投资居高不下，尤其是中西部地区的投资更是如此。

7 月 29 日，中电联发布《全国电力供需与经济运行形势分析预测报告》，上半年全国社会用电量为 22515 亿千瓦时，同比增长 12.2%，超过 9.6% 的 GDP 增幅。受高耗能产业拉动，全国有 9 个省（区）用电增长超过 15%。预计下半年全国大部分地区供电缺口合计将达 3000 万千瓦左右。中国西部地区用电量急增，显示成为投资高峰地区。上半年西部地区用电量增长最为迅速，达到 15.8%。中电联统计，有 9 个省份用电增长超过 15%，分别是位于新疆（31.2%）、江西（21.4%）、福建（20.6%）、云南（19.3%）、宁夏（15.9%）、海南（15.9%）、青海（15.6%）、甘肃（15.3%）和内蒙古（15.1%）。

国家统计局公布的数据显示，地方投资居高不下。今年 1–7 月份，固定资产投资（不含农户）15.242 万亿元人民币，较去年同期增长 25.4%，比 1–6 月份回落 0.2 个百分点。在此期间，中央项目投资 9075 亿元，按年下降 4.7%；地方项目投资 14.3345 万亿元，增长 28%。地方政府、各部门不再大干快上就谢天谢地，如果投资总额达到 20 万亿，到时局面将不可收拾。

中国股市下挫不是投资率不够，主要不是外部因素的冲击。有一个事实无法掩盖，从去年以来，全球经济还处在复苏过程中，美国股市跃跃欲上，中国股市就步入了低迷周期。从 2009 年 9 月 8 日的 3478 点高位下探以来，在狭窄的区间内来回震荡。2011 年 8 月 9 日以美债与欧债危机为导火索，到达 2500 点的区间。

很难说这不是有意为之的结果。证券市场的融资与再融资成为企业避免债务违约、银行保障安全边际的主要手段。数据统计显示，2010 年 A 股市场实现了 1.02 万亿元的天量融资，其中首发融资 4883 亿元；再融资额 5317 亿元。中国银行业实现了有史以来最大规模的融资，16 家上市银行中的 11 家共募集资金超过 4000 亿元，工中建交四大行再融资就超过 2700 亿元。这远远不是结束，预计上市银行未来一两年需要频繁再融资。目前，16 家上市银行中已经有 14 家宣布了再融资计划，规模约 4635 亿元。其中工农中建四大行将合计发行次级债 2200 亿元，虽然债权融资与股权融资有所不同，但由于债权融资的资金同样来自资本市场，对股市资金面同样构成负面影响。加上已公布的定向增发、配股、可转债等方式补充资本金的银行，2011 年银行业的再融资规模有可能超过

2010年。连2009年年底推出的创业板都在呼吁再融资。这样的天量融资，远远大于公司给投资者的回报，股票市场当然易跌难涨。

融资倒也罢了，层出不穷的利益输送与内幕交易让股市成为零和博弈，上市公司业绩变脸、次新股不断圈钱、创业板暴富阶层，都成为证券投资者心中大痛。

沪综指下挫到2500点，8月8日A股市场蒸发1万亿市值，这当然拜全球债务危机所赐。但A股市场长期低迷，根本原因是内幕交易、利益输送屡禁难治，圈钱市胃口大开。鉴于A股市场与外界资金基本隔绝，基本没有金融杠杆，因此国外股市大挫实际影响不大，只是A股普通投资者借他人酒杯、浇自己块垒，而权势投资者则想借机倒逼出宽松的货币政策罢了。（2011年8月10日）

卖空时代来了还是“狼来了”？

中国逐渐开启的卖空时代，是中国虚拟金融市场深化的象征，一个大投资时代、扩容时代正在到来。

据《每日经济新闻》报道，继融资融券之后，8月21日，《转融通业务试点操作方案》发布，如果转融通之门打开，意味着中国证券市场的金融杠杆拉长，做空时代来临。

在定价畸形的市场，拥有做空机制是大大的好事，意味着拥有了反向收益的可能。想想吧，你对某家不诚信的公司深恶痛绝，相信其股价一定会下降，此时你只需要反手卖空即可，设定的期限是半年。你终于可以通过做多与做空双重手段展示自己的市场意见了，从此投资者不再只限于依靠市场单边上扬获利，市场下行照样有获利空间。从此，中国的对冲基金终于在股指期货等技术手段之后又有了重要工具，不必再顶着对冲基金的头衔行单边做多之实了。从这个角度出发，本人一直赞成推出做空机制。

但是，且慢，转融通时代真的那么好，真的能够开启做空时代的大门吗？

门开得有多大，取决于掌门人的意志。2010 年 3 月 31 号融资融券开闸，从理论上看有资金实力的投资者已经拥有了做空工具。Wind 资讯统计数据显示，截至 8 月 18 日，沪深两市融资融券余额合计 332.29 亿元。其中融资余额 329.69 亿元，占比约 99%；融券余额仅 2.58 亿元，占比约 1%。即便是融资，在市场总体成交量上也可以忽略不计，8 月以来，A 股市场成交金额约 2.3 万亿元，融资买入仅为 165 亿元，占比不到 1%。

融券做空具有象征意义。以往融资融券机制存在较高的门槛，费率比贷款高，并且投资者只能向券商融券，券商自营做多与投资者融券做空之间的尖锐冲突，使融券成为画饼。为了抑制风险，我国融资融券保证金不低于 50%，资金放大 1 倍，杠杆作用为 2。除了最低保证金要求，实施细则还规定，客户维持担保比例不得低于 130%，投资者信用证券账户维持担保比例超过 300% 时，方可提取保证金可用余额中的现金或可充抵保证金的有价证券，但提取后维持担保比例不得低于 300%；未了结相关融券交易前，客户融券卖出所得价款除买券还券外不得另作他用。上述规定基本上无杠杆可言。

融资融券常态化之后，如果保证金与担保比例不下调，意味着金融杠杆没有加长。又要做杠杆，又怕杠杆长了风险无法控制，是目前融资融券领域中的典型管理心态。卖空时代来了，很有可能变成“狼来了”的故事的翻版。

唯一的好处是融资融券规模会急剧放大，通过转融通，成立中国证券金融股份有限公司，由银行、基金和保险公司等机构提供资金和证券，证券金融公司则作为中介将这些资金和证券出借给证券公司开展融资融券业务。如此一来，券商自营券与投资者做空之间的尖锐冲突将会消失，仅从理论上，券商、集合资产管理计划、基金、保险、信托、社保基金、企业年金、其他机构等八大类就可以借出数万亿市值的证券。

A股市场做空机制有两大死穴。

一是没有退出机制。

你兴致勃勃做空某个股票，可能是因为上市公司业绩太差，可能是因为管理层谎话连篇，不料在半年不到的时间内，此类妖怪公司传出借壳重组等消息，于是乎你只能瞠目结舌，大亏其钱。此类戏剧性事件在A股市场绝不罕见，ST公司往往会上演重组、注入资产后乌鸡变凤凰的活话剧。中国涨势最妖往往是此类股票。

没有退市机制就是壳资源溢价市，就是鼓励炒作烂公司，对于做空者而言是最大的风险、最大的不公。

二是没有风险对冲手段。

我国的融券机制是畸形的。按照规定，融券卖出申报价格不得低于该证券的最近成交价，如该证券当天未产生成交的，申报价格不得低于前收盘价。此举是为了防止空头打压导致暴跌，同时也就意味着做空存在着不可测风险，政策似乎在昭示各方，他们厌恶大举做空。

做空存在风险，需要进行对冲。无论是证券的融出者还是融入者，都需要进行对冲，如社保基金、券商等机构可能在融出券后买入看涨期权进行对冲，如果没有对冲手段，社保基金、券商将眼看着自己手中的证券价格下行，虽然他们获得了中间费用，但有可能无法覆盖风险。证券融出者与做空者之间是天敌关系，只有借助对冲手段才能和平共处。

如果一个不成熟的市场，秉承的理念是，发达市场有的技术手段，我们都要有，但发达国家有的制度比如投资者集体诉讼制度，我们不必有。这样下去，紫鑫药业类公司会源源不断，做空者络绎不绝，为了防止市场颠覆，我们只能严格制约做空者。

放开做空，而后打压做空，市场将在“狼来了”的喊声中陷入精神分裂。（2011 年 8 月 23 日）

中国股市不缺钱

中国股市不缺钱，缺能够带来回报的好公司。

人们可能会用银行股的赢利进行反驳，但他们忘记了银行股融资与再融资量远远超过分红，而分红中的大部分进入汇金等大股东的口袋。中石油、中石化等巨无霸公司上市就已成熟，在 A 股估值处于高位，以至于有中石油投资者自嘲把股票当作传家宝传给后人。看来，中石油 A 股股票与民间钞票一样，只具有纪念意义。

中国股市跌跌不休，迷信于供求关系的人常常归咎于融资、再融资与货币收紧，其实这些都不是问题。

从长期来看，中国货币发行量超过了经济增速，银行存款达到 70 万亿人民币以上，艺术品份额等高端投资品遍地开花。从货币发行体制主要靠外汇占款以来，货币缺乏从来都不是中国经济的问题，相反，货币过多导致通胀或者滞胀压力过大才是真问题。

融资与再融资同样不是问题，只有圈钱、抢钱式的融资才是问题。证监会统计数据显示，2010 年 A 股市场融资总额达到 1.03 万亿元，较 2009 年的 4609.54 亿元大幅增长 123%，成为全球第一大融资额的股票市场。2011 年，截至 8 月 18 日，深沪两市证券发行融资总额共计 5936.17 亿元，“熊冠全球”的中国股市，扩容速度再次居全球之冠，上市公司的数量已飙升到 2530 家，有希望在短期内超过美国。

如果一家上市公司在市场上获得10亿元的资金，其利润每年稳定以10%甚至15%以上的速度增长，并且给予投资者以良好的回报，这样的公司绝不是抽血的圈钱公司，而是被投资者视若至宝的熊猫公司。试想，如果中国的银行类上市公司都是二十年前在香港市场的汇丰，投资者怎么会有圈钱的责难？

证券市场与房地产投资市场一样，看的不是供求关系，而是风险与回报。看货币供应量、看上市家数，甚至单纯看企业赢利，都有可能让投资者走入歧途。

尤其在A股市场，一些公司赢利节节上升，股价步步后退。为什么银行类股地板价无人接手？因为银行股业绩再好，再融资补充资本金的做法不会改变，普通投资者最大的收获就是看着半年报苦笑两声。

再看中石化，半年净利400亿，实在是无比美妙。但其财务动作却让人忧虑横生，一家拥有垄断定价权、集万千宠爱在一身的公司，无比缺钱。2010年，中石化成绩单净利润低于中石油，增长率远不如中海油，大手笔计提了154亿资产减值损失，如同洗了个大澡，为未来业绩预埋伏笔。

不仅财务数据让人侧目，公司利润极高，却不断发行债券，其300亿元的可转债计划被认为是8月末可转债市场暴跌的元凶。就在今年3月，中石化刚发行了230亿元可转债，以新债还旧债的做法，说明这家企业对资金极端饥渴，更说明融资到了无耻的地步。可转债估值到了2003年的水平，依然不停伸手，这些公司显然认为可转债是低息股权融资，根本不需要成本。

利润上升与资金饥渴并存，是大多数公司的真实写照。只要股市略有好转，这些上市公司的私有化、并购重组、资源扩张之路就不会停止，你就是把全世界的金山给了他，他依然会伸手向你要钱，名为再融资。

A股市场经典地显示了什么叫做劣币驱逐良币，监管层有纵容市场主体炒作之嫌。贺宛男女士以数据证实，ST 股就是 A 股的凤凰。自从 2007 年 5 月 *ST 联谊被终止上市后，4 年多来沪深股市再没有一只垃圾股退市，而这期间，上市公司净增 700 余家。监管层越出借壳新政，ST 股越疯狂，ST 股近期连续大涨。自今年 4 月 18 日上证指数阶段高点 3067 点，到 9 月 7 日阶段低点 2470 点收盘，下跌近 20%，其间有 328 只个股上涨，占上市股票的比例约为 14%，其中 ST 股占了 35 只，在 ST 一族中比例约为 40%。原因无它，借壳新规事实上提高了 ST 股的溢价。借壳上市如此，新上市公司也好不到哪里去，连可怕的胜景山河仍然受 PE 追捧，可知市场无耻到了什么地步。

如果有一天，做空中国概念股的现象发生在中国本土，投资者才有理由为未来鼓掌。

如此之多的问题，制度监管者未予改进，仍用西方的技术手段照猫画虎。如 9 月 15 日银监会主席助理阎庆民表示，未来不良贷款可能有所反弹。商业银行同时面临流动性和资本充足率压力。银监会目前正在联合央行研究，向国务院汇报，开展有前提的资产证券化，为商业银行在货币政策回归常态化背景下打开一条出路。一个信用糟糕、信用评级等于零的市场，居然要资产证券化，等于放虎归山。

A 股市场的投资理念该受责备，因为有毒的市场使大部分拥有正常价值观的人成为了烈士。（2011 年 9 月 16 日）

股市反弹为扩容

沪综指反弹到 2400 点以上，为新一轮扩容埋下伏笔。

股市扩容绝不会放缓。《第一财经日报》报道，上海一名保荐代表人透露，在年度第四期保荐代表人培训班上，监管层所披露的新股审核数据显示，目前创业板企业在审 200 多家，主板首发在审 300 多家，主板再融资 150 多家，项目数量充裕。各类公司轮番上市，央企上市接近尾声，保险银行上市再融资如泰山压顶，地方国企上市重组方兴未艾，证券公司上市正在急行军，文化传媒行业已准备妥当。

据 Wind 数据表明，截至 10 月 24 日，今年以来首发公司数量达到了创纪录的 243 家，募集资金金额累计已高达 2384.73 亿元。与此同时，A 股流通市值大幅缩水。而全部 A 股总市值和流通市值与去年年末比，分别缩水 4 万亿与 2 万亿左右。

A 股市场对于缓解中国经济的压力起到扛鼎作用。

首先，通过直接融资解决银行信贷压力，缩小货币供应量。从今年的情况来看，债券市场证券市场已经超过信贷规模。企业债发行乐观估计在 5000 亿元左右，而 130 家公司债已发行和提出预案的 2274 亿元，截至 10 月 21 日，银行次级债发行 2076 亿元，加上证券市场融资再融资量上半年达到 4965 亿元，预计全年在万亿元左右，总量为 1.935 万亿元。根据央行数据，今年前三季度，人民币贷款增量为 5.68 万亿元。

按照评级机构惠誉 8 月 30 日公布的数据，经惠誉调整后的社会融资总量在 2011 年预计将达到 18 万亿元，将比官方统计高出 3.5 万亿元。这些项目包括来自香港银行的贷款、非正式的信贷资产证券化、信托产品融资、信用证融资等，这些项目并未包含在央行的社会融资总量统计范畴内。民间融资加直接融资的总量将超过贷款间接额，由此减少银行风险，降低基础货币的发行量，但社会货币总量、广义货币量并未因此下降。

其次，通过上市为以往的扩张政策埋单，减少实体企业现金流与银行的资本金压力。

由于金融危机之后的扩张政策，导致企业过于激进，银行业风险大增。笔者将这两年称为缓解现金流压力的埋单年。仅根据已披露数据统计，2011 到 2013 年，上市银行融资需求约为 8752 亿元，其中次级债 4184 亿元；金融债、人民币债券 2904 亿元；IPO、配股、定增等 1664 亿元。

企业急不可耐的主要原因是崩紧的资金链条。如铁路建设高潮回落，导致相关公司捉襟见肘。中国北车调整再融资方案，10 月 26 日公告，把 A 股非公开发行的原方案调整为向 A 股全体股东配股。方案公布为拟向全体股东配售不超过 24.90 亿股，募集资金为不超过 71 亿元。此前两次增发落空，3 月 23 日，中国北车推出定增预案，拟以 7.16 元 / 股的价格定向增发 15 亿股，募资约 107.39 亿元；7 月 5 日，中国北车调高发行数量和降低发行价格，并将募资预期调整为 102.38 亿元，依然落空。同样难过的还有中国南车。10 月 10 日，中国南车以 4.44 元 / 股收盘，跌破上一次定增调整价格 4.46 元 / 股，股价盘中最低探到 4.39 元 / 股，为近两年来的价格低点。

除此之外，与基建项目相关的铁路、公路、工程机械行业等，均处于低谷期，投资高峰期拉下的饥荒必须填补。

第三，重点企业与创新型企业的发展都要靠股市。

主板、中小板、创业板三板齐上发新股还不够，创业板不足以解决创新型企业的资金困境，新三板将进入扩张阶段。中国证券业协会近期调整了代办系统主办券商业务资格验收授予程序，目前有超过半数国内券商获得主办资格。今年前 8 个月，7 家证券公司获得资格。9 月以来不足两个月，6 家证券公司获得资格。据《中国证券报》统计，目前，已有 56 家证券公司获得资格，超过全部 106 家证券公司的半数。协会统计显示，截至今年 6 月，协会共受理中关村园区 111 家公司挂牌申请备案文件。其中，出具备案确认函 92 家，审查未予通过 3 家，主办券商撤回 12 家。新三板扩容预热动作明显加快，未来扩容或将面向全国。

证券市场是全国投资者勒紧裤腰带支援企业建设的缩影。如果仅是为国贡献倒也罢了，问题是证券市场为市场体制，贡献可以名正言顺纳入私囊。

一方面是吸资如火如荼，另一方面是超募大富大贵。截至目前，已经上市的 269 家创业板公司超募资金总数达 1116.9 亿元，超募资金超过 10 亿元的创业板公司有 21 家，不足 1 亿元的有 26 家，其中 4 家创业板公司实际募集资金低于预计募集资金数额。从分红方面来看，截至 2010 年，A 股市场 20 年给予普通投资者的现金分红总额占融资总额的比率不足 17%。普通投资者还需支付印花税、交易佣金等，交易成本甚至超过红利。

大规模超募、破发说明资金配置效率低下，投资者总体亏损说明市场缺乏财富效应，经济周期明显说明市场埋单远未结束——谁说市场的大牛市到了呢？吃饭行情罢了。（2011 年 10 月 27 日）

退市击退股市不死鸟

创业板退市制度还在征求意见，市场预期已经发生令人欣喜的变化。

重组股遭遇滑铁卢，截至 12 月 1 日，今年明确表示终止资产重组且无新重组动向的上市公司达到 26 家，是去年的两倍，10 月份以来先后有索芙特、万方地产、大港股份等 8 家公司终止了各自的资产重组事项。12 月 6 日，受大元股份和科力远重组失败连续跌停的影响，重组题材股大跌。同一天，17 家 ST 股跌停，ST 板块大跌。

另据 Wind 数据，从今年年初至 12 月 5 日，共有 114 家上市公司发布了并购重组停止实施和失败的公告，有 43 家上市公司并购重组预案在当年内流产。114 家今年发布停止实施并购重组方案的上市公司涉及到的预案发布期包括 2001 年至今，并购重组涉及到的股权或资产交易额高达 701.8 亿元，其中房地产上市公司 16 家，医药行业上市公司 10 家，工业机械 6 家，百货商店 4 家，另外，建筑与工程、建材、建筑产品、食品类、电子设备和仪器等行业也有部分公司发布了并购重组停止实施方案。

借壳上市容易藏污纳垢，由于信息与利益链条长，从审批的各个部委到抬轿子的各个机构全都是内幕知情人，导致内幕交易横行。美国投资者狙击中概股，最先着手的就是反向收购股，即借壳上市，狙击的结果是大获全胜。国内证券市场有必要见贤思齐，严控借壳上市，最大限度地阻塞借壳链条中的利益输送。

并购重组失败有三方面原因，可以看到对症下药的初步效果。

首先，重组门槛提高，降低壳资源价值。

借壳之所以盛行，一个重要原因是借壳成本比上市低。按照法律规定，我国发行上市的证券承销费一般不超过融资额的 3%。从 2000 年到 2005 年，整个上市成本一般不会超过融资额的 5%，但创业板的上市费用已经高达 10%，加上信息沟通、公关等隐性费用，一些自身不过硬、强行闯关上市的低质公司上市费用甚至高达 30% 以上。

相比而言，借壳上市成本较低。但在 8 月，证监会公布了《关于修改上市公司重大资产重组与配套融资相关规定的决定》后，借壳标准接近 IPO，拟借壳对应的经营实体持续经营时间应当在 3 年以上，最近 2 个会计年度净利润均为正且累计超过 2000 万元，壳资源溢价急速下滑。在 5 月征求意见稿出台后，华芳纺织、*ST 四维等上市公司，就先后宣布重组搁置或终止重组的消息。

其次，某些行业市场预期下降。如房地产行业，由于再融资受到严格限制，相关的并购重组案例失败率最高。大张旗鼓整合旗下房地产资产的并购重组案例纷纷歇菜，如广宇发展 2010 年披露的重组方案显示，公司拟向大股东山东鲁能集团有限公司定向增发 6 亿股，收购其持有的 7 家房地产企业，购买资产的估值达到 59.29 亿元。现在重组偃旗息鼓。

借壳上市需要金融杠杆，以较少的借壳资金吸纳源源不断的市场资金，如果借壳者无法通过上市的壳在股市圈到钱，如果借壳者支付的成本成为沉没成本，如果上市之后还要现金分红，借壳也就失去了意义。

第三，退市制度已经起到威慑作用。

ST 股炒作是因为肉身不死，这些上市公司就像有九条命的猫，可以在证券市场长生不老。一些重组市场上的常客们，什么热门重组什么，9 月 15 日宣布终止重组的 *ST 吉药，不管成不成功，在最近四年内先后运作了六次资产重组，而第六次重组距离第五次重组失败承诺期，仅仅不过短短两周时间。时代科技在今年进行了两次资产重组，均以失败告终。上市资源隶属于 A 股市场，这样的公司横行天下，昭示着内幕交易者一度拥有的幸福时光，也昭示着诚实经营者在市场很难有立足之地。

据统计，在 114 家发布停止并购重组方案的上市公司中有 13 家 ST 或 *ST 上市公司，乌鸦变凤凰的溢价传奇，终于大面积失效。如果创业板退市机制正式出炉，并且以强有力的执行力，向市场宣告，A 股市场厚颜无耻的不死鸟们也就失去了存身之地。

A 股市场拥有上万家的上市资源，一些新生代的企业家以初生牛犊的劲头正在新技术企业领域大举扩张，与之相配合的还有无数的风险投资基金。相反，ST 公司或者吃政府补贴维持金刚不坏之身，或者以高科技为名行圈钱之实，更有甚者，成为某些利益集团洗钱的途径，一床重组的锦被，把所有的烂账一盖了之。

允许健康的企业上市，为投资者创造价值，尽可能减少借壳上市的机会，是从根本上降低内幕交易的途径之一。以市场为名，认为中国股市不应该强制分红、应该鼓励重组的教父、圣母们可以休矣，这些人或者不了解中国错综复杂的利益背景，或者根本是为利益集团当吹鼓手，

不过假借市场之名玷污市场。（2011 年 12 月 7 日）

股指不涨与造富有关

股市十年轮回，不变的是股指，变的是上市公司数量与圈钱者的脸。

十年前，沪指 2300 点左右，十年后还是在 2300 点左右苦战。2001 年 6 月 14 日，沪指在 2245.43 点见顶，在之前和随后的 4 年间这一高度都未被超越；2011 年 10 月 24 日，沪指最低探至 2307.15 点，在随后的 11 月底和现在的 12 月，2300 点一线始终岌岌可危，2011 年 12 月 12 日，收盘于 2291.55 点，比十年前的高点高出 46.12 点。

变的是上市公司与富翁数量。十年前，A 股市场只有 1073 家上市公司；十年后，A 股上市公司已超 2300 家（包括暂停上市者）；期间，2004 年，中小板开闸；2009 年，创业板开板。2011 年，一年间上市公司或超 250 家，几乎每个交易日都有一只新股上市，每家上市公司都有富翁诞生，创业板甚至成为富翁流水生产线。

遵照市场逻辑，没有人应该对上市公司数量说三道四；但证券市场成为圈钱市，上市公司占据社会资源转变为个人财富，任何一个守法公民都有权利说三道四。

到目前为止，中国证券市场的内幕交易、忽视投资者利益的顽疾没有得到根本改变。以至于新一任证监会主席郭树清上任之后，做的第一件事就是整治内幕交易，而他所遇到的阻力甚至比前任更大，因为既得利益群体更加庞大。

郭树清的整治内幕交易如果不想成为茶杯里的风暴，就必须抓住牛鼻子。改变圈钱市，要改变的是权贵市场与信托市场的格局。证监会的整治风暴要想取得突破，必须牢牢控制住市场权贵们的贪欲。

证监会在这方面有所动作，在拍了基金经理等苍蝇之后，动手打老虎。

打老虎表现在以下案例。第一，12 月 1 日，中国证监会发布 35 号公告称，上市公司并购重组审核委员会委员吴建敏涉嫌违规持有所审核上市公司股票，决定对吴建敏并购重组委委员职务予以解聘，这是证监会有史以来首次解聘并购重组审核委员会委员，说明证监会的大刀挥向重要的内部人士。第二，12 月 9 日，《中国证券报》报道，证监会有关部门负责人披露了云南绿大地生物科技股份有限公司涉嫌违法违规案的细节。调查发现，绿大地涉嫌欺诈发行，违规披露、不披露重要信息，伪造国家机关公文、有效证明文件和有关单据、凭证，隐匿、销毁会计资料等多项违法犯罪行为。绿大地案例说明，证监会与地方保护主义的博弈进入深水区。

博弈圈钱的权贵不易。权贵包括上市公司大股东、保荐人、发行人、地方政府、审批部门等一系列既得利益者。证监会既要与地方保护主义者也即地方政府部门作对，也要与保荐人等内部人的私欲斗争，这是艰难的任务，不可能毕其功于一役。

对于郭树清而言，要避免在证券市场的失利，先要学习借力打力，借助于投资者与监管部门内部的正义力量，改变单打独斗的个人英雄主义思维。在整治内幕交易方面，所有的受损投资者业已达成共识，这是一股势力极大的正义力量，整合这股力量，清查内幕交易背后的具体操纵手段等，对日后的战役具有极强的借鉴意义。我们必须建立如下信念：肃清市场秩序并非某个英雄的选择，而是所有希望中国市场健康发展的公民的共同选择。

另一方面，要建立案例机制，通过一个个案例为后来的制度建设立打下根基。对绿大地、ST 银广夏处置的结果，有必要累积成为未来处置的成文案例，使后续的处理有充分的事实与逻辑依据。中国的文化、法律不能成为没有积累的断头公案，让每一个改革者在一张白纸上从头改革，成本实在太大。

在地方政府不配合的情况下，及时、充分运用法律赋予证监会的准司法权，冻结内幕交易者的财产，增加经济处罚的力度，起码让偷窃者在经济上付出沉重的代价。经济案例以经济处罚为主，以挽救社会公平为目标，这是成熟社会的标志，不必让涉案者锒铛入狱，正义照样可以得到伸张。

最后，并非最不重要的是，对于内部的权力者要建立责权利相关的机制，发审委掌握拟上市公司生杀大权，却不必对公司业绩变脸负责，这是不可思议的责权利不平等；询价机构绝大部分报价属于无效报价，同样属于可怕的失职行为；证监会的制度允许这样的现象存在，是对权力寻租的有意放纵。因此，郭树清上台之后，厘清制度建立责权利对等机制，针对掌权者建立责任追溯机制，迫在眉睫。

与其他市场一样，中国证券市场面临的首要难题是设租、寻租，是权贵者将社会资源私有化，是欠缺机会公平，对于任何一个市场改革派而言，是否承认这一前提，并且最大限度地铲除设租、寻租土壤，是事关改革成败的关键。（2011 年 12 月 17 日）

【新三板】

警惕新三板成为骗子天堂

拓展新三板市场与推动转板取代国际板，成为两会期间围绕证券市场最热的话题。

拓展新三板市场好处多多，可以促进中国的创新经济，可以为民营企业融资，可以让中国的证券市场尝试注册制。是的，在创业板仍然没有退市机制、创业板与中小板差别不大的情况下，人们又一次将改革的热切目光投向了新三板市场，希望新三板成为名符其实的市场化的创业板。

为了中国经济转型的需要，新三板应该拓展、应该转板，新三板应该成为创业板的替身，完成创业板无法完成的注册与退市制度等改革。不过，硬币的背面应该是，新三板应该成为中国法律的示范区，用严刑重罚使欺诈、造假、寻租者知难而退。市场化与严厉的惩罚，两者理应并行不悖。

笔者担心的是，新三板市场是否会成为骗子的天堂，成为地方政府的资金竞争地。

这一担心并非空穴来风，相对成熟的中小板与创业板都难以避免欺诈与腐败。无须多说，在中小板与创业板的券商中，有多少保荐了上市即变脸的公司。事实上，其保荐的公司质量参差不齐的证券公司如平安证券等，至今仍活跃于市场。最新的例证是，中国宝安个案中，到底是谁忽悠有石墨矿？这居然成了罗生门，推荐的券商统统闭嘴，中国宝安在股价大涨之后的一纸澄清公告套住了无数后知后觉的投资者，坊间关于去年 12 月闭门会议宣告新一轮托股行动的传言沸沸扬扬，而深圳证监局在媒体的催问下，仅表示深圳证监局相关部门将设法了解此事，希望能尽快得出结论。

监管层以在创业板的公正，才能为新三板市场树立一个标竿，否则，新三板市场同样会成为突击入股、保荐直投等寻租者的天堂。

资本化是中国新一轮暴利之源，这一轮资本化的重点是国企重组与创新型民营企业上市。就笔者所见的情况，上市比例业已成为地方政府的重要业绩，在上市变脸的农业、IT 行业的企业中，明显的税收异动，让人不得不疑心背后有着一条龙的上市服务链条，从财报到所需要的各种文书，可谓一应俱全。新三板市场与地方政府干系更大，既涉及地方的未来产业发展，又可以解决当地民企的融资来源，可谓有百利而无一害。地方政府之间的竞争不难想象，行政竞争之下的小动作同样不难想象。

新三板市场可能大规模扩容，是市场分食的最丰厚的大蛋糕。证监会主席尚福林表示，证监会正在积极做新三板扩容这方面的工作，相关制度安排已基本到位，没有具体时间表。相关制度安排到位，意味着今年推出的可能性极大。

2006 年 1 月 23 日，国务院批准设立新三板。试点 5 年来，新三板挂牌公司数量逐步增加，目前共有 125 家企业参与试点，其中已挂牌企业 81 家。全国目前共有 83 个国家级高新区，目前市场流传扩容首批试点园区可能在 15-20 家，新三板规模将呈几何级数增长。不过，推出激进方案的可能性不大，按照目前的情况，在东中西部寻找四到五个新三板市场，促进当地的创新企业发展，是较为稳妥的办法。

新三板市场的抢食运动已经开始。张江高新、苏州高新等高科技园区概念股开始大幅上涨，而大量投资者参股新三板公司，一时之间，新三板公司鸡犬升天。新三板公司诺思兰德亏损 111.68 万元，每股亏损 0.12 元，却以每股 21 元的价格增发，引来 15 家机构，意向资金高达 8000 万元。与此同时，通过参股公司再参股等企业层出不穷，深受质疑的中国宝安就是其中的一员。

新三板市场给券商提供了另一条长远的业务渠道，既可以进行做市商，又可以保荐转板。企业在新三板挂牌之后到实施 IPO 期间，将由主办券商实施终身保荐。

其中的风险在于，新三板市场既能做市商，又允许合规个人投资者直接投资。个人投资者与机构投资者同时下水，规则如何介定个人投资者与做市商者之间的边界？如何防止做市商者侵害个人投资者的利益？没有哪个监管者能为个人投资者的收益提供保障，但因为造假、发布虚假信息等原因使个人投资者受损的，必须受到严惩，在拓展新三板市场时，建立个人投资者的救济渠道则是重中之重，

从新三板转到创业板，溢价至少两三倍，一年内几十家企业如果转板成功，就能为证券带来数亿元的保荐收入。即使不成功，由于新三板市场前景看好、资金进入，不缺乏流动性，可以依照主板市场，通过一个又一个的概念引诱资金进入。而对民企的信用也不可过于乐观，前国资委主任李荣融卸任之后走访民企，提出的关键词就是受制与诚信。

新三板市场如同创业板市场，寄托了人们对证券市场改革的希望，寄托了高新民企的梦想，寄托了对市场公平的期盼。所以，请善待新三板，不要再用正在研究退市机制、正在调查受质疑公司等理由来忽悠投资者了。再热情的市场也禁不起一次又一次的信用衰竭。（2011 年 3 月 9 日）

【小趋势】

2012 年证券市场：镀金时代消失

证券市场在经历了艰难的 2011 年之后，将迎来喜忧交织的 2012 年。在金融去杠杆化时代，房地产市场、证券市场财富效应一齐下降，资本货币的镀金时代消失，债务时代到来。

总体而言，2012 年将延续 2011 年的宏观经济环境，债务危机与去杠杆化将继续，实体经济复苏乏力，寄望于宽松货币政策的投资者将饱受失望打击。但在具体的政策、案例、点位上，市场的偶尔反弹可能带

给投资者以惊喜。

与实体经济一样，证券市场一样处于转型时代，投资界人士要有充分的心理准备，应对随转型而来的困难、博弈、愤怒与失望。

实体经济不支持牛市诞生

2011 年 12 月 13 日是个标志性日子，这一天上证指数回到了十年前的 2245 点，留给投资者的是一地鸡毛，也让 2010 年底的牛市憧憬者无言以对。2012 年，能够安慰投资者的是，再坏也坏不过 2011 年，连 2011 年的困境都经历过了，投资者还有什么可怕的呢。

无论是实体经济还是就估值、中国证券市场的根基，2012 年的证券市场不具备产生牛市的基础。

实体经济处于转型期，明年的经济增速将低于今年，全球债务危机不会有根本性好转，在个别经济有可能进一步发酵，经济有转向滞胀的可能。随着企业赢利下降，目前市场所认为的估值优势、安全边际将不复存在。

支撑中国经济的三大支柱，投资、出口与消费，投资增速保持稳定，出口对 GDP 增长为负，内需还在培育之中。

考虑到从 2009 年开始的投资周期规模较大，因此投资保持稳定意味着新增投资数量下降，投资增速能够维持在 2011 年 25% 左右的水平已经算不错。

从 2010 年开始的房地产调控收到显著成效，如果房地产投资保持 2011 年的四季度的增速，则固定资产整体投资将下降 2 个百分点左右。更令人担忧的是，制造业投资增速下行，目前货币泡沫与较重的税负叠加，又逢经济下行周期，从事制造业的很多实体企业基本处于无利可图的状态。如果说 2011 年上半年是中小企业爆发，那么到 2011 年下半年，实体经济经营困难的风潮已经蔓延到上游资源性企业，大中小企业先后陷入困境——钢铁、机械工程等与基建相关的行业，几乎无利可图，甚至无法保本经营。

能够弥补实体经济的是重点建设项目，如保障房、水利工程等。但投资者对此应保持足够的清醒。保障房、水利等民生工程确实应该建设，但不等于赢利空间大。保障房的赢利空间十分狭窄，利润在 3% 以下，地方政府的债务压力极大，保障房大规模建设不会扩大上下游企业的赢利空间。水利等基建同样如此，大规模的投资不会很快带来赢利，更不会带来高额赢利。以高铁为例，我国高铁建设铺设了一条遍布全国的高速轨道网络，但高铁公司的负债与赢利令人堪忧，连客流与货运量都有保障的广深与大秦铁路，都不能保证带给投资者好的回报，何况其他公司？

证券市场走好的前提是实体经济较为强劲的复苏，找到新的经济增长极。在内需、新技术等领域，我国尚未取得新的经济增长点，而传统的制造业与房地产业下行不可扼制，此时奢谈市场走牛是不负责任的。

市场在谷底震荡筑底

既然实体经济是缓慢复苏，说明市场虽然在谷底，但不会比 2011 年更糟。

市场的恐慌情绪到 2011 年到达极致。股指期货各期合约在 12 月 14 日，已经连续第五个交易日全线下跌。主力 12 月合约收报 2419 点，跌 0.97%，较沪深 300 现货指数升水拉大至 20 点以上。现货指数首度跌破 2400 大关，创下近 33 个月新低。

恐慌情绪释放，多头失去还手之力，就是市场逐渐回暖的开始。市场在谷底震荡，以寻找市场底、技术底。

利好消息是，明年货币政策有可能稳中略松，为了保持经济稳定增长，存款准备金率存在进一步下调空间。而银监会不再继续提高银行业的监管标准，说明银行业不会像 2010 年、2011 年一样大规模再融资。当然，融资还会继续，2010 年全年沪深两市 IPO 首发 349 家，公开增发 10 家，定向增发 160 家，配股 20 家，共募集资金 10，105.21 亿元，实际募集资金 9，839.51 亿元。截至 2011 年 12 月 4 日，全年沪深两市 IPO 首发 265 家，公开增发 10 家，定向增发 155 家，配股 12 家，共募集资金 7，129.5 亿元，实际募集资金 6，944.22 亿元。预计 2011 年的 IPO 数量基本与 2010 年持平。

投资者一致看好的估值安全边际，其实并不安全。2011 年 12 月 13 日，创业板一年滚动市盈率 39.7 倍，中小板滚动市盈率 28.6 倍，而全部 A 股为 14.2 倍，中小板、创业板相对于主板存在 2 倍以上溢价，中小板、创业板的估值不低，而我国金融机构与境外上市金融机构比，估值也不算太低，当然，与其赢利指标比，估值相对较低。

市场在突破 2300 点的关键点位后，还有可能下调。2008 年 1664 点时各分类指数市盈率分别是上证 A 股 13.27 倍、深证 A 股 14.67 倍、沪深 300 指数 12.51 倍、中小板 16.20 倍。而 2011 年年底，上述指数的估值情况分别是上证 11.59 倍、深证 25.81 倍、沪深 300 指数 10.91 倍、中小板 30.05 倍。似乎中小板风险更大。

但从目前计算来看，2008 年时 13.27 倍的估值是以盈利预期连续下调后的最低值作为参考，而目前的 11.59 倍并未充分考虑盈利预期下调的因素。如果按三季报上市公司 3.2 万亿元的存货计算，这部分存货以原材料和产成品为主，按照 CPI 下行周期折价 10% 的中性预测，那么减值准备达到 3200 亿元，按 100% 冲减当期利润计算，那么 A 股的总盈利将减少 3200 亿元，按 12 倍的 PE 计算，这部分损失影响到的市值将是 3.84 万亿元，占到 A 股总市值 26.5 万亿的 14.5%。按此计算，上证指数跌幅 14.5% 对应的区域是 2000 点附近。

随着明年一季度经济收紧，相信到年中政策将略有放松，在财政与货币政策方面微调，以保证经济增速，经济周期与政治周期可能支撑一轮反弹，可以预计在弱市寻底的过程中，市场会走出一轮低、高、低的倒 V 型走势。

非周期性、政府鼓励的行业继续受到关注，轮流寻找机会反弹，从新技术到文化传媒、消费、医药等板块。可怜的周期性行业，处境依然较为艰难，在逆境的隧道中摸索，寻找重生机会。

退市制度改革破冰

新一任证监会主席在 2011 年上任，此后资本市场传出一系列制度改革、政策调整信号。

最大的制度改革看点是创业板的退市机制，2012 年有可能出现中国第一个创业板直接退市公司，与此相对应的是，强制性分红很可能在无形中化解，因为中国证券市场无法承受真金白银的奉献。

业内对创业板直接退市制度已经达成理论共识。在监管者向市场预告之后，ST 股价格一落千丈，如果 ST 股就此褪下华丽锦袍，是市场一大进步。ST 股炒作是因为肉身不死，这些上市公司就像有九条命的猫，可以在证券市场长生不老。

退市机制与市场化的上市制度共存，当市场化退市机制成为现实，市场化的上市制度才可能真正出现。无论谁当证监会主席，证券市场都肩负着为国企脱困、为民企解忧、为高新技术企业寻找资金源等种种政策性任务。但在市场化的人士手中，投资者有理由寄予最后的希望，市场在风险控制与市场取向之间取得平衡，在融资与回报之间取得平衡。

2012 年证券市场的最大挑战是整治内幕交易，这是年年强调却从未治愈甚至越来越严重的顽疾。从中山公用、绿大地等案件可以看出，某些地方政府官员、保荐人、上市公司已经形成了密不透风的利益链条。

在上市、保壳成为地方政绩指标的背景下，有关地方政府使尽解数，各显神通。为了保壳，地方财政贴钱维护烂公司。据沪深两市公告，截至 2011 年 12 月 6 日，沪深两市上市公司及子公司合计收到来自各地政府的财政补贴、补助近 48 亿元，惠及 134 家上市公司，从上市奖励、科技创新奖到 ST 公司的亏损补助，五花八门。而中介机构、投资机构、监管并购重组委员、发审委员则掌握审计、审批大权，如果说投资者是运动员，委员们则是裁判员；每个运动员都对哨声胆战心惊，裁判员拥有天然的寻租便利。制度改革的最大挑战者，来自于体制内部。

2012 年，如在退市方面出现第一例实例，在内幕交易方面树立几个让投资者有信心的案例，就是中国证券市场的重大胜利。

以市场的理念、公平的规则辅之以务实稳妥的步骤，是投资者的厚望，也是中国证券市场重生之机。（2011 年 12 月 31 日）

股市，一场战争接着一场战争。